"먼저는 유대인에게"
어떻게 생각하는가?

로마서와 사도행전의 큰 흐름을 파악할 수 있게 하는 책

| 김충렬 편저 |

쿰란출판사

머리말

동역자 강형성 장로 은퇴를 기념하며

"내가 복음을 부끄러워하지 아니하노니 이 복음은 모든 믿는 자에게 구원을 주시는 하나님의 능력이 됨이라 먼저는 유대인에게요 그리고 헬라인에게로다"(롬 1:16).

"먼저는 유대인에게"

본서의 집필 목적은 단 한 가지다. 철저한 유대인으로 이방인의 사도로 부름 받은 바울이 로마서 서두에서 말한 "먼저는 유대인에게"의 정확하고 진정한 뜻이 무엇인지를 심층적으로, 또한 여러 측면에서 보다 정확하게 규명하는 것이다. 그리하여 로마서와 사도행전을 바르게 해석하고 적용하는 데 있다. 굳이 또 하나의 목적이 있다고 하면, 이미 '이스라엘의 회복의 비밀'(롬 11:25-29)을 깨닫고, 가르치고 운동하고 있는 사역자들에게 그 진리의 성경적 기초 및 배경, 주석, 주해, 적용을 시도했던 저명한 학자들과 사역자들을 글을 통해 알려 주어, 인문학적인 지평을 보다 넓게 해 주는 데에 있다. 그래서 그 성경적 진리 위에 더 굳게 서서 나아가게 하는 데 일조하기 위함이다.

편저자가 은퇴를 7년 정도 앞둔 2010년 4월 하순경이었다. 로마서를 처음부터 다시 읽어 나가는 중에, 16세기 종교개혁자들(특히 마틴 루터)에게 깊은 영감과 도전을 주었던 1장 17절(특히 하반절)을 읽기 직전이었다. 그 앞의 절인 16절에서 일생에 처음 경험해 보는 깊은 은혜와 감동을 받게 되었다. 그것도 상반절이라기보다는 하반절 "먼저는 유대인에게요 그리고 헬라인에게로다"에서 특히 "먼저는 유대인에게"에서. 거기에서 마치 복음이 폭발하는 것 같은 경험을 하게 되었다. 왜냐하면 "먼저는 유대인에게"가 복음이 처음 전파되던 그 당시에만 해당되고, 그 이후에는 해당되지 않는 '역사적' 의미가 아니라, 처음과 함께 지금 21세기에도 진리인 '원칙적'(절차적) 의미라는 것을 깊이 깨달았기 때문이다.

편저자의 이런 경험은 결국 로마서를 비롯해 성경에 이미 계시되어 있는 '이스라엘의 회복'(롬 11:25-29)과 '한 새사람의 계시'(엡 2:15)를 깊이 있게 깨닫게 해 주었다. 나아가 그 이후 졸저이지만 거기에 관련된 책만 여섯 권을 저술하게 되었고, 이제는 이런 독특한 의미를 지닌 책까지 내도록 주님께서 인도해 주셨다고 생각한다.

본서는 집필자가 혼자 쓰는 '저(著)'가 아니고, 실제적으로는 여러 전문가들과 함께 쓰는 책 중의 하나인 '편저'다. 즉 저명한 성서신학자, 선교사, 전도자 등 여덟 사람들의 글과 함께 편저자의 들어가는 말(편저 동기), 제7장 01 부분, 주제 관련 설교문 여덟 편, 나가는 말(편저 결론)을 함께 묶어 펴내는 책이다.

본서를 "구슬이 서 말이라도 꿰어야 보배다"라는 속담을 생각하며, 편저로 내어놓는 나의 기대는 두 가지다.

먼저는 성경의 핵심 진리를 통해 하나님의 깊은 뜻을 바르게 알기 위해 공부하는 자세와 그것을 깨닫기 위해 부족함이 많지만 본서를 정독해 나갈 때, 사도 바울과 같이 "이 복음은 모든 믿는 자(유대인과 이방인)에게 언제나 구원을 주시는 하나님의 능력이기 때문에, 나는 언제나 복음을 부끄러워하지 않는다"라는 새로운 고백을 하는 계기가 되기를 기대해 본다.

아울러 하반절의 "먼저는 유대인에게"가 '원칙적'(절차적) 의미임을 깨닫는 계기가 되리라고 예측해 본다. 만약 그렇게만 된다면 아마 기독교의 두 중심 성경인 로마서와 사도행전에 계시된 다양하고 복잡한 내용의 퍼즐들이 제대로 맞추어지고, 나아가 구약성경과 신약성경에 나타나는 구속사의 큰 흐름의 줄기를 바르게 파악하는 데 약간의 유익이 있을 것이라고 믿는다. 그러면 자연히 마지막 시대, 최고의 비전인 "먼저는 유대인에게"의 사역에 각자의 은사로, 각자의 위치에서 보람 있게 동참하는 역사가 일어나는 데 일조하리라 기대해본다.

편저자는 본서를 정리해 가는 과정에서 다시 한 번 다음의 사실을 더욱 깊이 깨닫게 되었다. 즉 하나님께서 2천 년 전에 철저한 바리새파 유대인으로서 이방인의 사도로 부르신 바울을 통해 로마서 서두에서 "먼저는 유대인에게"의 원칙(절차)을 천명하신 이유이다. 그것은 결국 '모든 사람(유대인과 이방인)에게 긍휼을 베푸시기 위한'(롬 11:32) 하나님의 신비(전략)였다는 사실이다.

편저자에게 이런 독특하고 중요한 의미를 지닌 본서 출판의 근본 동기를 불러일으켜 준 본서에 요약 소개되는 여덟 편의 글의 저자들과 네 분의 옮긴이들과 출판사들에게 감사드린다.

그리고 원고 정리를 정확하고 꼼꼼하게 해 준 이은희 목사께, 신학적 자문을 해 준 최재덕 교수께, 책 출판 시마다 격려해주신 경동제일교회 이기경 원로목사님께, 본서의 주제와 맞는 그림을 표지로 흔쾌히 허락해 준 윤경원 권사께, 책을 정성껏 만들어 준 쿰란출판사 대표 이형규 장로와 실무진께 감사드린다.

특별히 편저자가 시무하던 교회의 금년 장로 은퇴(겸해서 노회장 직무 성료)를 기념하기 위해 본서의 출판비를 기쁨으로 감당한 강형성 장로(이영분 권사, 2011년에 실시된 영세교회 제1차 이스라엘 비전트립 시 바쁜 사업을 뒤로하고 대원 11명의 일원으로 헌신적으로 섬김) 내외와 자녀손들을 축복하며 감사드린다.

　나중에 본서 출판계획을 듣고 기쁜 마음으로 일조한 영세교회 이스라엘 선교회장 박수영 권사(이주경 집사) 내외, 전 회장 안미선 권사(최광호 집사) 내외께도 감사드린다.

　그리고 부족한 종에게 은퇴 시에 생활과 집필 사역을 위해 최적의 환경을 갖춘 사택을 제공해 주고, 지금도 계속 기도하고 있는 영세교회 김태수 위임목사와 성도들께 감사드린다.

　희로애락이 교차하는 목회 순례길의 최고의 동역자인 아내 한동연 사모, 사랑하는 딸 애라 사모, 사위 유상진 목사, 아들 신일 성도, 자부 고미성 성도, 그리고 사랑하는 외손자 시온, 시찬, 친손녀 하윤이에게도 고마움을 표한다.

　93년 전에 조부 김영구 목사님께서 유언 설교 중 물려주신 '오직 예수님'을 유산으로 물려받아 지금까지 축복되게 살아왔다. 이제 나는 사랑하는 손들, 세 사람이 그 부모에 이어 물려받은 '예수님'과 함께 "먼저는 유대인에게"의 계시까지 유산으로 물려받기를 원한다. 나는 그들이 10대말 이후에 이 책을 정독하여, 나와 같이 깨닫고, 거기에 따라 마지막 시대를 잘 살고, 그들의 후대들에게도 전수해 주기를 기도할 것이다.

'오직 예수님'만을 유산으로 물려주신 조부모님과 부모님께 머리 숙여 감사드린다. 무엇보다도 죄인 중의 괴수인 나를 믿음의 조상 아브라함이 소명 받은 나이에 이르기까지 살려주시고, "먼저는 유대인에게"의 바른 뜻까지 깨닫고 살아가게 하시는 주님께 깊이 감사드리며 영광 돌린다.

마라나타! (우리 주여, 오시옵소서!)

주후 2021년 10월
불암산 기슭 사택에서
편저자 김충렬

감사의 글

"내가 나 된 것은 하나님의 은혜"(고전 15:10).

강형성 장로

젊었을 때는 '은퇴'라는 단어는 저하고는 상관없는 나이 드신 어른들의 전유물인 줄 알았습니다. 그런데 그 은퇴가 저의 머리 뒤로 몰래 들어와서, 머리 꼭대기에 앉았습니다.

지나간 일들이 주마등처럼 지나갑니다. 철도 돈도 신앙도 없고, 다만 사업한다고 빌린 빚밖에 없어 힘들었던 서른 살 나이에 인생이 전환되는 계기가 있었습니다.

어떻게 어떻게 하다가 아내와 함께 영세교회에 등록하여 귀한 목사님, 좋은 성도님들 덕분에 장로까지 되어, 17년 동안 부족하나마 교회를 통해 주님을 섬길 수 있는 특권까지 받았습니다. 자녀손과 기업의 복까지 넘치도록 받았습니다. 거기에다가 서울동노회 노회장이라는 생각지도 못한 분에 넘치는 직분까지 받아, 미력이나마 감당하고 마치게 되었습니다. 이 모든 일들이 오직 하나님의 은혜요 섭리인 것을 은퇴가 가까우니 더욱더 깨닫게 됩니다.

매 주일, 예배가 끝나면 항상 사랑이 가득한 모습으로 안아주시면서, "교계의 거목 되소서" 하시며 축복해 주시던 옛 한밀 김종수 원로목사님, 늘 겸손과 온유, 진실과 베풂으로 믿음생활 하도록 일깨워 주시던 향주 김충렬 원로목사님, 저의 가정과 사업체를 위해 기도해 주신 김태수 위임목사님과 성도님들께 감사드립니다. 그리고 짧은 기간이지만 서울동노회 노회장으로 섬기는 데 기도와 협력을 아끼지 않으신 전 노회장님들, 임원 여러분, 목사님들, 장로님들 등 많은 분들께 사랑의 빚을 졌습니다. 주님께서 갚아주시기를 기도할 뿐입니다.

본인의 영적 스승이신 김충렬 원로목사님께서 저의 은퇴를 기념하여, 《먼저는 유대인에게, 어떻게 생각하는가?》라는 책을 저술하시고 이렇게 출간하게 되니, 은혜 위에 은혜로서 너무 기쁘고 감사하기 그지없습니다.

누구보다도 유대인과 이스라엘을 사랑하시어 이번까지 일곱 번째가 되는 이스라엘의 회복에 대한 책을 통해 많은 목사님들과 성도님들이 마지막 시대에 이스라엘과 유대인을 통한 하나님의 구원 계획의 신비를 깨닫는 역사가 왕성하게 일어나기를 기도드립니다.

주후 2021년 10월
강형성 장로
(영세교회 선임장로, 제52대 서울동노회장)

차 례

| 머리말 | _ 2
| 감사의 글 | _ 8
| 일러두기 | _ 14
| 들어가는 말 (편저 동기) | _ 16

제1장 바울은 예수를 어떻게 생각했는가?

01. '예수 섬김'을 가장 정확히 파악할 수 있는 자료–초기 바울서신들_ 26
  1) 어디서부터 시작할 것인가?_ 26
  2) 초기 바울서신들에서부터_ 27
02. 바울을 빚어 준 개인적 요인들_ 32
  1) 유대인 특유의 모습_ 32
  2) 회심자_ 40
  3) 이방인 선교_ 44
03. 복음의 핵심인 예수에 대한 경칭들_ 48
  1) '그리스도'이신 예수_ 49
  2) '하나님의 아들'이신 예수_ 52
  3) '주'이신 예수_ 58

제2장 바울은 왜 로마 교회에 그런 편지를 썼을까?

01. 도입_ 70
02. 로마서의 기록 이유와 목적_ 73

03. 로마 공동체의 상황_ 75
    1) 로마의 유대 공동체_ 75
    2) 로마의 기독교 기원과 상황_ 81
04. 바울의 정황_ 88
    1) 로마서의 외적 기록 이유_ 88
    2) 로마서의 내적 기록 이유_ 89

제3장 "먼저는 유대인에게"의 성경적 기반은 어떤 것인가?

01. 바탕에 깔린 신념_ 98
02. 유대인 전도에 대한 성경적 기반_ 101
03. 유대인들을 질투케 함_ 104

제4장 "먼저는 유대인에게"를 주석가들은 어떻게 해석했는가?

01. 역사적 관점_ 111
02. 원칙적 관점_ 121
03. 간과적 관점_ 128
04. 바울의 관점_ 129

제5장 로마서에서 "먼저는 유대인에게"가 어떻게 전개되고 있는가?

01. 복음 전도에 대한 자격 부여_ 134
02. 예수 안에서의 독특성과 보편성_ 137
03. 복음 전도에 있어서의 이스라엘 우선성_ 140
04. 이스라엘의 남은 자와 온 이스라엘의 구원_ 144

제6장 사도행전에는 "먼저는 유대인에게"가 어떻게 나타나고 있는가?

01. 살라미, 비시디아 안디옥, 이고니온, 아덴에서의 유대인 전도_ 152
02. 빌립보, 데살로니가, 베뢰아, 아덴에서의 유대인 전도_ 155
03. 고린도, 에베소, 로마에서의 유대인 전도_ 157
04. 소극적 유대인 전도와 "먼저는 유대인에게"_ 160
05. "먼저는 유대인에게"와 복음의 속성_ 162
06. "먼저는 유대인에게"에 대한 부인과 거기에 대한 반박_ 164

제7장 선교적 측면에서 "먼저는 유대인에게"를 어떻게 적용해야 하는가?

01. 선민선교회_ 170
    1) 태동 동기_ 170
    2) 목적_ 171
    3) 2대 컨퍼런스_ 171
02. 예루살렘에서의 시작_ 174
    1) 하나님의 계획은 무엇인가?_ 174
    2) 왜 복음이 "먼저는 유대인에게" 전해져야 하는가?_ 175
    3) '하나님의 순서'로서의 "먼저는 유대인에게"_ 176

제8장 전도적 측면에서 "먼저는 유대인에게"를 어떻게 적용해야 하는가?

01. "구원의 나팔"과 야곱 담카니_ 184
    1) 야곱 담카니의 회심_ 184
    2) 야곱 담카니의 순수함_ 185
    3) 야곱 담카니의 유대 사회에서의 영향력_ 187

02. "먼저는 유대인에게, 그리고 기독교인에게"_ 189
    1) 먼저는 유대인에게_ 189
    2) 그리고 기독교인에게_ 197

제9장 "먼저는 유대인에게"를 어떻게 설교해야 하는가?

01. 이스라엘이 경배할 때까지_ 212
02. 이스라엘의 재발견_ 224
03. 이스라엘이 약속의 땅에 정착할 때까지_ 236
04. 이스라엘을 위한 파수꾼_ 245
05. 취하게 하는 잔, 무거운 돌이 된 예루살렘_ 255
06. 이스라엘을 시기 나게 하는 사역_ 266
07. 예언적 성령님과 "먼저는 유대인에게"_ 279
08. 하누카와 마지막 때_ 292

| 각 장의 요약 |_ 310
| 나가는 말 (편저 결론) |_ 326
| 미주 |_ 338

| 부록 |
1. 이스라엘 유대 민족의 국가법_ 342
2. 주한 이스라엘 Chaim Choshen 대사 영세교회 내방 환영사_ 345
3. "내 백성을 뉴욕에서 가게 하라"(KIBI 2020년 봄호 기고문)_ 351

| 참고문헌 |_ 354

일러두기

1. 성경 본문의 인용은 '개역개정판 성경전서'(대한성서공회)를 사용한다. 필요에 따라 다른 번역 성경을 사용하는 경우에는 그곳에서 표시한다. 성경 속 인물과 지명은 영어식 표기를 따르지 않고 개역개정판을 따른다.
2. 성경의 '이름', '장', '절'은 책의 본문의 경우에는 그대로, 괄호 안의 경우에는 줄여서 적는다.
3. '하나님'의 히브리어 음역은 원래대로 '야훼'로 한다. 그러나 한글성경의 본문을 인용하는 경우에는 성경 그대로 '여호와'를 사용한다.
4. '율법'은 히브리어 '토라'로 적는다. 그러나 한글성경의 본문을 인용하는 경우에는 원래대로 적는다.
5. '예수'는 머리말, 제8장(전도), 제9장(설교), 나가는 말에서는 '예수님'으로 적는다.
6. 외국어를 사용할 경우 영어 이외에는 한글 음역으로 표기하는 것을 원칙으로 한다. 그 경우에 '히브리어', '라틴어' 등은 괄호 안에 '히', '라' 등으로 표시하고, 헬라어는 보통은 표시하지 않는다.
7. 편저인 본서에서 글이 요약 인용된 네 권의 책에는 참고문헌에서 별도 표시한다. 인용되는 여덟 사람의 글들 가운데 일곱 개는 간추려 소개하고, 한 개는 전체를 소개한다. 때로는 독자들이 이해하기 편하

도록 구조를 재구성하기도 하나, 각 저자들의 특색을 살리기 위해 그 용어나 어법 같은 것은 고치거나 통일시키지 않는다.
8. 각 저자들의 글에 나오는 각주들은 보통의 독자들이 난해함을 느끼지 않고 읽어 가도록 돕기 위해 생략한다. 다만 꼭 필요하다고 판단될 때는 본문에서 괄호 안에 그 내용을 간추려 넣는다.
9. 각 저자들의 글을 소개할 때 필요하다고 판단될 때마다 '편저자 주'를 넣어 그 내용을 간략히 설명하고 때로는 편저자의 견해를 첨가하기도 한다. 때를 따라 내용상 그 분량이 다소 긴 경우도 있다.
10. 미주(尾註)에서는 이 책에서 게재된 글들의 출처를 자세히 밝힌다.
11. 독자들의 형편에 따라 본서는 이해하기 쉬운 부분부터 읽어가는 것도 권장하고 싶다.

들어가는 말 (편저 동기)

"먼저는 유대인에게", 역사적 개념인가? 원칙적 개념인가?

"그리스도교의 신학은 신약성서에서 조직된다. 그리고 이 신약성서가 근거하는 것이 구약성서이다. 그리고 신약성서 중에서도 복음서는 신약이면서도 구약과 신약의 교량적 면모를 가지고 있다. 드디어 그리스도교가 그 본질을 구현한 것은 신약의 서신, 그중에서도 바울의 서신에 있어서다."

"그리스도교에 있어 구약은 밭과 같고, 신약은 그 밭에 서 있는 나무와 같다면, 로마서는 그 나무의 원줄기와 같다."

"성서는 로마서에 비춰볼 때, 비로소 완전히 이해할 수 있다"(Calvin).

"로마서는 신약성서의 중심부요, 순수한 복음이다"(Luther).

— 이상근 지음, 《신약주해 로마서》

교회사적으로 대부분의 사람들이 로마서 전체의 핵심 주제 구절을 대부분 1장 17절로 주장해왔다.

"복음에는 하나님의 의가 나타나서 믿음으로 믿음에 이르게 하나니 기록된 바 오직 의인은 믿음으로 말미암아 살리라 함과 같으니라."

어떤 의미에서는 이 구절을 로마서의 핵심구절이라고 볼 수도 있을지 모르겠다. 무엇보다도 16세기의 종교개혁자 마틴 루터가 이 구절에서 "오직 의인은 믿음으로 말미암아 살리라"를 가지고 "오직 믿음, 솔라 피데"(라)를 표방하면서 종교개혁의 기치를 높이 들었던 역사적 사실 때문에 말이다. 과연 우리 개신교회의 주류는 16세기 종교개혁 이후를 계기로 로마서의 핵심구절을 그렇게 이해하고, 믿고, 로마서를 해석하고, 설교하며, 가르쳐왔다. 편저자도 1980년 대학원(TH. M.) 과정을 마치며 〈로마서에 나타난 하나님의 의 고찰〉이라는 논문을 쓴 바 있다. 그러나 그 과정에서 당연히 연결지어 언급되었어야 할 16절에 대해서는, 더구나 하반절의 "먼저는 유대인에게"에 대해서는 별로 관심을 갖거나 언급하지도 않았다.

그러다가 머리말에서도 언급했지만 2010년 4월 하순경, 은퇴를 7년 정도 앞둔 시점에 로마서를 처음부터 다시 읽는 중에, 로마서의 가장 핵심구절은 1장 17절이라기보다는 바로 앞의 16절이요, 로마서 기록의 실제적인 목적은 하반절의 "먼저는 유대인에게요, 그리고 헬라인에게로다"라는 것을 홀연히 깨닫게 되었다. 그리고 그 과정에서 1장 17절 하반절의 기존 번역이 정확하지 못하다는 것도 발견하게 되었다. 즉 우리 성경에 "오직 의인은 믿음으로 말미암아 살리라"는 원어성경의 실제 내용인 "호 데 디카이오스 에크 피스테오스 제세타

이"의 원뜻에서 너무 벗어난 의역을 하고 있다는 것을 알게 된 것이다. 사실 원어성경에서 직역하면 "그러나 의인은 신실함으로 말미암아 살 것이다"가 된다. 따라서 여기에 대한 번역은 공동번역이 더 원어성경 본문에 가깝게 번역되었다고 본다.

"믿음을 통해서 하나님과 올바른 관계를 가지게 된 사람은 살 것이다."

하여간 분명히 헬라어 원어성경에는 '오직'(solely)이라는 부사가 없다는 것이다. 그런데 16세기 전후에 종교개혁자들이 가톨릭의 도를 넘는 행위 및 공로구원의 교리에 대항하다 보니, 그 구절을 번역할 때 원어성경에도 없는 '오직'이라는 부사를 사용해 의역번역을 한 것으로 보인다. 그러한 일이 어떤 면에서 보면 교회사적으로 일정 부분 긍정적 기여를 했다고도 볼 수 있다고 생각한다. 그러나 반면에 구원의 과정(성화의 과정)에서 행위와 행실을 너무 소홀히 하게 하여 신앙과 삶의 유리 현상이 일어나게 하는 방향으로 작용하게 했다고도 판단한다.

하여간 편저자도 지나온 세월 동안 개신교회 주류와 함께 그런 로마서 해석의 길을 걸어왔던 것이 엄연한 사실이다. 즉 로마서의 핵심구절을 16절이 아닌 17절로, 그리고 16절을 보더라도 상반절에만 집중하고 하반절 "먼저는 유대인에게"는 간과하거나 잘못 해석해 버림으로 16절, 17절을 바르게 이해하지 못했다는 것이다. 그래서 결국 로마서 전체와 사도행전을 통한 마지막 시대, 최고의 비전을 정확하게 알지 못하는 가운데서 설교하고 가르쳐 왔다. 뒤늦게 깨닫고 보니 부끄럽고 안타까움뿐이라는 것이 솔직한 심정이다.

이에 편저자는 성서신학적 목회와 삶을 추구해 왔던 지난 반세기 기간의 성경해석과 마지막 비전 제시의 총결론으로서의 집필로 생각하고, 그 연구하고 깨달은 바를 나누기 위해 부족하지만 이렇게 편저로 출판하게 되었다. 머리말에서 조금 언급했지만, 저명한 학자들과 사역자들의 저술과 글들을 편저 목적에 따라 순차적으로 간추려 배열하고 연결하며, 나름대로 해석하였다. 그리고 본 편저의 주제와 관련되어 그동안 실제로 편저자가 했던 설교 여덟 편을 게재한 후 각 장을 요약하고, 마지막으로 결론을 내리며 편저자의 소망을 제시하는 방식으로 구성해 보았다.

이를 위해 주후 1세기에 철저한 유대 바리새교인 중의 한 사람으로 유명한 예수(기독 교회) 핍박자였다가, 약 2년여 만에 극적으로 회심하여 그 예수를 로마에서 순교하기까지, 목숨 걸고 증거했던 사울(유대식 이름; 바울-로마식 이름)이 로마서 서두에서 언급한 "먼저는 유대인에게"의 깊은 뜻을 역사적 고찰을 기초로, 유대성이 포함된 성서적, 신학적, 선교적, 설교적인 측면에서 종합적으로 규명해 보았다.

미국의 어느 대학의 경영학 교수는 자기 수업을 받는 학생들에게 자주 'KISS'라는 말을 가르쳤다고 한다.

"Keep It Simple and Systematic."(그것을 단순하게, 그리고 체계적으로 하라.)

편저자인 나는 신학자가 아닌 평생 교회 목회만 한 평범한 목회자 중의 한 사람이다. 그래서 이 편저를 저술할 때, "주님, 이 깊고 어려운 내용, 여기에 대한 다양하고 복잡한 신학 이론을 성경의 본래적인 뜻 중심으로 단순하고 체계적으로 정리해 갈 수 있도록 도와주세요"라고 기도하며 작업하려고 했다. 미흡한 면도 있겠으나 최선을 다하였다.

들어가는 말에 이어 제1장에서는 바울이 "모든 믿는 자에게 구원을 주시는 하나님의 능력"이 된다고 했고, "항상 먼저는 유대인에게 전해져야 한다"라고 한 그 '복음'의 핵심인 '예수'에 대해 어떻게 생각했는지를 소개한다.

즉 이 분야 '초기 기독론'(그리스도-섬김)의 '역사적' 탐구의 세계적 대가인 래리 허타도(Larry W. Hurtado)의 《주 예수 그리스도》(Lord Jesus Christ) 중에서 해당 부분을 간추려 제시한다(존. S. 클로펜버그는 "래리 허타도가 성취해 낸 수많은 업적 중에서도 '기독론'을 '그리스도-섬김'으로 재구성한 것이 가장 두드러진다"고 말했다).

제2장에서는 바울이 주후 1세기 중반경에 로마 교회에 보내는 편지의 서두에서 왜 "먼저는 유대인에게요"라고 써서 보냈는지를 구체적으로 파헤쳐 보기로 한다.

심상길의 《언약신학의 관점에서 본 로마서의 이해》(아브라함의 씨를 중심으로)의 해당 부분을 간추려 제시한다. 성경은 물론 기록된 계시의 말씀이기에 경외심을 갖고 읽고 이해하려는 태도는 바람직하다. 그러나 성경은 동시에 인간을 통해 기록된 것이기에, 가령 예를 들면 로마서도 하나의 구체적인 편지이기에 그 구체적인 기록목적을 분석하고 탐색하는 것은 불경건한 행위가 아니고, 오히려 그 뜻을 깊이 있게 깨닫기 위해서는 필수적인 작업이다.

이렇게 제1장, 제2장에서는 "먼저는 유대인에게"의 정확하고 깊은 뜻을 파악하기 위한 역사적인 고찰과 인문학적인 탐색을 통해 그 기초 파악과 배경 연구를 실시하고, 제3장부터는 본격적으로 우리의 주제에 대한 연구를 진행하게 된다.

제3장에서는 "먼저는 유대인에게"의 성경적 기반은 어떤 것인지를 개관하는 부분을 마련한다. 즉 본 편저의 주된 인용도서인 《To the Jew First》(The case for Jewish Evangelism in Scripture and History)의 글들 중 '선민선교회'(Chosen People Ministries)의 대표인 미치 글래이저(Mitch Glaser)의 '편집자 서문' 중 일부를 통해 제시한다.

제4장에서는 본격적으로 주제 한복판에 서서 저명한 주석가들은 "먼저는 유대인에게"를 어떻게 해석했는지를 조사해서 알기 쉽게 정리해 보는 장을 마련한다. 즉 위에서 언급한 책《To the Jew First》글들 중 아놀드 프룩텐바움(Arnold Fruchtenbaum)의 "새천년 첫째는 유대인에게"(세대주의 관점)에서 상반부 부분을 재구성하여 일목요연하게 소개하고자 한다.

제5장에서는 주된 기록 목적 중 한 축을 차지하는 "먼저는 유대인에게"가 로마서에서는 어떻게 나타나고 있는지를 개관해 본다. 즉 위에서 언급한 책《To the Jew First》의 글 중 마크 세이프리드(Mark A. Saifrid)의 "첫째는 유대인에게"(이방인 독자들을 위한 바울의 주의사항) 중에 "유대인을 위한 복음은 이방인의 믿음에 필수적이다"를 간추려 소개해본다.

제6장에서는 한 걸음 더 나아가 "먼저는 유대인에게"가 이방인의 사도로서의 바울의 선교 행적을 기록한 사도행전 후반부에서는 실제로 어떻게 나타나는가를 살펴본다. 즉 위에서 언급한 책《To the Jew First》의 글들 중 역시 위에서 언급되었던 아놀드 프룩텐바움의 글의 중반부를 재구성하여 조명해 본다.

제7장에서는 그러면 "먼저는 유대인에게"를 선교적인 측면에서는 어떻게 적용해야 하는지 역사 속에서 실제로 이루어진 일을 통해 알아본다. 즉 위에서 언급한《To the Jew First》의 글들 중 미치 글래이저의 글의 상반부와 아놀드 프룩텐바움의 글의 하반부를 재구성하여 파악해 본다.

제8장에서는 그러면 "먼저는 유대인에게"가 개인적인 전도 측면에서는 먼저 유대인에게, 다음으로는 기독교인들에게 어떻게 적용되어야 하는지를 구체적으로 제시해본다. 즉 "구원의 나팔"(Trumpet of Salvation to Israel)로 유명한 야곱 담카니(Jaccob Damkani)에 대한 소개와 그에 대한 편저자의 간접 경험 이야기를 나눈 다음에 그의 간증집 《WHY ME?》의 '후기'를 그대로 전재, 소개함으로 개인적인 전도(특히 유대인 전도)의 적용 문제에 대한 예를 알아보고자 한다.

제9장에서는 그러면 "먼저는 유대인에게"를 교회와 이스라엘 선교기관에서는 구체적으로 어떻게 설교해야 할 것인가를 생각하며 하나의 예시로 편저자가 "먼저는 유대인에게"의 품은 의미를 깨달은 이후 교회와 외부 이스라엘 선교기관에서 했던 여덟 번의 설교 전문을 나누게 될 것이다. 왜냐하면 복음과 함께 그 속성에 해당하는 이 "먼저는 유대인에게"의 뜻은 결국 복음과 함께 강단과 회중 가운데서 케리그마적 설교(kerigmatic preaching)로 선포되어야 하기 때문이다.

마지막으로 각 장의 요약이 있을 것이고, '나가는 말'에서는 본 편저의 결론이 내려질 것이다. 그 결론에서 "'먼저는 유대인에게', 어떻게 생각하는가?"라는 질문에 대한 바른 대답 여부가 향후 100년 이후에도 한국교회가 제대로 존속할 수 있느냐의 근본문제임을 마지막으로 자연스럽게 강조할 것이다.

"참으로 나는 복음을 부끄러워하지 않습니다. 왜냐하면 이 복음은 모든 신자를 구원으로 인도하는 하나님의 능력이기 때문이니 첫째는 유대인에게며 그리고 헬라인에게입니다"(롬 1:16, 헬라어 직역성경).

편저자의 본서 집필 동기는 스스로 소박하게 느껴진다. 이 편저자를 사용해주시어 열두 제자들에게 가이사랴 빌립보에서 제자훈련의 총결산으로 주신 질문(마 16:15)과 함께 2,000년 후인 오늘 예수를 '주'로 믿는 우리 그리스도인들에게 주시는 또 하나의 질문에 정답을 하도록 돕는 하나의 안내서가 되기를 기도하며 집필하고자 했다. 따라서 미흡한 책이지만 이 책을 읽는 독자들이 그 과정에서, 혹은 읽고 난 후에, 다음과 같이 응답하며 새출발하게 되기를 간절히 기도드린다.

"당신께서는 그 메시아(히: 하마쉬아흐)시니 살아 계신 하나님의 아들이십니다(마 16:16 하, 헬라어 직역성경). 저는 이 복음이 모든 신자에게 구원을 주시는 하나님의 능력이기 때문에, 이 복음은 물론 그 복음이 언제나 먼저 유대인에게 전해져야 한다는 원칙도 부끄러워하지 않습니다"(롬 1:16 개인번역).

아멘!

제1장
바울은 예수를 어떻게 생각했는가?

글: 래리 허타도(Larry W. Hurtado)
옮김: 박규태

"이 복음은 하나님이 선지자들을 통하여 그의 아들에 관하여 성경에 미리 약속하신 것이라 그의 아들에 관하여 말하면 육신으로는 다윗의 혈통에서 나셨고 성결의 영으로는 죽은 자들 가운데서 부활하사 능력으로 하나님의 아들로 선포되셨으니 곧 우리 주 예수 그리스도시니라"

(롬 1:2-4).

가이사랴 빌립보, 베드로가 "주는 그리스도시요 살아 계신 하나님의 아들이시니이다" 라고 고백한 곳에서 기념 촬영한 영세교회 성지순례단원들의 모습

'예수 섬김'을 가장 정확히 파악할 수 있는 자료-초기 바울서신들

1) 어디서부터 시작할 것인가?

　초기 기독교(early Christianity) 시대(주후 30-170년)의 '그리스도—섬김'(devotion to Christ)에 대한 어떤 연구라 할지라도 초기 바울서신들(early letters of Paul)(갈라디아서, 로마서, 고린도전서, 고린도후서, 데살로니가전서, 빌립보서, 빌레몬서 편저자 주)을 아주 중요하게 취급해야 한다. 이 귀중한 기록들은 기독교운동이 등장하던 시기에 유달리 이른 시점부터 예수를 향해 표출되었던 강력한 신앙적 섬김을 그대로 보여주기 때문이다(데이비드. E. 앤은 초기 기독교사에서 논의의 초점을 역사적 예수로부터 《주 예수 그리스도》라는 책을 통해 교회의 시작으로부터 2세기에 이르기까지 초기 그리스도인의 신앙과 생활에서 예수께서 맡으신 역할을 철저하게 조사하면서 올바른 질문들을 던지고, 또한 올바른 해답들을 제시하는 것은 래리 허타도의 독특한 업적이라고 본다고 말했다. 편저자 주).
　물론 연대 순서를 엄격히 따지자면 당연히 사도 바울 이전의 일단의 그리스도인들이 있었다. 이 점은 바울 자신도 우리에게 일러주는 사실이다. 예를 들어 바울이 쓴 로마서를 보면, 바울은 안드로니고와 유니아에게 인사말을 전한다. 그런데 이 두 사람은 로마 교회의 지체들로서 바울과 같은 유대인이었고, "나(바울)보다 먼저 그리스도 안에 있었던"(롬 16:7) 사람들이었다. 또 바울은 그가 쓴 갈라디아서에서 예루살렘 교회(Jerusalem church)에 있는 "나보다 먼저 사도된 자들"(갈 1:17, 예수의 열두 사도들을 의미한다. 편저자 주)을 언급한다.

그 이외의 모든 기록들을 다 살펴보아도 기독교운동 태동기에 처음 등장한 그리스도인 그룹들은 예루살렘과 그 이외 로마령 유대(팔레스타인) 지역에 거주하던 유대인들로 이루어져 있었다. 사실 우리가 가진 증거 중에서 그 시기가 가장 빠른 것들 중에 바울이 회심할 때인 주후 30년대 초반에 유대에 있던 그리스도인들을 언급하는 내용이 있다(갈 1:22-23; 살전 2:14). 그런 점에서 본다면, 처음에는 바울 이전의 유대계 그리스도인 그룹들을 먼저 분석하는 것이 더 논리적으로 보일 수 있다. 그러나 다음과 같은 이유로 초기 바울서신부터 시작해야 한다.

2) 초기 바울서신들에서부터

(1) 우선 무시하지 못할 현실적인 문제는 바울이 회심하기 전에 존재했던 이 초기 유대계 그리스도인 집단에서 직접 유래한 자료로서, 그 진정성을 둘러싸고 이견이 없는 자료들을 우리가 전혀 갖고 있지 않다는 것이다. 예를 들어 학자들은 예루살렘 교회와 관련된 지도자들(베드로, 야고보, 유다)이 기록했다고 하는 신약성경 기록 가

운데 거의 전부가 2세기 초에 기록된 것으로 보고 있다. 이런 이유 때문에 나(허타도)는 그 기원과 내용과 역사적 유용성에 대해 훨씬 더 폭넓은 동의를 받고 있는 증거들로부터 시작할 것이다.

(2) 바울부터 살펴보는 또 한 가지 이유는 현존하는 기독교 기록 가운데 가장 빠른 것이 그의 초기 서신들이기 때문이다. 바울이 직접 기록했다는 데 이견이 없는 서신들은 그 저작연대가 주후 50-60년쯤으로 거슬러 올라간다. 이처럼 바울의 기독교는 우리가 1차 자료를 통해 직접 사실에 접근할 수 있는 기독교운동 중 가장 빠른 분파다.

바울은 분명히 유대계 그리스도인들과 접촉하고 있었으며, 그가 섬기는(주로 이방인들로 이루어진) 교회들과 유대/팔레스타인 지역에 있던 그리스도인 집단들 사이에 서로 연결관계를 유지하고 서로 포용하는 관계를 발전시켜 가고자 애썼다. 그의 이런 노력들을 극명하게 보여주는 사례가 바로 그가 섬기는 교회들로부터 예루살렘 교회를 도울 연보(gifts)를 거둔 일이었다(고전 16:1-4; 고후 8:-9; 갈 2:10; 롬 15:25-33). 바울은 여러 해 동안 이 계획에 진력했다. 따라서 핵심문제 중 하나는 이것이다. 즉 로마가 다스리던 유대에 존재했던 유대계 그리스도인 그룹들을 포함하여, 바울서신이 기록되기 전부터 존재한 유대계 그리스도인 그룹들로부터 유래되었을 수 있는 특정한 내용을 바울서신 안에서 어떻게 확인하여 가려내고 사용할 것인가의 문제이다.

그리고 이와 관련된 문제가 또 하나 있다. 그것은 바울서신이 널리 보여주는 '그리스도-섬김'이 서신들을 쓸 당시, 바울이 섬기지 않앉던 그리스도인 집단들의 '그리스도-섬김'을, 또는 그가 서신들을 썼을 때보다 20여 년 전에 존재했던 그리스도인들 그룹들의 '그리스도-섬김'을 얼마나 대변하고 있는가 하는 점이다. 또한 바울서신이 보여주는 '그리스도-섬김'과 바울이 섬기지 않았던 집단의 '그리스도-섬김' 내지 바울서신이 나오기 전보다 20여 년 전에 존재했던 그리스도인 그룹들의 '그리스도-섬김'이 얼마나 다른가 하는 문제다. 바울서신은 50년대 '그리스도-섬김'의 특징을 얼마나 많이 닮고 있는가? 그리고 더 나아가 자신보다 더 넓은, 그리고 자신보다 더 이전에 존재했던 그리스도인들의 '그리스도-섬김'을 얼마나 많이 보여주는가? 이런 문제들을 적절히 다루려면 우리는 바울서신이 증언하는 '그리스도-섬김'을 충실히 살펴보아야 한다.

따라서 우리는 현존하는 기독교 자료 중 가장 이른 것이라는 데 이견이 없는 자료들부터 살펴보면서, 그 자료들이 우리가 직접 접근할 수 있는 초창기 '그리스도-섬김'에 대해 무엇을 말하는지, 실제로 이미 바울서신에서 잘 전개하고 전제하고 있는 그 섬김을 무엇이라고 말하는지 알아보도록 하겠다. 그렇게 하면 바울이 섬기지 않았던 다른 그리스도인 그룹들 안에서 이루어지고 있던 일들과 바울 이전 및 또는 바울과 같은 시대에 나타났던 일들에 대해 우리가 무슨 암시들과 흔적들을 얻을 수 있는지 파악할 수 있다. 이런 절차를 거치면 우리는 우리가 더 확신을 품고 그 저작연대와 장소를 알아낼 수 있는 정보를 동원하여 바울이 속하지 않았던 그룹들과 바울 이전의 그룹들에 대한 가설들을 수집하고 검증할 수 있게 된다.

사실 바울이 팔레스타인에 살던 유대 그리스도인들 및 그들의 신앙과 접촉한 때는 당연히 그가 기독교운동에 참여하기 훨씬 전으로 거슬러 올라간다. 회심하기 전에 열렬한 바리새인이었던 바울은 유대계 그리스도인들이 믿는 내용들과 실제 관행들을 아주 잘 알고 있었다. 그런 이유로 그는 이 그리스도인들이 아주 위험하다고 판단하고, 이 그리스도인 그룹들과 이들이 권면하는 사상을 '멸하려는' 자신의 굳센 노력에 정당성을 부여했던 것이다(이는 바울 자신이 갈 1:13-14, 고전 15:9, 빌 3:6에서 증언하는 것이다).

더욱이 바울서신에 들어 있는 자서전적 내용을 따르자면 그는 회심 이후에 아라비아와 다메섹, 그리고 뒤이어 '수리아와 길리기아 지방'의 그리스도인 집단들 안에서 활동했다. 그런 뒤 몇 년이 흘러, 그는 예루살렘 교회의 지도자들인 게바(베드로) 및 야고보(주의 형제)와 서로 안면을 트게 되었다(예를 들어 갈 1:13-24; 고후 11:32-33). 우리가 그 기록 연대를 50년대로 잡고 있던 서신들을 쓴 이 바울이라는 사람은 이미 상당한 시간 동안 기독교운동 안에서 아주 널리, 그리고 매우 긴밀한 관계를 맺고 있던 참여자였다. 또 그는 30년대와 40년대 내내 유대-팔레스타인을 그 근거지로 삼았던 유대계 그리스도인들과 50년대(이 시기가 바울의 이방인 선교가 주로 이루어진 시기였다)의 이방인 출신 그리스도인들을 모두 잘 알고 있었다. 우리는 당시 로마 세계 지도 위에 바울이 활동한 곳들(가령 예루살렘, 다메섹, 안디옥, 데살로니가, 빌립보, 고린도)을 확신을 품고 표시할 수 있다. 또 우리는 그와 관련된 사람들의 이름들도 알고 있다[가령 바나바, 디모데, 실루아노, 디도, 그리고 우리가 바울서신에서 볼 수 있는 상당히 인상적인 또 다른 사람들(롬 16장)].

이렇게 볼 때 기독교 초기 수십 년 동안의 유대계 그리스도인들을 샅샅이 논할 요량이라면, 바울과 그 서신에 담겨 있는 풍성한 증거들을 충실히 고려하는 것이 적절하다. 그렇게 하지 않는 것은 실패하는 방법일 뿐이다. 이 시기의 그리스도인들 가운데, 바울은 우리가 그 이름을 알고 있는 몇몇 사람들 중의 하나다. 아울러 우리가 실제로 갖고 있는 기록 중 저자의 진정성에 논란이 없는 기록들을 제공해 준 유일한 인물이기도 하다. 바울의 유대계 그리스도인들에 대한 핍박, 그의 회심과 그 이후 그리스도인 집단에 대한 참여, 그리고 그가 처음부터 유대계 그리스도인들과 공유했다고 고백한 신앙과 경건의 완전한 패턴(가령 고전 15:11)은 기독교 역사 첫 20년 동안의 기독교운동에 관한 그 어떤 적절한 설명에도 꼭 있어야 할 핵심 자료다. 사실 바울은 기독교운동 초창기 두 해 동안에 회심한 사람들 중 가장 유명한 사람이다.

그런 그를 자극하여 반대자가 되게 했고, 나중에는 그런 그를 돌이켜 거기에 참여자가 되게 한 기독교가 대체 어떤 종류인지 이해하고자 할 경우에 우리가 가장 먼저 고려해야 할 인물은 바로 바울 자신이다. 그 이유는 무엇보다 그가 이 초기 수십 년 동안 그리스도인 집단들에 직접 몸담았기 때문이다. 또한 기독교 초창기부터 내려온 기독교 전승들을 그가 익히 알고 있었기 때문이다. 그리고 그의 서신이 50년대와 그 이전 수십 년 동안 그리스도인 집단들이 갖고 있었던 믿음과 실제로 행했던 관행을 그대로 보여주기 때문이다(가령 고전 10:23-26에 나오는 성만찬 전승 편저자 주). 따라서 분명히 우리가 초창기 기독교의 모습이 어떠했는지 알고 싶다면 이 시기에 그리스도인이 된 가장 유명한 회심자 '바울'을 세심하게 주목할 필요가 있다.

바울을 빚어 준 개인적 요인들

대다수 학자들과 마찬가지로 나 역시 바울서신이, 바울이 직접 섬기던 교회들만 아니라 더 나아가 광범위한 그리스도인 집단들이 공유했던 기독교 전승들을 많이 함유하고 있다고 본다. 그러나 그 서신들은 서신 자체를 쓴 사람(바울)을 어느 정도 고려해야만 가장 잘 읽어낼 수 있다. 그러므로 그 서신들이 확인해주는 '그리스도-섬김'을 이해하고, 그 실체를 올바르게 인식하려면 나는 그 사람과 관련하여 특히 세 가지 주요한 요인들을 고려해야 한다고 본다.

1) 유대인 특유의 모습

우리가 바울서신들을 통해 초기 교회의 '그리스도-섬김'을 보다 깊이 이해하려면, 첫 번째로 유대교라는 바울의 신앙 배경과 그 배경이 그리스도인 바울의 믿음과 삶에 끼친 영향을 고려해야만 한다. 물론 바울시대에는 그리스도를 따르던 사람들 가운데 절대 다수가 유대인이었고, 초창기 기독교 지도자들도 거의 대부분이 유대인이었다. 그러나 바울을 기억하는 사람들은 주로 이방인들 가운데서 신자들을 얻으려 했던 그의 노력을, 그를 기억하는 주된 이유로 꼽는다. 바로 이런 이유 때문에 바울을 만들어낸 종교 전통이 '로마시대의 유대교'(Judaism of Roman period)였다는 점을 인식하는 것이 매우 중요하다.

유대교라는 바울의 신앙 배경이 계속하여 깊은 영향을 미치고 있다는 사실은 그리스도인으로서의 바울의 믿음과 수고가 유대교의 특징들을 계속 이어가는 부분이 많다는 점에서 분명하게 드러난다. 심지어 바울이 이방인의 사도로서 한 역할을 살펴보아도 그가 품은 동기들과 생각들이 성경의 개념 범주와 유대교의 그것에 크게 의존하고 있다는 것이 분명하게 드러난다. 예를 들어 그는 자신이 사도로 임명받은 것을 선지자들이 부르심을 받은 것에 비유한다(갈 1:15, 이 구절은 사 49:1을 반향하고 있다). 또 그는 자신에게 주어진 이방인 선교 명령을 이스라엘의 하나님께 열방이 예배하러 오는 장면을 이야기하는 이사야 본문에 비추어 이해했던 것 같다(가령 사 52:15을 인용하는 롬 15:12).

바울은 그가 쓴 서신에서 자신을 줄곧 유대인이라 규정하면서(가령 롬 9:1-5; 갈 2:15), 인류가 '유대인'과 '이방인'으로 구성되어 있다고 생각한다(가령 롬 1:16, 9:24; 고전 1:22-25, 10:32). 이것이 유대인의 세계관이라는 것은 누구나 다 인식할 수 있다. 바울이 유대인이라는 자신의 정체성을 계속하여 견지하고 있음을 가장 확실하게 보여주는 것은 아마도 그가 거듭하여 회당에서 매질을 당해도 그것을 기꺼이 감내한 모습이 아닐까 싶다. 그런 벌을 받을 수 있는 사람은 오직 유대인

뿐이었다. 바울은 이렇게 매질을 당한 일을, 그의 사도 활동 때문에 명기되지 않은 죄를 뒤집어쓰고 당한 일들을 '고초'로 묘사한다(고후 11:24).

바울은 이후에 기독교의 대다수 교파가 서로 모순된다고 여겼던 다음 두 가지 사실을 하나로 묶어 그것을 열심히 주장했다.

(1) 그는 유대인의 민족 주체성과 "이스라엘(여기서 바울이 말하는 이스라엘은 늘 유대인들로 이루어진 그룹을 지칭한다)이 갖는 특별한 의미가 계속된다는 것"을 강조했다(여기서 허타도는 이스라엘이 예수를 죽인 민족이기에 버림을 받고, 대신 교회가 새로운 선민으로 대체되었다는 대체주의 신학을 부인하고, "이스라엘은 반드시 회복된다"는 언급은 따로 하지 않았다. 그 이유는 로마서, 특히 9-11장에 근거하여 이스라엘의 회복은 기정사실이기에 굳이 구체적으로는 언급하지 않는 것으로 판단된다. 그러나 허타도는 《처음으로 기독교인이라 불렸던 사람들》 109-110쪽에서 아주 간단히 '이스라엘의 회복'에 대해 로마서 9-11장을 인용하며 설명하고 있다. 편저자 주).

(2) 그는 모든 사람들(유대인과 이방인들)이 복음에 순종해야 하며 예수를 믿음으로 하나님의 종말론적 구원을 얻게 된다는 점을 강조했다.

우선 바울은 특히 유대계 그리스도인들을 포함하여 유대인 동족과 별 문제 없이 원만하게 지낸 것으로 보인다. 또한 그는 토라 준수로 표현되는 유대인의 특별한 정체성이 이방인 그리스도인들을 배척하는 근거로 사용되지 않는 이상, 이 정체성을 유지했던 것 같다. 우리는 바울이 할례(circumcision)와 토라 준수(Tora observance)를 모든 사람이 지켜야 할 것으로 만들고 싶어 했던 사람들에 맞서, 그리스도를 믿는 믿음에 근거한 이방인들의 회심이 정당함을 변호할 경우에만, 토라가 갖는 의미에 한계를 설정했다는 점(가령 갈 3:1-5, 15; 롬 3:9-4:24)을 늘 유념해야 한다.

그런가 하면 바울은 이제 "예수를 믿는 믿음이 하나님께서 받아들이신 사람들을 규정한다"는 것과 '토라 준수'는 하나님과의 관계를 맺고, 아브라함에게 약속된 복을 받을 백성 가운데 들어가는 필수요건이 더 이상 아니라고 주장했다. 이는 바울 자신이 기독교운동을 핍박하였다가 나중에는 그 운동을 변호하는 자로 '회심'(convert)했다는 사실에서 비롯된 결과임이 분명하다. 이런 의미에서 그리스도는 '율법의 마침'(the end of the law)이다(롬 10:4). 그리스도를 믿는 사람 누구에게나(그리스도를 신뢰하는, 믿는 모든 사람에게), '의'(즉 하나님께서 보시기에 의롭게 됨)에 이르는 유일한 방편은 '그리스도'이지 토라가 아니다.

그렇지만 바울은 믿음이나 신앙관행의 혁신처럼 보이는 것을 변호할 때조차도, 유대의 종교 전통을 분명하게 언급하며 변호하는 독특함을 보여준다. 예를 들어 그는 데살로니가에 있는 그의 이방인 회심자들을 가리켜 "우상을 버리고 하나님께 돌아와서, 살아 계시고 참되신 하나님을 섬겼다"(살전 1:9)라고 말한다. 이런 말은 신앙문제에 대한 유대인 특유의 시각을 확실하게 반영한다.

또 한 가지 더 놀라운 사례를 인용해 보자. 바울은 일부 유대계 그리스도인들을 논박하는 가운데, 그가 "회심시킨 이방인 신자들이 토라를 완전히 지켜야 한다는 요구사항을 면제받았다"라고 주장한다. 그러면서 유대인이나 헬라인이나 종이나 자유인이나 남자나 여자나 "너희는 다 그리스도 예수 안에서 하나"이므로, "너희가 다 아브라함의 자손이요, 약속대로 유업을 이을 자"라고 역설한다(갈 3:28-29). 즉 바울은 분명히 이방인들이 유대 토라로 돌아가 이 토라를 지켜야 할 의무가 없는 이방인인 채로, 식탁의 교제에 완전히 참여할 수 있음을 인정한다. 그러나 그러면서도 동시에 아브라함에게 주어진 약속이나 아브라함의 자손이라는 데 의미를 부여하는 유대인 특유의 생각을 조롱하거나 배척하지는 않는다.

그렇다. 바울은 분명히 이방인들이 이 약속의 혜택을 함께 받아 누리려면 무엇이 필요한지 '재규정'(토라 준수가 아니라, 그리스도를 믿는 믿음이 필요하다)하고 있다. 그러면서도 분명하게 드러나는 사실이 있다. 그것은 아브라함에게 주어진 약속, 언약, 하나님께서 토라를 주신 목적, 그리고 다른 문제들, 즉 같은 유대인 특유의 개념 범주들이 모두 계속하여 바울에게 결정적인 의미와 중요성을 갖고 있다는 점이다. 가령 테렌스 도널드슨(Terence Donaldson)이 주장한 대로다.

> "바울은 계시들이라는 이름으로 그를 강타했던 강력한 신앙 체험들의 영향으로 그가 품은 확신들과 개념 범주들을 '재구성'하는데, 이 확신들과 개념 범주들은 거의 모두 그가 속한 유대교 배경에서 비롯된 것들이다."

물론 바울은 당대의 지식인이었고 지중해 세계 곳곳을 여행한 사람이었다. 그래서 그는 당시의 보편적인 지식환경과 문화환경의 일부를 이루고 있던 사상과 개념 범주들[가령 수사(修辭)관행]을 폭넓게 보여준다. 이런 사상과 개념들 가운데에는 헬라 철학의 전통들에서 유래한 것들도 일부 있었다. 그러나 바울의 글에서는 이런 전통들이 아주 희석된 형태로 나타난다. 그러나 바울이 이런 전통들을 흡수했던 것은 단지 그가 로마시대의 일원으로서 살아갔기 때문으로 보인다. 이런 일은 유대인들이 판단하기에 헬라문화의 요소들이 유대인의 종교적 믿음과 관행과 충돌하거나 저촉되지 않는 이상, 어디서나 일어날 수 있었다. 이런 점에서 바울도 당대의 다른 많은 독실한 유대인들과 다르지 않았다.

바울서신이 확인하며 보여주는 '그리스도-섬김'의 실상을 올바르게 인식하려면, 바울을 만들어 낸 유대교의 전승이 유일신론에 강조점을 두었다는 사실을 고려하는 것이 특히 중요하다. 로마시대에 살았던 유대인들, 특히 디아스포라 지역에 살았던 유대인들(Jewish diaspora)의 믿음과 실천결과들을 고려할 때(그렇다고 꼭 디아스포라 유대인들만 그랬다는 것은 아니다), 유대교 전통에서 가장 중요하고, 이 전통을 가장 뚜렷하게 보여준 것은 바로 '유대교의 유일신론'(monotheism of Judaism)이었다. 유대인들은 이스라엘의 하나님(the God of Israel)께서 유일하시다는 점과 그들의 하나님께 올리는 예배의 배타적 효력을 옹골차게 강조했다. 이 때문에 유대인들은 로마시대 여러 민족 중에서 독특한 존재가 되었다(일부 사람들의 눈에는 이런 것이 악명 높은 민족으로 비춰졌다). 이러한 유대인들의 종교적 배타성은 여러 가지 중대한 의문과 함께 여러 가지 곤란한 문제들을 만들어 냈다. 왜냐하면 로마시대의 삶은 사실상 모든 측면이 신들과 연결되어 있었고, 어떤 종교적 성격을 띠고 있었기 때문이었다.

여기서 유대교 유일신론의 두 가지 특징은 바울서신에 나타난 '그리스도-섬김'의 역사적 의의를 올바르게 인식하는 것이 특히 중요하다. 우선 양심 있는 유대인들은 로마시대 종교 환경 속에 존재했던 다른 신들을 용납하고 이들에게 예배하는 것을 거부했다. 그뿐만 아니라, 이스라엘의 하나님을 하나님의 측근들 중에서 두드러져 보일 수도 있었던 높임을 받는 모든 존재들과 계속하여 구별했다. 가령 천사장들이나 에녹이나 모세처럼 공경받는 인물들이 그런 존재들이었다. 그런 존재들을 예배하지 말도록 독려하는 모습은 그런 구별이 당시에 유대교에서 아주 분명하게 유지되고 있음을 보여준다. 아울러 독실한 유대인들은 오직 하나님 한 분께만 예배해야 함을 강조했다. 이런 태도에 비춰볼 때, 바울서신에 나타나는 '그리스도-섬김' 수준은 역사적으로 특이한 일이며, 그런 점에서 다소 설명이 필요한 일이다.

또한 유대교의 유일신론 입장은 사람을 신으로 여겨 섬기는 '인간 신격화'(deification)를 철저하게 금지했다. 그 때문에 당대 이방 종교들의 중요 테마 중 하나와 충돌하게 된다. 알렉산드리아의 유대인 필로(Philo; 예수와 동시대에 살았던 알렉산드리아의 철학자이며 신학자 편저자 주)는 "자신이 신이다"라고 주장한 가이우스 칼리굴라(Gaius Caligula; 로마제국의 제3대 황제로 네로, 도미티아누스, 콤모두스 등과 함께 폭군황제로 거론된다. 편저자 주)를 조롱하며 꼬집는다. 이런 필로의 태도는 당시 유대교인들의 공통적인 입장을 그대로 보여준다. 필로는 "인간이 하나님으로 변하기보다는 하나님이 인간으로 변하기가 더 빠를 수 있다"라고 말했다(Embassy to Gaius 118). 이런 말은 어떤 측면에서는 세계시민의 자세를 보여주기도 했던 디아스포라 유대인의 입에서 나온 말이라는 점에서 더욱더 큰 중요성을 갖는다. 이렇게 인간의 신격화를 우스꽝스럽고 신성모독이라 여겨 거부한 것은, 사실 로마시대에 살았던 독실한 유대인들의 보편적인 특징이었던 것 같다.

이렇게 되면 바울이 증언하고 확인해주는 '그리스도-섬김'을, 로마시대를 지배한 인간신격화 개념에서 비롯된 것으로 설명하는 모든 견해는 도통 설득력을 얻지 못하게 된다. 로마시대의 독실한 유대인들은 인간신격화를 말하는 주장들에 알레르기 같은 예민한 반응을 보였다. 이런 점을 고려할 때, 기독교운동 초기 첫 20년 동안의 '그리스도-섬김'을 설명하는 데, 이 인간신격화라는 개념이 쓸모 있다고 주장하고 싶은 학자가 있다면, 그는 유대계 그리스도인들이 이 인간신격화라는 불쾌한 개념 범주를 전혀 개의치 않고 받아들였을 특별한 과정을 설득력 있게 서술해 보여야 한다.

바울은 그리스도인이 되기 전에 신앙생활을 하면서 유대교의 종교적 순수성과 '(그의) 조상의 전통'을 지키는 데 열심이었다(갈 1:14). 그런 그는 무엇보다 이스라엘의 하나님께서 유일하신 하나님(신)이심을 철저히 믿었다. 그리고 그는 그리스도인이 된 뒤에 쓴 서신들에서도 이런 유일신론 입장을 계속하여 굳건하게 보여준다. 이런 그의 입장은 예를 들어 그가 이방 종교를 비판한 로마서 1장 18-32절(이 본문은 솔로몬의 지혜서 12-15장과 같은 본문에서도 볼 수 있는 유대인들의 태도를 반영하고 있다)에서 분명히 드러난다. 그리고 고린도의 그리스도인들이 로마시대의 여러 신들을 공경하는 행위도 포함될 수 있는 사회활동에 참여함으로써 일어날 수 있는 다양한 문제들에 대해 바울이 답을 제시하는 고린도전서 8-10장에서도 역시 분명하게 나타난다. 따라서 다른 유대계 그리스도인들과 마찬가지로 바울과 이방인 회심자들은 성경과 유대교 전승이 말하는 한 분 하나님께 순종하고자 했으며 '그리스도-섬김'은 이렇게 견고한 유일신론이라는 맥락

속에서 나타난 것이다. 먼저 이 점을 유념해야 한다.

2) 회심자

바울의 유일신론 입장은 그와 당대에 그리스도를 따랐던 다른 신자들을 하나로 묶어주고 있다. 그러나 바울과 기독교 초기 수십 년 동안의 우리가 아는 다른 그리스도인들을 구별해 주는 두 가지 다른 요인들이 있다.

첫째는 바울의 극적인 변화다. 초기 기독교운동을 핍박하는 데 헌신했던 그는 그리스도인들이 믿는 것들을 열렬히 옹호하고 장려하는 인물로 바뀌었다. 당시에 처음에는 복음을 믿지 않았다가 나중에는 복음을 받아들인 유대인들이 더 있을 수도 있다. 그러나 우리는 바울 자신이 고백한 이전의 모습대로 기독교운동을 핍박하는 데 열정을 바쳐 노력했다가 그렇게 근본적으로 바뀐 사람을 아무도 알지 못한다. 바울은 하나님의 교회를 멸하려 했던 자신의 그 노력을 언급하면서(갈 1:13; 빌 3:6; 고전 15:9) 회심 이전에 그가 이런 일을 했던 동기를 유대교를 향한 '열심'(zealous)으로 규정한다(갈 1:14; 빌 3:6; 롬 10:2 편저자 주).

그런데 이 '열심'이라는 말은 고대 유대교 전승에서 비느하스를 설명하는 성경기사(민 25:5-13)와 결합하여 나타난다. 민수기 성경기사는 비느하스가 공중(公衆)에게 해를 입힌 악독한 죄를 범하다가 붙잡힌 한 이스라엘 사람에게 혹독한 보응을 가한 일을 칭송한다. 바울이 갈라디아서 1장 13절에서 사용하는 말들(디오코, 포르테오)은 단순히 말로 반박하는 차원을 넘어 결연한 행동들로 어떤 조치를 취한다는 의미를 담고 있다.

사실 우리가 바울의 신앙적 확신에 일어난 극적인 변화의 의미를 간파하려면 바울이 회심 이전에 보였던 '열심의 본질'을 제대로 인식해야 한다. 고대 유대교 자료에 있는 비느하스의 '열심 전승'(tradition of zealous)을 연구해 본 결과, 우리는 바울이 그 자신의 신앙적 '열심'을 언급할 때 말하고자 하는 의미가 무엇인지 간파하는 데 귀중한 도움을 얻을 수 있었다. 고대 유대교 자료가 언급한 죄들로서 비느하스가 보여준 것 같은 '열심'에 정당성을 부여해 주는(심지어 그런 '열심'을 요구하는) 행위들은 우상숭배, 위증, 마술, 독을 넣는 행위, 거짓 예언 같은 중죄였다. 사람들이 보는 앞에서 그런 죄를 범한 유대인이 있을 경우, 독실한 유대인들은 강력한 행동으로 보응할 권한을 갖고 있었다. 그런 강력한 행동에는 심지어 범죄자를 죽이는 것도 포함되었을 것이다.

이런 행동에 정당성을 부여한 이유는 무엇이었을까? 아마 그런 범죄 행위가 유대인들의 신앙적 순수성, 이스라엘의 하나님께 신실함을 보여야 할 유대인 전체의 책임을 위태롭게 한다고 보았기 때문인 것 같다. 바울이 자신이 회심 이전에 한 행동들을 언급한 대목에서 볼 수 있듯이, 만일 그가 자신을 비느하스가 행한 것 같은[아마도 주전 167년경 헬라제국의 예루살렘 성전에서 이교제사의 명령에 따랐던 의분이 나서 그 자리에서 죽였던 맛다디아가 행한 것 같은 것도 (외경 마카비상 2:23-30) 편저자 주] 엄중한 징계와 훈육을 실행하고 있는 사람으로 보았을 것이다[이런 배경에서 우리는 바울이 공회에서 얼굴이 천사와 같이 보인 스데반을 성 밖으로 끌고 가 돌로 쳐 죽이는 일에 증인이 되고, 그의 죽음을 마땅하다고 여기고, 교회를 잔멸하기 위해 각 집에 들어가 남녀를 끌어다가 옥에 넘긴 행위(행 7:54-8:3)의 이유를 이해할 수 있을 것이다. 편저자 주.

따라서 그는 이전에는, 자기의 열심의 희생자들인 불행한 유대계 그리스도인들의 믿음과 신앙행위 속에서 자신이 발견한 죄, 심지어 위험이라고 할 만한 것에 걸맞은 응답을 하고 있었던 셈이다. 결국 이런 태도에서 기독교운동에 열심히 참여하는 사람으로 바울이 완전히 반대방향으로 전환된 것은 매우 특이한 일이었다. 그의 이런 극적 변화에는 틀림없이 신앙적 견해의 깊숙한 변화도 수반되었을 것이다.

둘째로, 바울과 기독교 초기 수십 년 동안의 우리가 아는 그리스도인들을 구별해 주는 다른 요인은 그가 기록한 '초기 서신들'이다. 거기에는 그가 회심하기 전에 예수에 대해, 그리고 그가 반대했던 그리스도인 집단들의 반응에 대해 품었던 견해들을 시사하는 내용을 보존하고 있을 수 있기 때문이다. 예를 들어 갈라디아서 3장 13절은 예수를 놓고 "우리를 위하여 저주를 받은 바 되사(하이퍼 헤몬 카타라), 율법의 저주에서 우리를 속량하셨으니 기록된 바 '나무에 달린 자마다 저주 아래에 있는 자라'(에피카타라토스) 하였음이라"라고 말한다. 이것은 곧 "예수가 거짓 교사이며, 그가 십자가형을 당한 것은 그가 하나님께 저주를 받았음을 보여주는 것"이라고 보았던 회심 이전에 바울이 했던 생각을 옮겨놓은 대목인지도 모른다. 또 고린도후서 3장 7절-4장 6절에서는 "그리스도를 믿지 않는 유대인들의 마음을 수건이 덮고 있다"는 것, "주께로 돌아가면 그 수건이 벗겨지고 깨달음을 얻게 되리라"는 것, 그리고 "예수 그리스도의 얼굴에 있는 하나님의 영광"을 볼 수 없는 이들의 영적 무지를 언급하고 있다. 이런 내용들은 바울이 회심하기 전에 가졌던 태도와 그가 계시를 받고 그리스도인으로 바뀌는 변화를 체험했을 때 가졌던 느낌에 대한 기억에서 정보를 얻었을 수 있다.

이렇게 바울은 회심자로서, 특히 그리스도 운동에 적극 반대하던 입장에서 적극 지지하는 입장으로 옮겨간 사람으로서, 그가 이전에 가지고 있었던 신앙적 견해들을 '철저하게 재구성'해야만 했다. 사실상 그의 '신앙적 자아 전체'를 완전히 바꿔야 했다. 정치적 전향자나 종교적 개종자(또는 흡연자였다가 비흡연자가 된 사람)를 알고 있는 사람이라면 누구나 다 아는 사실이지만, 헌신하는 대상에 더 작은 충격을 받고 새로운 입장(견해)을 받아들인 사람의 경우보다 더 열렬하게 그리고 더 철저히 심사숙고하던 데서 새롭게 옮겨간 쪽의 견해들을 받아들이는 현상이 자주 동반된다.

이상과 같은 사실들이 우리가 바울서신들을 볼 때, 우리가 지금 마주하는 사람이 '열정이 넘치는 사람'이자, '사상가' 또는 적어도 '자신의 신앙적 견해를 놓고 심사숙고하는 사람'이라고 느끼는 이유다. 이러한 점 때문에 바울서신(특히 초기 서신)은 '역사자료'로서도 더욱 더 귀중한 가치를 지닌다. 이 서신들은 그리스도인들이 믿는 것들과 행하는 것들이 옳다고 확언하면서, 그 이유를 함께 제시하거나 시사한다. 바울은 기독교운동 초창기 수십 년 동안 다양한 그리스도인 공동체들을 거치며, 그리스도인으로서 자신이 갖고 있는 믿음에 대한 이해를 완성시켜 갔다. 그런 바울이었기에 그는 이런 그리스도인들 그룹 안에서 이루어지고 있던 여러 가지 성찰들을 적어도 어렴풋

한 불빛으로나마 우리에게 제공해 주고 있는 것이다.

더욱이 바울이 그의 서신 속에서 받아들이고 이 서신들에서 지지하는 기본적인 기독론 견해들은 이전에 그가 회심하기 전에는 불쾌하게 여겼고 극렬하게 반대했던 믿음들을 반영한다고 생각하는 것이 합리적이다. 사실 바울은 그의 서신의 여러 곳에서 이전에는 핍박했던 믿음들, 그러나 이제는 회심하여 받아들인 믿음들을 보여주는 사례일 수 있는 전통적 공식문구(acclamation formula)들을 이야기하고 있다(가령 롬 4:24-25; 고전 15:1-7; 살전 1:10, 빌 2:6-11 편저자 주).

3) 이방인 선교

바울이 보여주는 또 한 가지 두드러진 특징이자 바울서신을 살펴볼 때 유념해야 할 세 번째 핵심요인은 바울의 '이방인 선교'(Gentiles mission)다. 바울은 자신을 가리켜 "이방인들 가운데서 복음을 따르고 지킬 사람들을 만들어 낼 특별한 책임을 부여받은 사람"이라고 지칭한다(롬 1:5, 11:13, 15:17-20). 그러면서 그는 '이방인의 사도'(Apostle of Gentiles)라는 그 특별한 직무를 '유대인의 사도'인 베드로의 직무와 비교한다('할례', 갈 2:7-8). 더욱이 바울은 하나님께서 자신을 그리스도를 믿는 믿음으로 돌아서게 하신 목적이 바로 그 '이방인 선교'였다고 말하면서(갈 1:15-16), 자신을 태어나기 전부터 이 일을 하도록 하나님께 택함을 받은 사람으로 묘사한다.

그런데 이와 관련된 내용을 시사하는 모든 본문은 바울이 "이방인들을 회심케 한다"는 말을 "토라를 따르는 개종자들을 만들어낸다"는 뜻이 아니라, "복음에 순종하도록 요구한다"는 말로 이해했음을 일러준다. 바울은 다른 일부 유대계 그리스도인들에 맞서, 이방인들이 하나님의 구원에 동참하는 자, '교회'(에클레시아)의 같은 지체, 아브라함의 공동 상속인으로 완전히 편입되는 데에는 '그리스도를 믿는 믿음만 있으면' 충분하다고 주장하였다(가령 갈 2:15, 11-18; 롬 4:13-17). 그는 또 성령님께서 부어주시는 능력을 좇아 그리스도께 순종하는 것이 이방인 신자들의 윤리적 의무를 규정하는 내용이라고 주장했다(갈 5:6, 13-26).

바울이 이 문제를 놓고 다툼을 벌였다는 사실은 분명히 그의 견해가 다른 모든 사람들, 특히 일단의 유대계 그리스도인들을 설복시키지 못했다는 점을 보여준다. 바울 자신이 회심하기 전에는 토라를 지키려고 열심을 냈던 점을 생각하면, 틀림없이 그 자신도 예수께서 하나님의 중요한 서곡(序曲)인 토라를 능가한다는 견해로 옮겨가는 데 아주 설득력 있는 근거들을 몇 가지 필요로 했을 것이다. 또한 바울은 그가 메시아로 만난 예수를 하나님과 함께 예배의 대상으로 나란히 높이는 견해(비록 그것이 재구성된 것이기는 하지만)와 모세를 통해 토라를 주신 이스라엘의 하나님께 계속 헌신하는 입장을 틀림없이 통합시킬 수 있어야만 했다.

따라서 이방인들이 그리스도를 믿는 믿음에 근거하여 구원을 받는다는 바울의 확신이 '계시'(revelation)로 그에게 주어진 것이든, 아니면(일부 학자들의 주장대로) 바울 자신이 예수의 구속적 죽음(Jesus' redemptive death)이 시사하는 의미들을 심사숙고함으로써 이런 확신을 형성한 것이든, 바울의 기독론(Christology)이 갖고 있는 강조점을 형성한 것은 다름이 아니었을 것이다. 그것은 바로 그의 '이방인 선교사명'이었을 가능성이 크다. 바울은 그리스도께서 우리 때문에 죽으셨다는 믿음을 그가 받은 전승들 속에서, 그리고 그 자신과 그가 고린도전서 15장 1-11절에서 언급하는 다른 유대계 그리스도인들 지도자들이 공유하는 믿음들 속에 포함시킨다.

그러나 바울은 그가 받은 '이방인의 사도'라는 직분(사명) 때문에 구속을 가져온 그리스도의 죽음이 함축하고 있는 풍성한 의미들을 펼쳐 놓아야 했다. 가령 바울은 이 본문들에서 단순히 자신이 물려받은 기독교 전승들을 그대로 문자적으로 되풀이하기보다는, 그 자신이 거기에 대해 성찰한 결과들을 다시 제시하는 견해들을 보면 바울의 기독론은 '이방인 선교'라는 그의 특별한 사명이 낳은 결과들을 보여주는 것일지도 모른다.

그렇지만 바울이 예루살렘 교회와의 유대관계를 유지하는 데 관심이 있었다는 점과 그가 예루살렘 교회에서 그의 사명을 받았다는 점을 고려할 때, 또 바울이 그와 의견이 다른 사람들로부터 동의를 끌어낼 수 있는 전제들을 사용하여 그 자신이 품고 있는 견해들이 옳다는 논증을 제시해야 했다는 점을 고려할 때 그는 매우 신중을 기할 필요가 있었다. 즉 그가 아주 많은 것들을 독창적으로 만들어 내고 아주 많은 면에서 다른 이들과 구별되는 독특함을 갖고 있었다는 주장을 제시할 경우에는 매우 조심해야 할 필요가 있었다.

사실 유대계 그리스도인들이 실천할 내용들과 관련하여 특히 이방인 출신 그리스도인들의 의무 및 이방인 회심자들을 향해 유대계 그리스도인들이 가져야 할 적절한 태도와 관련하여 바울이 이끌어 낸 결론들은, 분명히 모든 유대교인들은 물론, 많은 유대계 그리스도인들의 공감도 얻어내지 못했다. 그러나 바울서신이 제시하는 그리스도에 대한 믿음들과 섬김의 실제들이 다른 측면에서도 이전의 기독교 전승과 그렇게 큰 차이를 나타내고 있는 모습은 결코 분명하게 드러나지 않는다(그 이유는 믿음의 내용의 차이가 아니라, 그 믿음을 전하는 대상이 토라를 보유한 유대인과 그것이 없는 이방인으로, 다른 데서 오는 전달 방법이 다를 수밖에 없는 차이이기 때문일 것이다. 편저자 주).

복음의 핵심인 예수에 대한 경칭들

흥미롭게도 바울은 그가 쓴 서신 그 어디서도 기독론과 관련하여 갖고 있는 믿음들을 체계 있게 혹은 포괄적으로 제시하지 않는다. 사실 바울은 이방인들을 받아들일 목적으로 기독론과 관련된 이런 믿음들이 시사하는 바를 상세히 설명해야 할 필요성을 발견하거나 그리스도에 대한 믿음들이 만들어낸 행위 기준을 권면하려 하는 본문이 아니라면, 특이하게도 기독론과 관련하여 그가 강조하는 믿음들을 (수신자들이 이미) 알고 있다고 전제하는 것 같다. 그리고 이런 믿음들을 다소 공식 같은 언어로 간략하게 표현하는 경우가 대부분이다.

따라서 바울이 기독론과 관련하여 지녔던 믿음들을 논하는 사람은 누구든지 그 믿음들을 어떤 체계를 세워 조직해야 할 필요가 있다. 나는 이어질 논의에서 바울이 "예수에 대한 그리스도인들의 믿음들(beliefs about Jesus)"을 표현한 것들로서 제시한 핵심 경칭(敬稱)들과 테마들에 초점을 맞춰보겠다(본서에서는 편저 근본목적에 따라 테마들은 생략하고 경칭들만 소개한다. 편저자 주).

1) '그리스도'이신 예수

바울서신이 예수께 가장 빈번히 적용하는 경칭은 '그리스도' (Christ, 크리스토스)다(이 경칭은 바울이 쓴 서신이라는 데 이견이 없는 일곱 개 서신에서 270번 정도 사용되고 있는데, 이는 신약성경 전체의 사용횟수인 531번의 절반을 넘는 수치다). 학자들 사이에는 잘 알려져 있는 사실이지만, '그리스도'가 칭호로 사용된 것은 다만 유대인들이 히브리어 '마쉬아흐[기름 부음 받은 (자), 곧 '메시아', 가령 솔로몬의 시편 17-18장]의 헬라어 번역어로 이 말을 사용한 것이 그 계기가 되었다. 이 헬라어는 유대교와 기독교 바깥에서는 특별한 의미를 갖고 있지 않다.

바울은 예수를 가리키는 말로 '그리스도'를 빈번히 사용한다. 그러면서도 그는 이 그리스도라는 말을 다른 용어와 다양하게 결합하여 사용하기도 한다. '그리스도 예수', '예수 그리스도', '우리 주 예수', '우리/주 예수 그리스도'가 그런 예들이다(이런 예들은 모두 롬 1:1-17에서 나타나는 용어들이다).

우선 바울서신에서는 '그리스도'라는 말이 분명히 예수와 아주 긴밀히 결합되었다. 그 결과 이 그리스도라는 말은 거의 예수를 가리키는 또 다른 이름 역할을 하고 있다. 적어도 분명한 사실은 '그리스도'라는 말만 사용했더라도 이 말이 늘 예수를 가리킨다는 점이다. 바울서신을 보면 우리는 "예수께서 곧 그리스도/메시아이시라"는 주장을 굳이 할 필요를 느끼지 못한다. 이것은 다만 이 기록들의 배후에 있는 그리스도인들의 전승과 당시 그리스도인 집단들 안에서는 바울이 단지 그리스도라는 명칭만 사용하더라도 이 명칭이 누구를 가리키는가에 대해 그의 수신자들이 아무 의문도 품지 않았음을 시사하는 것일 수도 있다. 이는 곧 예수를 메시아/그리스도와 동일시하는 현상이 아주 확고하고 평범한 일상사가 되었기 때문에 그리스도라는 칭호 자체만으로도 예수를 충분히 지칭할 수 있게 되었음을 의미한다. 이렇게 예수와 그리스도를 결합시키는 것이 일상사가 되었다는 점은 바울이 그리스도인의 교제를 나타내는 말로 심지어 '그리스도 안에서'(in Christ)와 '그리스도 예수 안에서'(in Christ Jesus)라는 표현을 사용할 수 있다는 사실에서도 잘 드러난다(가령 고전 4:15; 롬 12:15, 16:3, 7, 9, 10). 이런 언급들은 그리스도로서의 의미를 갖는 예수께서 그리스도인들이 교제하는 집단을 규정하고 이 집단과 긴밀하게 연결되어 있다는 의미를 생각할 수 있다는 것을 보여준다.

그뿐만 아니라 이 그리스도라는 말이 예수(헬: 이에수스, 히: 예슈아)라는 이름과 함께 사용될 경우에는 헬라어로 된 유대인들의 성경을 읽은 고대 독자들에겐 또 다른 기능을 발휘했을 것이다. '예수 그리스도'와 '그리스도 예수'는 이 예수를 그와 동명이인인 성경 속의 한 인물과 구별해 주는 역할을 했다. 그는 성경의 영웅 속의 한 사람이자 모세의 후계자 '여호수아'다[구약성서에는 이 외에도 벧세메스 사람 여호수아(삼상 6:14), 대제사장 여호수아(학 1:1) 등 여러 사람이 나온다. 편저자 주]. 오늘날에는 보통 그의 이름을 히브리어 음역에서 '예호수아'로 부른다[히브리어 동사로 '구하다, 돕다, 구원하다'가 '야샤'이다. '여호수아'(예호수아)는 '야샤' 앞에 '여호와'(야훼)를 붙인(주님은 구원이시다) 이름이다. 편저자 주].

그런가 하면 더 완전한 표현 속에서 이 말의 위치가 다양하게 바

꿰고 있다는 사실은 무엇을 의미하는가? 이 말을 사용한 바울과 다른 사람들이 볼 때 이 '크리스토스'라는 말이 단순히 어떤 이름에 그치지 않고(예를 들어 예수의 별칭) 오히려 칭호로서의 기능을 어느 정도 유지하고 있음을 보여주는 증거 중 하나라는 것을 의미한다. 바울은 이 그리스도라는 말을 정관사와 함께하는 것['그 그리스도'(호 크리스토스)]을 유대인들과 관련되어 있고, 유대인들에게서 비롯된 일들을 열거한 로마서 9장 3절에서, 그리고 9장 5절에서 재차 사용한다(그의 형제, 곧 골육의 친척, 롬 9:3). 이런 용례는 그가 자신의 이방인 수신자들이 이 칭호와 관련된 유대교 전승을 어느 정도 알고 있으리라 예상하고 있었음을 확실하게 보여준다.

따라서 바울이 섬기는 그리스도 집단들에서는 예수를 '그리스도'라 부르는 것(그리스도라는 말에 정관사를 붙였는가와 상관없이)이, 곧 종말의 때에 하나님을 대리할 주로서 하나님께 임명받은 존재로서 예수가 갖는 의미를 인정하는 말과 같은 효력을 유지하고 있었다. 예를 들어 그리스도는 죽음으로부터 종말론적 영광으로 일으키심을 받은 첫 존재로서 택함 받은 아들에게 약속된 부활의 첫 열매이시다(고전 15:20-23). 그리스도라는 말이 함축하고 있는 왕과 메시아라는 의미는 하나님께서 예수를 보좌에 앉히셔서 하나님의 완전한 주권을 행사하게 하셨다고 말하는 바울의 언급 속에서도 그대로 유지되고 있는 것으로 보인다(고전 15:23-28).

베르너 크라머(Werner Kramer)가 수십 년 전에 언급했듯이 특히 '예수의 죽음과 부활'(death and resurrection of Jesus)을 언급한 문장들도 이 그리스도라는 말을 사용하고 있다는 점이 중요하다(가령 롬 5:6, 14:9; 고전 5:7, 8:11, 15:20; 갈 2:21, 3:13). 사람들은 바울이 예수의 죽음과 부활을 언급한 이 표현들 가운데는 그 이전의 그리스도인 집단들에서 유래한 전통적 신앙 공식문구들을 사용한 경우가 많이 있다고 생각한다. 이 표현들 속에서 그리스도라는 말은 예수의 죽음과 부활이 메시아의 사역으로서의 의미를 갖는 역할을 하고 있다(예수께서 '우리 대신' 죽으시고 다시 살아나신 것은 바로 '그리스도'로서 그렇게 하신 것이다). 동시에 이 말들은 그리스도/메시아가 행하신 구속을 가져온 그의 죽음과 부활도 포함되어 있다는 초기 그리스도인들의 혁신적 주장을 선언하고 있다. 예수가 곧 그리스도/메시아라는 전통적 정의는 분명히 바울이 고린도전서 15장 1-11절에서 강조하는 것이다. 보통 예루살렘 교회에서 나온 내용으로 인식되는 이 부분이 압축하여 표현하고 있는 신앙의 핵심은 그리스도께서 "성경대로 우리 죄를 위하여 죽으시고 장사 지낸 바 되셨다가 성경대로 사흘 만에 다시 살아나셨다"는 것이다(고전 15:3-4). 이는 곧 예수께서 바로 메시아라는 주장 및 그의 죽음과 부활을 메시아와 관련지어 해석하는 것이 이런 전승에서 유래한 것이자 바울 및 예루살렘과 연결된 다른 인물들이 공유한 믿음들 가운데 일부임을 의미한다(고전 15:11).

2) '하나님의 아들'(Son of God)이신 예수

부세트, 불트만, 쉡스 등의 학자들은 바울이 예수에 대해 '하나님의 아들'이라는 개념 범주를 이방 종교 환경에서 받아들였으며, 당시 이방 종교 환경에서는 '신들의 아들'이라는 개념이 '신'이라는 개념 범주와 관련되어 널리 퍼져 있었을 것으로 추정된다고 주장했다. 아울러 그들은 바울이 회심자들에게 예수가 신의 지위에 있음을 전달

하고 예수 예배의 정당성을 주장할 때, 예수가 '하나님의 아들'이라
는 개념을 매개 수단으로 사용했다고 강조했다. 물론 이는 심각하게
잘못된 주장이었다.

'하나님의 아들'이라는 개념은 주후 1세기 초에 그리스도인 집단
들의 신앙언어를 형성한 성경과 유대교 전승에서 친숙하게 접할 수
있는 개념 범주였다. 히브리성경(구약성경)을 보면 이 표현의 옛 용례
로 보이는 말이 나온다. 이를 보면, 하늘에 있는 무리들을 '하나님의
아들들'이라 부르고 있다(가령 창 6:2-4; 신 32:8; 욥 1:6, 2:1; 시 29:1, 89:6).
헬라어 구약성경(칠십인역)은 이 말을 '하나님의 천사들'이라고 번역
해 놓은 경우가 많지만(가령 신 32:8) 일관되게 그렇게 하지만은 않는
다(가령 신 32:43). 이는 헬라어를 사용하던 유대인들도 '하나님의 아
들들'이라는 이 용례를 알았을 것이라는 의미다.

하지만 하나님의 아들들이라는 언어가 사용된 사례 중에 가장
큰 영향력을 발휘하는 부분은 다윗의 자손인 왕(the David king)을 하
나님의 아들이자 맏아들로 언급한 대목들이고(삼하 7:14; 시 2:7, 89:26-
27), 이보다 훨씬 더 빈번하게 의인들(가령 솔로몬의 지혜 2:18, 5:5; 집회서
4:19; 호 1:10, 11:1; 솔로몬의 지혜 12:21, 16:10, 26, 18:4, 13)을 하나님의 아들
(들)이자 맏아들로 언급한 경우이다. 이처럼 하나님의 아들이라는 개
념 범주는 초창기 기독교의 모체인 유대교와 가까이 있었다. 이 때
문에 이 개념이 급진적인 신학자들의 주장들과 같이 당시 이방 종교
환경('신들의 아들'이라는 개념 범주)보다는 오히려 '유대교 안에서 더 두
드러진 위치'를 차지하고 있었다고 말할 수 있다.

더욱이 바울이 예수를 하나님의 아들이라고 일컫는 대목들을 귀
납적으로 분석해 보면 다음과 같은 사실이 분명하게 드러난다. 먼

저 이 말의 배경에는 성경과 유대교 전승이 자리 잡고 있다. 그리고 바울이 이 말을 사용한 대목에서는 예수께서 하나님의 아들이시라는 말이 그 자체가 예수의 신성을 표현하거나 예수 예배(worship of Jesus)에 정당성을 부여하는 수단으로 나오는 것이 아니다. 다만 대부분 "예수께서 하나님에 대해 가지고 계신 유일한 위치와 예수를 향한 하나님의 친밀한 총애, 그리고 예수의 구속사역에 하나님께서 직접 관여하신다"는 것을 표현하는 수단으로서 그 역할을 하고 있다. 분명히 바울서신에 나타난 믿음과 섬김의 실제를 보면, "영광을 받으신 그리스도께서는 신성에 참여하신다"는 의미를 함축한 지위를 가지고 계신다.

바울서신이 하나님의 아들을 언급하는 부분을 하나하나 살펴보면, 이 하나님의 아들이라는 개념 범주가 어떤 역할을 하고 있는지 구체적인 결론들을 이끌어 낼 수 있다. 몇몇 본문에서는 예수께서 곧 하나님의 아들이시라는 말이 무엇보다 예수께서 왕의 지위를 갖고 계시며, 왕의 역할을 하고 계시다는 점을 시사한다. 이 점은 로마서 1장 3-4절이 분명하게 보여준다. 이 본문은 예수를 하나님께서 죽은 자들 가운데서 살리신 '다윗의 씨(스페르마)'라고 지칭하는데, 이는 하나님께서 사무엘하 7장 12절에서 다윗에게 '네 씨(스페르마)'를 세우겠다고 약속하신 것을 넌지시 떠오르게 한다.

또한 로마서 1장 4절은 예수께서 하나님의 아들로 선포되셨음을 말하는데, 이것 역시 하나님께서 사무엘하 7장 14절에서 "나는 그에게 아버지가 되고 그는 내게 아들이 되리니"라고 약속하신 것과 시편 2편 7절에서 등극한 다윗의 자손인 왕이 하나님의 아들로 선포되는 것을 다시금 떠오르게 한다[바울이 자신의 사명은 '모든 이방인 중에 믿어 순종하게 하는 것'(롬 1:5)이라고 말하는 것 역시 하나님께서 시 2:8에서 왕인 당신의 아들에게 '이방나라를 네 유업으로 주겠다'고 약속하신 것을 시사하는 것일 수도 있다].

데살로니가전서 1장 10절도 마찬가지다. 여기서도 예수께서 하나님의 아들이시라는 것은 그의 부활, 그리고 진노하심에서 (우리를) 구해 내실 자로 하나님께로부터 임명받은 그의 종말론적 역할과 연관지어 언급한다. 강렬한 종말론 분위기를 '살아 계시고 참되신 하나님'과 '우상'들을 대조하는 부분과 결합시켰다는 것은 이 대목의 기원이 유대교의 신앙관이라는 것을 시사한다.

또한 여기서 예수를 '아들'이시라고 언급하는 것도 예수께서 메시아로서 하나님의 대리자이심을 드러내는 것일 수도 있다. 우리는 이와 똑같은 의미 범주를 고린도전서 15장 24-28절에서도 만나게 된다. 이 본문은 아들이라는 그리스도의 역할을 묘사하면서 시편 110편 1절과 8편 6절을 넌지시 시사한다.

또한 이 본문은 그리스도의 역할을 철저하게 하나님의 뜻을 따라 주어진 것이며, 하나님의 종말론적 주권을 지향하는 것으로 묘사한다(골 1:3이 '그의 사랑의 아들의 나라'라고 언급하는 것도 예수께서 왕과 메시아의 역할을 행하시는 분이라는 것을 시사한다).

분명히 "예수께서 하나님의 아들이시라"는 말이 의미하는 범위와 이 말의 근거는 다윗의 자손인 왕들과 유대인의 메시아적인 인물들의 범위와 근거와 구별될 수 있다. 메시아가 치욕스러운 죽음에서 부활함으로써 메시아로 임명받는다는 개념은 그 선례가 없다. 그런데 우리는 바울의 이 모든 글에서 유대교의 왕(메시아 전승에서 유래한) 모티프와 심상과 용어를 발견한다. 이것들은 무엇을 의미하는가? 예수께서 하나님의 목적 안에서 높은 보좌로 올림 받으셨다는 믿음을 담대히 표현할 목적으로 바울이 유대교 전승에서 받아들인 것이다. 바울은 그 이외에 다른 세 본문에서 예수를 하나님께서 구속적 죽음에 내어주신 아들, 또는 스스로 자신을 이런 죽음에 내어주신 아들이라고 일컫는다. 여기서는 하나님의 아들이라는 말이 하나님의 계획 속에서 예수만이 가지는 친밀한 위치, 그리고 예수의 구속사역에 하나님께서 직접 관여하고 계시다는 것을 표현하는 말일 수 있다.

먼저 로마서 8장 32절을 보면 "하나님께서 자기 아들을 아끼지 아니하시고 우리 모든 사람을 위하여 내주셨다"는 말씀이 나온다. 여기서 '내주셨다'로 번역된 헬라어 동사(파라디도미)는 '예수 우리 주'를 언급하며 그를 "우리가 범죄한 것 때문에 내어줌이 되신 분"이라고 말하는 로마서 4장 25-27절에 이어 다시 등장한다. 또 바울은 로마서 1장 24-28절에서 죄로 가득한 인류에게 내릴 하나님의 심판을 묘사할 때 바로 이 동사를 사용한다. 로마서 5장 6-10절에서는 또 한 번 "하나님께서 예수의 죽음으로 구속을 행하셨다"고 말하는데, 여기서 바울은 예수를 '그리스도'(6, 8절)와 '그의 아들'(10절)이라고 지칭한다. 그런데 이런 언급들은 구속을 이루신 예수의 죽음을 말하는 대목들이 사용하는 기독론 관련 칭호들에 어떤 융통성이 있음을 보여준다.

그러나 두 번째로 로마서 5장 10절에서는 예수가 하나님께서 죽음에 내어주신 분으로서 갖는 의미를 강조한다. 즉 예수의 죽음으로 하나님의 구속행위를 제시할 목적으로 예수를 하나님의 아들이라 일컫는다. 이런 점은 로마서 8장 32절에서 더욱더 분명하게 나타난다. 즉 8장 32절의 본문에서는 하나님께서 자기 아들을 아끼지 아니하시고 내어주신 분으로 묘사하는데, 이는 자기 아들을 아끼지 아니하고 하나님의 명령대로 바친 아브라함을 칭송한 창세기 22장 12, 16절을 넌지시 가리키고 있는 것 같다. 결국 8장 32절은 하나님께서 예수를 희생으로 내주신 일을 아브라함이 이삭을 희생으로 내놓으려 한 일에 견주어 보고 있는 것이다.

그리고 세 번째 언급은 갈라디아서 2장 20절에 있다. 여기서 바울은 그의 삶을 "나를 사랑하사 나를 위하여 자기 자신을 버리신(파라디도미) 하나님의 아들을" 믿는 믿음 안에서 사는 것이라고 선언한다. 이 문맥(갈 2:15-21)에서 바울은 일곱 번 더 '예수 그리스도'와 '그리스도'를 언급한다. 그러나 이 구절에서 하나님의 아들을 사용한 것은 그 사랑과 자기희생 때문에 찬미 받고 계신 분(예수 그리스도)의 위엄과 그분을 향한 하나님의 사랑을 강조하는 것이다. 그러나 여기서도 하나님이 은연중에 관련되어 있다. 그 점은 바울이 '하나님의 은혜'를 예수의 죽음과 연관지어 언급하는 다음 구절(갈 2:21)이 확인해 준다.

바울이 예수를 하나님의 아들이라고 지칭할 때에는 일관되게 헬라어 정관사를 사용함으로써, 예수께서 '독'생자('the' Son)라는 유일무이한 지위에 계심을 시사하고 이 예수를 당시 유대교 자료들과 이방 종교의 자료들이 하나님(들)의 아들들이라 일컫던 다른 이들(가령 천사들, 의인들, 위인들 또는 이적을 행하는 자들)과 구별한다는 점을 유념하는 것이 중요하다. 바울은 몇몇 본문에서 분명하게 또는 은연중에 예수님이 하나님과 부자(父子) 관계를 이루는 아들이시라고 표현하고 있다. 이 개념은 바울이 회심하기 전과는 완전히 반대되는 것으로 표현한 것이었을 것이다. 즉 이전에 열심이 많았던 이 바리새인은 예수를 불쌍한 거짓 교사요, 저주스러운 죽음을 당해도 마땅한 자로 여겼다. 그랬던 바울이 이제는 하나님께서 보내신 분이요, 하나님께로부터 각별한 사랑을 받는 지위와 관계에 있는 존재로 보게 되었다. 그래서 바울에게는 이 '아들'이라는 성경의 개념이 예수에 대해 생각이 철저히 바뀌어 버린 그의 생각을 기록하는 심오한 표현이 된 것이다.

3) '주'이신 예수

기독론과 관련하여 이제 남아있는 중요한 칭호는 '주'(퀴리오스, Lord)다. 바울이 저술했다는 데 논란이 없는 초기 서신에서는 이 칭호를 180번 정도 사용한다. 그 바울서신이 보여주는 그대로 여기서도 퀴리오스라는 칭호를 예수께 적용하게 된 관행의 기원, 그리고 그런 적용이 갖는 의미와 그런 적용에 이르게 된 정황이 분명히 문제가 된다.

로마시대 헬라어에서는 '퀴리오스'라는 말이 노예의 주인이나 소위 '많은 신들'과 '많은 주들'에게 '왕'이나 '황제'에게 '주'라는 말이 사용되었다. 그리고 특히 로마의 동부에서는 (죽은 황제는 물론이고) 살아있는 황제에게도 의식(儀式)을 통해 '신', '주'로 섬기는 관행이 이런 이방 종교의 용례는 분명히 초기 그리스도인들이 퀴리오스라는 말을 어떻게 사용했을지를 들여다볼 수 있는 언어학적 정황을 더 넓게 제시해 준다. 또 이런 정황은 이방 종교 신자들이 예수를 퀴리오스라고 부르는 말을 들었을 때, 예수를 신으로 공경하는 의미로 쉽게 이해했을 것임을 보여주는 것이기도 하다.

그러나 독실한 유대인들은 사실상 이방 종교의 모든 측면에 반감을 보였기 때문에 이방 종교가 퀴리오스라는 말을 사용하던 방식이 바울서신과 바울의 회중들이 기독론과 관련지어 이 말을 사용하도록 만든 직접적 계기 내지는 기원이 되었을 가능성은 없다. 따라서 기독교 역사 첫 수십 년 동안의 그리스도인 집단들이 이 퀴리오스라는 말을 기독론과 관련지어 사용하게 된 출발점이 어디이며, 이 말이 그런 집단 내에서 어떤 역할을 했는지 이해하려면 우리는 다른 곳을 살펴보아야 한다.

최근에 이 문제들을 다룬 연구서들은 퀴리오스라는 말이 지닌 의미의 핵심 배경이 '유대교 전승'이며 예수를 기독론적 관점에서 '주'(Lord)라고 규정하게 된 것이 '최초의 유대계 그리스도인 집단들'(이방 지역의 그리스도인 집단들이 아닌 예루살렘과 유대와 사마리아와 갈릴리 등 팔레스타인 내의 유대계 그리스도인 집단들 편저자 주)로부터 비롯되었다는 결론을 내리고 있다. 특히 당대 유대교 전통의 두 가지 특징이 관련되어 있다. 하나는 히브리어와 아람어로 쓰여진 고유한 이름의 하나님을 언급할 때 거기에 해당하는 번역어를 사용하는 것이 당시의 신앙 관행이었다. 다른 하나는 헬라어를 말하던 유대인들은 이 '퀴리오스'라는 말 자체를 신앙용어로 사용했다.

주후 1세기 무렵, 독실한 유대인들은 하나님의 히브리어식 이름 '야훼'(우리말 성경에 나오는 하나님의 이름, '여호와'의 원래 발음 편저자 주)를 거룩하게 여겨 발음하지 않는 전통을 널리 지켰다. 그러면서 심지어 하나님의 이름이 등장하는 성경 본문을 읽을 때도 다양한 대체어들을 사용했다. 히브리어로 가장 많이 사용한 대체어는 '아도나이'

(주)였다. 그리고 쿰란 사본(예수 당시 신비적인 금욕주의를 내세우며 사해 주변에 종교적 공동체를 이룬 유대교의 세 종파 중 하나인 에세네파가 기록한 것으로 2,200여 년 전의 구약 사본들이다. 편저자 주)에서 그 예를 찾아볼 수 있듯이 아람어(셈어파에 속하는 언어로, 예수께서도 사용하시던 언어로 알려짐. 편저자 주) '마르야'(maryah; 마레의 한정형/강조형)도 비슷한 용도로 사용되었는데, 둘 다 '주'를 의미한다. 헬라어를 사용하는 유대인들은 '퀴리오스'(주)라는 말을 하나님의 이름을 나타내는 대체어로 선호했을 가능성이 있다. 이 점은 신약성경 본문에서도 그대로 나타난다. 즉 신약성경 역시 히브리어로 된 하나님의 이름이 나타나는 성경 본문을 인용할 때 '퀴리오스'라는 말을 사용한다(이런 이유로 신약성경에는 '야훼'(여호와)라는 단어가 단 한 번도 등장하지 않는 것으로 보인다. 대신 하나님, 아버지, 주님 등의 용어만 등장한다. 편저자 주). 모든 증거를 보아 1세기 유대인 집단들(그리스도인 집단 포함 편저자 주)은 성경에 나오는 하나님을 가리키는 말로 퀴리오스와 이 말에 상응하는 셈어를 사용했다. 이런 용어들은 한정형/강조형으로 사용할 경우, 하나님의 이름을 나타내는 대체어 역할을 했다.

실제로 기독교운동 초창기에 헬라어를 사용하는 유대계 그리스도인 집단과 아람어를 사용하는 유대계 그리스도인 집단에서는 예수를 '주'라고 부르는 관행이 있었다. 그런데 이런 관행이 유대인들이 '주'라는 말을 사용하는 경우와 바울 기독교가 기독론과 관련지어 '퀴리오스'라는 말을 사용하는 경우를 연결해 주는 매개체가 되었다. 가령 바울이 고린도전서 16장 22절에서 음역하여 사용하는 아람어 섬김 공식 문구가 바로 그것인데, 이 공식 문구(acclamation formula)는 아마도 '마라나타'(marana tha, "우리 주여 오시옵소서")라고 읽었을 것이다.

그런데 이 표현은 분명히 아람어를 사용하던 유대계 그리스도인 집단들로부터 유래된 것이다. 이 집단에서는 이 섬김 공식 문구가 그들의 예배행위가 지닌 한 가지 특징이었다. 이 말은 영광을 받으신 예수께 그들이 예배하는 장으로 임재해 주시기를 간구하거나 종말의 때에 임하시기를 간구하는 기도였다. 바울이 주로 이방인 출신 그리스도인들로 구성되어 헬라어를 사용하던 회중에게 보낸 이 서신에서 아무 번역이나 설명 없이 '마라나타'라는 말을 사용한다는 점은 그가 자신의 수신자들이 이미 이 말을 잘 알고 있다고 신뢰하는 증거다. 고린도 사람들이 이 말을 이미 잘 알고 있었다면, 그 이유는 아마도 바울 자신이 이 말을 고린도 사람들과 같은 복음을 믿으면서도 아람어를 사용하는 유대계 그리스도인들의 섬김 관행과 고린도 교회의 회중을 연결하는 언어로 이 표현을 이미 소개했기 때문일 수 있다.

뒤집어 말하면 이런 이야기다. 즉 이것은 예수를 '우리 주'라고 부르는 관행이 바울이 이 말을 고린도 회중에게 가르치던 그 당시에 이미 아람어를 사용하던 집단들 안에서는 분명히 일상사가 되어 있었다는 의미다. 그리고 이 관행이 어떤 전통을 전달하는 동시에 언어와 문화의 경계를 뛰어넘에이미 초기 기독교 자체가 문화의 경계를 뛰어넘은 유대교라고 판단된다, (데이비드 스턴·David H. Stern) 편저자 주] 같은 그리스도인들 집단 사이의 공통된 섬김 관행을 갖고 있던 신자들을 하나로 묶어 주는 데 기여했을 수도 있다는 것을 의미한다.

우리는 로마서 8장 15절과 같이 갈라디아서 4장 6절에서 바울이 이 마라나타의 경우처럼 자신이 섬기는 이방인 회심자들에게 아람어로 된 또 다른 섬김 언어이자 그리스도인들이 기도할 때 하나님을 부르는 말로서 특별한 의미를 지닌 말인 '압바'(Abba, 아버지)를 가르쳤음을 알 수 있다. 바울이 헬라어를 사용하던 자기 회심자들에게 유대계 그리스도인들이 기도할 때 각각 하나님과 예수를 부르는 말로 사용하던 이 두 아람어 표현을 전해주었다는 것은 아주 흥미롭다. 이 모든 상황은 아람어를 사용하던 유대/팔레스타인의 유대계 그리스도인 사이에서 생겨나는 '이위일체'[허타도는 《Honoring the Son》(아들을 경배함)이라는 제목의 이후 책에서 "나는 이전의 일부 글들 중에서 '이위일체적인'(binitarian) 예배의식을 언급했다. 그러나 이 용어는 때로 주후 3세기 이후에 생겨난 기독교 신학의 논의에 속한 '존재론적' 범주들을 1세기 기독교 관행 속에 부과하는 것으로 오해되어 왔다. 그래서 이제 나는 '이중적인'(dyadic)이라는 용어를 사용한다. 하지만 어떤 용어를 쓰든 간에 나는 그저 하나님과 예수가 그 섬김의 대상으로서 독특하게 연계되어 있는 초기 기독교의 예배형태를 묘사하려는 것뿐이라고 지적했다." 편저자 주]라는 섬김 패턴이 헬라어를 사용하던 바울의 교회들에서도 장려되었다는 것을 보여준다.

여기서 내가 강조하고 싶은 점은 이것이다. 바울 기독교가 기독론과 관련지어 '퀴리오스'라는 말을 사용했지만 사실은 이미 수십 년 전에 아람어를 사용하던 유대계 그리스도인들 집단들 안에 있었다는 점, 그리고 바울의 그리스도인 집단들이 이 퀴리오스라는 말을 예수께 적용했지만 이런 적용이 신앙적 차원에서 갖는 의미와 기능을 형성한 것은 부활하신 예수를 '주'라 부르던 이전의 관행이었다는 점이다. 이 관행은 아람어를 사용하던 그리스도인 집단들의 섬김 생활에서 하나의 특징을 이루고 있었다. 그것은 바로, 단순히 전해 내려온 어떤 용어가 아니라, '공유된 경건성'(a shared religiousness)이었다는 것을 의미한다. 우리는 바울 기독교가 예수를 '주'로 규정한 것을 그 이전에 아람어를 사용하던 팔레스타인의 유대계 그리스도인들이 예수를 공경하는 말로 사용했던 '마르야'와 의미상 차이를 보이는 어떤 중대한 발전의 상징이라고 생각할 근거를 갖고 있지 않다. 오히려 우리는 바울이 자기 회심자들이 사용하는 기독론 용어들과 섬김 관행을 그 이전부터 존재해 온 유대계 그리스도인들의 그것과 결합하려고 시도한 증거들을 갖고 있다[바울이 '주의 형제들'(고전 9:5, 호이 아델포이 투 퀴리우)을 언급하고, 야고보를 '주의 형제'(톤 아델폰 투 퀴리우; 갈 1:19)라고 일컫는 것은 초창기 유대계 그리스도인 집단들 사이에서 '주'라는 말을 기독론과 관련지어 사용하는 것이 일상사가 되었다는 것을 보여주는 또 다른 증거다. 이 두 경우에 바울은 그 인물들이 속한 집단에서 공경하는 뜻을 담아 그들에게 적용했던 공식 같은 표현을 사용하여 이 인물들을 진지하게 언급하고 있는 것으로 보인다].

바울서신이 퀴리오스라는 칭호를 사용한 사례들을 더 상세히 살펴보도록 하자. 먼저 이 칭호가 적용된 대상들을 살펴보자. 바울이 썼다는 데 이견이 없는 서신에서는 이 퀴리오스라는 말이 200번 넘게 등장한다. 바울은 그중 약 180번을 예수께 적용한다. 바울서신을 보면, 분명 이 퀴리오스라는 말은 기독론 용어로서 독특한 기능을 하고 있다. 그러나 그보다 더욱더 중요하게 주목해야 할 것은 바울이 '하나님께도' 퀴리오스라고 부른다는 점이다. 바울이 하나님을 퀴리오스라고 부르는 본문들은 구약본문을 인용한 곳인데, 거기서 퀴리오스는 '야훼'의 번역어/대용어로 사용되고 있다.

로마서 4장 8절(시 32:1-2), 9장 28-29절(사 28:22, 1:9), 10장 16절(사

53:1), 11장 34절(사 40:13), 15장 11절(시 117:1), 고린도전서 3장 20절(시 94:11), 고린도후서 6장 17-18절(사 52:11; 삼하 7:14)이 그 예다. 구약성경을 인용한 다른 몇몇 본문들은 퀴리오스가 하나님을 가리키는 바울의 고유한 언어 가운데 하나였음을 훨씬 더 분명하게 지칭하는 말을 덧붙이는데, 이는 구약성경 본문에 이 퀴리오스에 직접 상응하는 말이 없기 때문이다. 로마서 11장 3절(왕상 19:10), 로마서 12장 19절(신 32:35), 고린도전서 14장 21절(사 28:11)이 그 예다. 이 모든 본문들이 바울이 물려 받은 신앙용어인 퀴리오스가 하나님을 가리키는 말이자, 하나님의 이름을 나타내는 헬라어의 대체어 역할도 했음을 보여준다.

따라서 바울이 본래 하나님과 관련된 구약 본문들을 다른 곳에서 인용할 때, 그 본문들을 예수께 적용하면서 예수를 퀴리오스라고 부르고 있는 것은 매우 특이한 점이라고 할 수 있다. 로마서 10장 13절(욜 2:32), 고린도전서 1장 31절(렘 10:23-24), 고린도전서 10장 26절(시 24:1), 고린도후서 10장 17절(렘 9:23-24)이 그 예다. 다른 두 곳에서는 바울이 구약성경에서 인용한 본문을 하나님께 적용한 것인지, 아니면 예수께 적용한 것인지 확정하기가 더 어렵다. 로마서 14장 11절(사 45:23)과 고린도전서 2장 16절(사 40:13)이 그 예다.

또 바울이 야훼를 퀴리오스로 언급한 구약성경 본문을 넌지시 시사하면서, 정작 예수를 그 퀴리오스라는 칭호의 적용 대상으로 분명하게 밝히는 경우들이 많이 있다. 고린도전서 10장 21절(말 1:7, 12), 고린도전서 10장 22절(신 32:21), 고린도후서 3장 16절(출 34:34), 데살로니가전서 4장 6절(시 94:2)이 그 예다.

그러나 이런 사례들 가운데 가장 놀라운 경우는 분명히 빌립보서 2장 10-11절이다. 이 본문은 이사야 45장 23-25절(본디 온 우주가 하나님께 복종함을 표현한 본문이다)을 수용, 재구성하여 종말의 때에 예수를 퀴리오스로 선언함으로써 하나님 아버지께 영광을 돌리게 하셨다고 묘사한다. 결국 바울서신에는 독특하게 예수를 퀴리오스라 일컫는 세 가지 유형의 문맥들이 있다.

⑴ 권면을 담은 말과 같은 본문에서는 예수께서는 주/스승이시다. 그의 가르침과 본보기는 신자들에게 권위를 가진다(롬 14:1-12, 16:2-20; 고전 6:12-7:40).

⑵ 종말의 때를 내다보는 소망을 언급하는 부분에서는 예수를 하나님의 대리자로서 다시 오실 주로 규정한다(고전 4:1-5; 빌 4:5).

⑶ 예배의 장에서 이루어지는 행위들을 반영하는 공식 문구들과 본문들에서는 퀴리오스라는 말이 하나님께서 예수에게 부여하신 모든 이보다 뛰어난 지위를 가리키는 동시에, 초기 그리스도인 집단들이 실제 예배행위(devotional practices)에서 예수께 부여했던 독특한 칭호들을 가리킨다(고전 11:17-33, 5:1-5). 우리는 예수를 퀴리오스로 언급하는 각 유형의 문맥 속에서 그 나름대로의 독특한 뉘앙스를 가려낼 수 있다. 그러나 이런 함의들에 대해 우리는 모두 이런 것들은 예수께 대한 확신이 나중에 기독교운동이 된 운동 내부에서 그 '초창기 몇 개월' 내지 '몇 년 사이'에 흥미진진하면서도 역동적이며 조금 복잡한 '발전'('폭발'이라는 말이 실상에 더 가까울 것이다. 롬 1:16 상반절에서 "이 복음은 모든 믿는 자에게 구원을 주시는 하나님의 능력이 됨이라"고 했는데, 여기서 '능력'의 헬라어는 '듀나미스'이고, 여기서 영어의 dynamite가 나왔다. 그래서 아마도 허타도의 말은 기독교운동 초기의 단기간 동안 복음의 폭발적인 역사가 마치 다이나마이트와 같이 역사했다는 표현이 아닌가 생각된다.

편저자 주)을 이룩했다고 생각해야 한다. 예수를 '주'라고 부르는 말이 함축하는 다양한 뉘앙스들은 모두 초창기 그리스도인 집단들이 생각하고 있던 '말뜻들'(semantics)과 연관되어 있었다. 물론 문맥이 바뀜에 따라 이런 뉘앙스 또는 저런 뉘앙스가 더 부각될 수도 있다(가령 권면을 담고 있는 문맥에서는 퀴리오스가 '선생'이라는 뉘앙스를, 예배를 시사하는 문맥에서는 퀴리오스가 '신'으로 바울이 섬기던 그리스도인들 및 이보다 앞서 그리스도인이 되었던 자들의 신앙사상 및 삶과 연결되어 있었을 것이다. 바울은 자기 회심자들을 이들보다 앞서 그리스도인이 된 이들이 가졌던 믿음들 및 이들이 실제 행했던 관행들과 결합시키려 했다).

우리는 예수를 오실 주로 언급하는 부분들이 예배를 시사하는 문맥 속에서 어떻게 나타나는지 살펴보았다. 이 문맥 속에서 퀴리오스라는 말은 예수를 그리스도인들이 함께 섬길 분으로 규정하기도 한다. 따라서 예수를 그 의미와 연대를 기준으로 종말론적 주와 모인 회중의 주로 아주 예리하게 구별하는 입장[가령 부세트(Wilhelm Bousset)나 불트만(Rudolf Bultmann) 등은 이런 입장을 표방한다]은 억지스럽고 현실성이 없다(괴팅겐 학파의 빌헬름 부세트는 20세기 초에 발표한 역작 《주 그리스도》에서 예수를 하나님으로 섬겼던 기독교 신앙은 유대계 그리스도인들 가운데서 나온 게 아니라, 여러 신들을 섬긴 헬라 문화의 영향에서 비롯되었다고 주장했다. 그 결과 헬라 문화의 유입이 이전의 유대교와 이후의 기독교를 갈라놓았고, 그래서 양자 사이에는 신앙의 연속성을 발견하기 힘들다고 주장했다. —옮긴이 주). 오히려 예수라는 이름은 '섬김을 받으실 분'이라는 뉘앙스를 가졌다는 사실이 더욱 중요한 사실이다[근본적으로 헬라 철학의 구조가 이분법적이고 분석적인 데 비해, 성경의 구조는 히브리어로 기록된 구약성경(타나크)이나 헬라어로 기록된 신약성경(언어는 헬라어이나 배경과 사고방식은 히브리적인)이나 다같이 히브리적, 즉 통합적이고 인격적이다. 편저자 주.

우리는 여기서 앞에서 살펴본 모든 기독론 관련 칭호들을 생각할 때, 그 칭호들의 함의들과 그 칭호들에 대한 확신들 사이에 유사한 연관이 있다는 점을 염두에 두어야 한다. 분명히 '그리스도', '아들', '주'는 각기 그 나름대로의 고유한 함의를 가지고 있다. 바울서신은 이 각각의 칭호를 특별한 종류의 문맥에서는 좀더 독특하게 사용하는 것으로 보인다. 그러나 우리는 분석하는 데 관심을 기울이는 현대의 성향을 초기 기독교 신자들의 신앙생활에 적용하려고 해서는 안 된다. 바울은 자신이 예수를 정의한 말들을 거침없이 한 군데로 묶으며(가령 '예수 그리스도 우리 주', '주 예수', '주 예수 그리스도'), 똑같은 문맥에서도 두 가지 이상의 칭호들을 사용한다(가령 갈 2:17-21의 '그리스도'와 '아들', 롬 14:5-9의 '주'와 '그리스도'). 이것은 초기 수십 년 동안 신자들의 신앙생활 속에서 여러 의미들 사이의 풍성한 상호작용이 이루어졌음을 보여준다."바울의 초기 서신에 의하면 철저한 유대인으로서 예수를 만나, 이방인들에게 예수를 그리스도로, 하나님의 아들로, 주로서 전해야 했던 바울의 '예수 섬김'(devotion to Jesus) 운동은 헬라 문화적 신학 해석의 결과가 아니다. 성령의 인도하심 가운데 자기 조상 때부터 내려온 가르침을 예수 중심으로 올바르게 해석한 로마령 팔레스타인 내의 유대계 그리스도인들(특히 예루살렘 교회의 사도들과 초기 교회의 성도들) 내부의 신앙표현이다. 즉 아주 이른 시기에 빠르게 폭발적으로 확장된 초기 예수 섬김 운동은 헬라 문화권의 영향으로 바울이 만든 것이 아니라, 예루살렘 및 유대 지역 교회에서 시작된 유대교 역사상 유례가 없는 신앙 운동이다." 래리 허타도의 대표적인 저서인 《주 예수 그리스도》에 나오는 이런 역사적 고찰을 통한 주장은 본 편저 《"먼저는 유대인에게", 어떻게 생각하는가?》의 전개에 기본 토대를 마련해 준다고 판단된다. 편저자 주].

제2장
바울은 왜 로마 교회에 그런 편지를 썼을까?

글: 심상길

"또한 가지 얼마가 꺾이었는데 돌감람나무인 네가 그들 중에 접붙임이 되어 참감람나무 뿌리의 진액을 함께 받는 자가 되었은즉 그 가지들을 향하여 자랑하지 말라 자랑할지라도 네가 뿌리를 보전하는 것이 아니요 뿌리가 너를 보전하는 것이니라 그러면 네 말이 가지들이 꺾인 것은 나로 접붙임을 받게 하려 함이라 하리니 옳도다 그들은 믿지 아니하므로 꺾이고 너는 믿음으로 섰느니라 높은 마음을 품지 말고 도리어 두려워하라 하나님이 원 가지들도 아끼지 아니하셨은즉 너도 아끼지 아니하시리라"
(롬 11:17-21).

가이사랴의 로마식 원형극장에서 비전트립 대원들과 함께(뒷줄 왼쪽에서 네 번째가 편저자).

도입

어떤 서신을 이해하는 일에 있어서 그 서신의 '목적'을 파악하는 일은 매우 중요하다. 주후 1세기 중반에 로마의 회중에게 로마서를 써서 보낸 바울의 목적이 무엇인지를 파악하는 일은 매우 중요하다. 동시에 그 일은 수많은 이론과 논의를 일으켜 온 매우 복잡한 주제이다. 그런 중에도 현대에 이르러 대부분의 바울 해석자들은 로마서가 전통적인 의미에서의 신학 논문이 아니라, 특별한 목적을 위해 기록된 진정한 편지라는 데에는 동의한다. 무엇보다 로마서를 이해하기 위해 로마 기독교 공동체의 특성과 구성을 이해해야만 한다. 또한 바울이 편지를 쓸 때의 상황과 로마의 그리스도인과의 관계, 로마 교회 안에서의 당면한 문제들을 이해할 필요가 있다.

로마서 15장 25절과 사도행전 20장의 상호연관성에 비추어볼 때, 바울은 예루살렘으로의 마지막 여행을 준비하면서 3개월간 고린도에서 체류하는 동안에(행 20:3) 로마서를 쓴 것으로 보인다. 이 시점은 바울이 마게도니아와 아가야에서 헌금을 모금하고 이제 예루살렘으로 돌아가려는 계획을 세우기 바로 직전, 즉 세 번째 선교여행이 끝난 시점이다(롬 15:25 이하). 바울은 로마서에서 그가 방문하게 될 것을 로마 교인들에게 미리 알리고 있다(롬 1:10-15, 15:22-29). 바울이 이 서신을 기록한 시기는 대략 주후 55년과 58년 사이의 어느 시점이라고 많은 학자들이 말한다.

그런데 바울이 로마서를 기록할 때의 마음 상태를 유추해 보면 '약간 긴장된 마음'이 아닌가 느껴진다. 가령 바울은 각 가정에서 모이는 로마 교회에 대해 '에클레시아'(이 단어는 헬라어로 전령에 의해 소집된 회중을 말하는데, 신약성경에서는 살아 계신 하나님께서 메시아이신 예수를 중심으로 불러 모은 사람들을 가리킨다. 편저자 주)라는 말을 사용한다. 즉 바울은 브리스길라와 아굴라 가정에서의 모임(롬 16:5)이나 이런 종류의 모임(16:7, 10하-11, 14)을 가리켜 에클레시아라는 단어를 사용한다. 그러나 결코 로마의 전체 모임을 향해서는 에클레시아라는 용어를 사용하지 않는다. 이것은 로마 교회 안에 하나가 되지 못한 그룹들이 존재하고 있었으며, 바울은 로마서를 통해 서로 다른 그룹들이 하나가 되도록 권면했음을 보여주고 있다. 또한 16장의 문안인사에서 바울은 다른 서신에서처럼 자신이 직접 교회 각 사람에게 문안하지 않고, 로마 교인들에게 서로에게 인사하라고 부탁한다(롬 16:10).

이것은 로마서의 수신자는 가정교회들에서 보이고 있는 이방인(롬 11:13-32, 15:7-12, 참조. 1:6, 13, 15:15-16)과 유대인(롬 2:25-26, 참조. 1:7, 9-11장)으로 구성되었을 것을 암시하는 것이다. 람페(P. Lampe)는 바울이 로마서 16장에서 문안하는 26명 가운데 유대 이름은 단지 16%라는 사실을 통해, 로마 교회가 대부분 이방인들로 구성된 교회였다고 주장한다. 그는 더 나아가 당시 로마에는 대략 여덟 개의 가정

교회들이 있었으며, 유대인들과 이방인들은 각각 따로 예배를 드렸다고 본다. 그런데 비록 바울은 로마에 있는 교회들을 세우지는 않았지만, 그는 그가 편지를 쓰고 있는 사람들 중의 일부는 이미 알고 있었다는 충분한 개연성이 있다(롬 16:1-23, 참조. 행 18:1-3). 바울은 로마에 있는 가정교회들을 세우지 않았고, 수신자들 가운데 일부만을 알고 있었다. 그러나 서방에서 계획된 선교사역을 위해 그들의 동정과 지원을 얻기를 원했다(롬 15:22-24). 로마서의 서문에서 바울의 주저함과 변호를 쉽게 감지할 수 있는 것은 로마 공동체의 모든 멤버들이 바울을 만날 준비가 아직 되지 않았다는 것을 암시하는 것이다. 그래서 로마서는 수사학적 전략에서 '간접적 연설'(indirective speech)의 특징을 지니고 있다.

로마서의 기록 이유와 목적

로마서의 기록 이유와 목적에 대한 학자들의 다양한 제안들은 크게 선교적 목적, 변증적 목적, 그리고 목회적 목적, 이 세 가지 범주로 나눌 수 있다. 물론 이러한 로마서의 세 가지 기록 목적은 각각의 타당성과 논리를 가지고 있다. 그러나 이 가운데 어느 하나만을 로마서의 기록 목적으로 규정하기에는 무리가 있다. 왜냐하면 바울이 그 자신과 로마 교회의 역사적 정황과 관련하여 로마서를 기록한 세 가지 목적은 로마서 안에서 서로 긴밀하게 연결되어 있기 때문이다.

선교적인 측면에서 바울이 가진 비전은 유대인과 이방인의 인종을 초월한 단일한 몸으로서 하나이신 하나님의 백성을 형성하는 것이다. 또한 변증적인 목적에서 바울은 율법의 긍정적인 측면과 한계점을 신학적인 틀 속에서 새롭게 해석함으로써 이스라엘에 대한 종말론적 구원의 비전을 제시한다. 또한 목회적 차원에서 바울은 유대인과 이방인 사이에 있는 갈등과 차별의 관계를 상호포용하기 위해 신학적 기초를 제시하여, 내적인 일치와 화해의 관계를 모색한다.

그렇다면 우리에게 주어진 과제는 좀 더 개연성 있는 정황을 파악하기 원하여 바울이 로마서를 기록할 당시의 로마 교회의 공동체는 어떤 정황에 놓여 있었으며, 바울은 구체적으로 어떤 정황에서 이 로마서를 기록하게 되었는지를 살펴볼 필요가 있다.

로마 공동체의 상황

1) 로마의 유대 공동체

　로마서를 제대로 이해하기 위해 여러 가지 정황을 고려해야 되지만, 그 가운데 불가피한 요인 가운데 하나는 주후 1세기의 로마의 유대 공동체에 대한 이해이다. 왜냐하면 로마기독교는 로마의 유대 공동체와의 관계에서 시작되었기 때문이다. 이런 맥락에서 고려해야 될 사항은 우선 "로마의 유대 공동체가 언제, 어떻게 시작되었으며, 그 공동체는 다른 지역의 유대 공동체처럼 비슷한 조직을 가지고 있었는가?" 하는 것이다. 이와 더불어서 던져져야 할 질문은 "어떤 상황에서 로마기독교는 시작되었고, 유대 공동체와의 관계는 어떠했는가?"이다.
　로마의 유대 공동체의 기원은 모호하지만, 대략 주전 2세기 중엽으로 거슬러 올라간다고 많은 학자들이 주장한다. 로마에 있는 유대 공동체의 존재와 관련하여 로마에 유대인들이 거주했었다는 사실은 집정관 코넬리우스 히스파이누스(Cornelius Hispaius)가 유대인들을 로마에서 추방했던 주전 139년의 사건을 기록한 발레리우스 막시무스(Valerius Maximus; 주후 20년 전후에 활동한 로마의 역사가 및 도덕주의자 편저자 주)에 의해 처음으로 언급된다.

주전 63년에 유대가 로마제국에 병합되고 2년 후에 폼페이(Pompey)에 의해 많은 수의 유대인들이 포로로 로마에 들어오게 되고, 나중에 자유인이 되어서 다시 로마에 사는 유대인들의 숫자는 매우 많이 불어났다. 따라서 키케로(Cicero, 주전 106-43; 로마의 철학자, 수사학의 혁신자, 웅변가 편저자 주)에 의하면 유대인들은 그때 상당한 인구집단을 형성하게 되었다고 한다. 주후 1세기 말에 이르러 로마에 대략 11개의 유대인의 회당들이 존재했던 것으로 보아서, 로마에 거주했던 유대인들은 최소 약 4만여 명 정도에 이르는 것으로 보인다. 이것은 주후 19년에 로마 황제 티베리우스(Tiberius)가 사르디니아(Sardinia)로 보낼 군인 4,000명의 유대인을 징집했다는 기록(Josephus, Ant 18. 65-84, Tacitus, Ann 2. 85, Suetonius Tiberius 36, Dio Cassius 57. 18. 5a)으로 볼 때, 이미 주후 19년에 상당한 수의 유대인들이 있었다는 것을 짐작할 수 있다.

유대인들에 대해 특별히 부정적 태도가 이 시점에서 명백하게 드러난다. 주후 19년에 티베리우스 황제가 유대인들을 추방한 것도 로마인들의 유대인들에 대한 부정적 감정이 작용했기 때문이다. 유대인들은 이집트의 '아이시스'(Isis) 제의 추종자들과 함께 천대를 받았다. 아시아주의 총독인 플라쿠스(Flaccus)를 위한 변증(Cicero, ProFlcco 28. 66-69)에서 키케로는 "유대인들이 불법으로 돈을 예루살렘에 있는 유대교의 중심에 송금한다"라고 고발하며, 그가 반대했던 정치적 집단인 가비니우스(Gabinius)를 비난하기 위해 유대인들을 도구로 이용한다. 키케로는 유대인 종교를 '야만적 미신 신앙'(라: babara superstitio)이라고 규정하며, 그들의 예배를 "로마 종교 관습들과는 불일치한다"라고 평가한다[고대 로마세계에서 '종교'의 핵심인 의식(예배)으로서, 여타 종교는 자기 민족의 의식과 함께 로마제국의 의식에도 존중했다. 그러나 유대교는 이스라엘의 하나님 이외에 다른 신에게 예배하기를 거부하는 '의식의 배타성'을 가지고 있었다. 편저자 주].

그런데 티베리우스 황제가 로마 유대인의 추방에 얼마나 큰 영향력을 발휘했는지는 명확하지가 않다. 사실 그보다 30년 후인 49년의 유대인 추방과 비교할 때, 이 추방에 대한 구체적인 언급이 모호하여, 누가 실제로 로마로 떠났고, 누가 로마에 남았는지가 불명확하기 때문이다(Tobin Paul's Rhetoric In Its Contexts, 19-20). 로마 정부는 현대적 의미의 관료제도가 정착되어 있지 않았기 때문에 황제의 칙령이 제한적으로 시행되었을 것이다. 하여간 로마에 있는 유대인 공동체가 주후 19년에 티베리우스 황제의 박해로 타격을 받아 일부 유대인들이 추방을 당했지만, 그들은 곧 로마로 복귀하였다.

그러나 그 후 클라우디우스(Claudius) 황제의 통치시대가 되어서는 로마의 유대 공동체가 제대로 어려움을 겪게 되었다. 그 시기에 로마의 그리스도인들의 클라우디스 황제의 추방령과 관련하여 로마 유대 공동체의 일부로서 처음으로 언급된다(클라우디스 황제의 칙령이 영향을 미친 로마의 유대 공동체와 로마의 그리스도인들 간의 관계를 추론할 수 있는 의미에 대해서는 바로 다음의 '로마의 기원과 정황'에서 상세하게 논의될 것이다). 클라우디우스는 즉위하자마자 로마의 유대인들이 모임을 갖지 못하도록 명령을 내렸다. 그리고 주후 49년에 유대 공동체 내에서 '그리스도 예수에 대한 믿음으로 소동에 관여된 사람'들을 로마에서 추방시켰다.

로마 황제 하드리안(Hardrian)의 보좌관이었던 수에토니우스(Suetonius)는 '황제의 생애'(Lives of the Caesars)에서 "유대인들이 크레스투스(Chrestus)의 선동에 의해 소요가 지속적으로 일어나기 때문에 그(클라우디우스)는 그들을 로마에서 추방했다"(라: Iudaeos impulsore Chresto assidue tumutuantis Roma expulit)라고 언급했다(Suetonius, Dirus Claudius 25. 4). 여기서 수에토니우스가 'Chrestus'라고 인용한 것은 '그리스도에 대한 오기'라는 일반적인 합의가 있다. 브루스(Bruce)에 의하면 로마에서 소요가 일어났을 때의 수에토니우스의 자료는 역사적 정확성이 부족하고 잘못 기술하여 혼동을 야기시킨다는 것이다. 수에토니우스는 로마에서의 여러 가지 갈등이 '그리스도의 주장들'에 의해 야기되었다면 "그리스도는 그때 거기 있었음에 틀림없었다"고 추론하였을 것이다(보이지 않는 신의 존재를 믿지 않는 그가 그리스도의 영으로 연합하여 로마 속에서 선한 영향력을 발휘하는 것을 오해해서 실제로 "그리스도라는 존재가 로마 땅에서 외적으로 자기 사람들을 선동하고 있다"고 오해했을 것이라고 생각한다. 편저자 주). 로마에서의 유대인들의 추방에 대한 수에토니우스(Gaius Suetonius; 주후 1세기 후반의 로마 전기 작가 및 전통문화연구가 편저자 주)의 기록은 역사가이기도 한 누가가 사도행전에서 "아굴라라 하는 본도에서 난 유대인 한 사람을 만나니 글라우디오가 모든 유대인을 명하여 로마에서 떠나라 한 고로 그가 그 아내 브리스길라와 함께 이달리야로부터 새로 온지라 바울이 그들에게 가매"(행 18:2)라고 기록한 것에 의해서도 지지를 받는다 [바클레이는 비록 행 18:2에서 '모든 유대인'이라고 언급하지만, 이 표현은 약간

과장된 표현 같다고 말한다. 왜냐하면 티베리우스 황제의 추방 시(주후 19년)에도 '모든 유대인의 추방'이라고 언급되지만, 실제로는 '제한된 추방'이었기 때문이다(Barclay, J.M.G. Jews in the Mediterranean Diaspora. 306)]. 누가는 브리스길라와 아굴라가 "유대인들은 로마를 떠나라"는 클라우디우스(Claudius; 로마의 제4대 황제, 통치기간 주후 41-54년 편저자 주)의 명령에 의해 로마를 떠나게 되었고, 바울은 그런 이유로 고린도에서 그들을 만났다고 기록한다.

그런데 이와 같은 로마 정부와 황제들의 유대인들에 대한 지속적인 억압정책에도 불구하고 유대인들은 성장해 갔고, 그 세력을 확장시켜 나갔다. 그리고 로마에 기독교공동체가 설립될 때까지 유대인들은 이런 과정을 거쳤다. 즉 로마인들은 계속 유대인들을 비하하고 억압했지만, 유대인들은 자신들의 생명력을 꾸준히 유지하고 확장시켜 나갔다. 그렇게 로마에서 확장된 유대교는 결국 로마 내의 기독교 공동체 설립의 기반이 된다(이것은 후일 로마의 시민권을 가진 유대인, 유대교인에서 홀연히 기독교인으로 전환한 바울의 로마 선교의 정지작업이 되지 않았나 판단된다. 편저자 주).

따라서 우리는 로마의 기독교 공동체의 설립의 기반이 된 주후 1세기 로마의 유대 공동체의 특징을 아는 것이 매우 필요하고 아주 중요하다. 이에 대해 토빈(Tobin)은 다음과 같이 두 가지를 제시한다.

(1) 다양한 로마 작가들(Horace, Valerius Maximus, Seneca the Younger, Tacitus, 그리고 Juvenal)은 유대적 삶의 방식이 로마의 비유대 거주자들에게 미치는 영향을 부각시킬 만큼 유대적 삶의 방식에 호감을 지닌 이방인들이었다. 그러면 어떤 유대적 요소들이 이방인들에게

호감을 가지게 하였는가? 토빈은 여기에 대해 유대인의 유일신주의, 유대 민족의 오랜 역사, 안식일 준수, 부정한 음식 규제, 강한 공동체 의식과 모세 율법의 탁월성에 호감을 가진 것 등으로 분석한다.

(2) 로마의 유대 공동체는 아마도 독립적인 자발적 단체로 조직되었을 것이다. 당시 헬라적 유대교 공동체와 비교하면 그 차이는 현저하다. 헬라적 유대 공동체는 그 지역 영주들의 태도에 의존하였다. 그 영주들은 대체로 헬라적 유대 공동체의 신분과 특권을 인정해주었다. 이것은 유대 공동체가 외국인 그룹으로 살았다는 것을 의미한다. 그래서 그 지역의 유대인들은 조상의 관습에 따라 살 권리, 그들 자신의 재정 운영, 그들 자신의 멤버에 대한 사법권을 행사할 권리를 가진다. 이것은 해당 도시에서 유대 공동체의 중앙집권적인 조직이 있음을 의미한다. 헬라 지역의 유대 공동체에 부여된 이러한 특혜들은 '준시민적 신분'(라: quas-civic status)이며, 로마 정부에 재확증되었다. 그러나 로마 유대인의 유대인 신분은 다르다. 준시민의 신분이 아닌 '자발적 단체'에 불과하다. 로마의 유대인들은 지역 모임이나 회당을 독립적으로 조직한 것으로 보인다.

토빈의 의견은 그 당시 회당의 직책을 언급한 것으로 여겨지는 비문 분석을 통한 연구에서 그 타당성이 입증된다. 개별공동체의 수준을 벗어난 중앙집권적인 조직의 증거는 보여주지 않는다. 유대인들은 열 명의 남자들이 모이는 '민얀'(minyan)이 형성되는 곳이면 어디서든지, 많은 유대 그룹들은 작은 회중이나 회당을 형성하였다. 그런 그룹들은 권력 앞에서 모든 유대인들을 대표했던 '에트나크'와 '회의'(council)에 의하여 주재되는 알렉산드리아의 유대교 조직과는 분명하게 구분되었다. 또한 유대인 사회에는 백성의 통치자의 직책인 '게나크'도 아직 없었다. 대신에 로마의 유대인들은 다양한 공동체를 형성하면서 흩어져 있었다.

2) 로마의 기독교 기원과 상황

로마에서의 기독교의 기원은 상당히 모호하지만, 기독교가 로마에 전해진 것은 아마도 주후 40년 중반이라고 여겨진다. 로마 교회를 누가 세웠느냐에 대해서는 여러 설이 있지만 일반적으로 가장 개연성이 있는 제안으로 받아들여지는 것은, 사도행전 2장에 나오는 대로 오순절의 회심자들로 시작되었다는 설이다. 로마제국의 활발한 유동성 정도로 볼 때, 교역 상인들과 스데반이나 빌립 같은 헬라적 유대교 출신 선교사들이 '새로운 가르침의 전달자'였을 것이다.

로마에는 회당이라고 불리는 독자적인 건물은 존재하지 않았다. 로마의 유대인들은 공동체의 구성원들의 가정을 중심으로 모였던 것으로 보인다. 왜냐하면 동일 민족이 집중되어 있는 곳, 고유의 제의가 행해지는 곳, 고국과의 지속적인 교류가 있는 곳에 사는 이주민들의 모임이 금지된다는 점을 고려하면 유대의 로마 공동체가 자신들의 모임을 외부에 드러내지 않기 위해 가정을 중심으로 모이게 되었을 것이다. 그리고 공동체의 모임을 위해 개인의 집을 사용했던 것은 그 당시에는 흔히 있는 일이었다.

그러므로 회당에 중심을 둔 유대교는 로마의 기독교 등장에 대한 기반을 제공하였다. 몇 가지 이유들이 이 결론을 지지한다.

⑴ 로마에 있는 회당들 간의 중심이 결여된 상황은 자연히 개종에 대해 취약한 구조를 낳았다. 따라서 로마 유대교 회중들을 감독하는 기구의 부재 속에서 유대 그리스도인들은 큰 방해 없이 회당으로 선교적 침투를 쉽게 행할 수 있었다.

⑵ 사도행전을 보면 기독교는 유대교 상황 내에서 등장했음을 암시한다. 역사가이기도 한 누가는 회당에서 기독교로 개종한 초기 기독교 선교사들의 전형적인 모습을 그리고 있다(행 13:43-47, 14:1-6, 17:1-5, 18:4, 19:8-10). 브리스길라와 아굴라는 사도행전 18장 2절에서 클라우디우스에 의해 로마에서 추방된 유대 인물로 소개된다. 그들이 바울에 의해 회심되었다는 기록이 없기에, 그들은 아마 로마를 떠날 때 이미 그리스도인이 되었다는 추론이 가능하다. 또한 이것은 믹스(Wayne Meeks)가 "유대인들이 기독교의 선교 활동을 유대교 내부의 새로운 움직임 정도로 인식하고 있었다"라고 언급하는 점을 통해서도 알 수 있다. 따라서 기독교 공동체 설립의 움직임은 처음에는 유대교로부터 별다른 방해를 받지 않았을 것이다.

⑶ 로마기독교가 유대적 정황의 영향을 받았다는 것은 로마의 그리스도인들이 헬라어로 번역된 〈구약성서〉(70인역)에 대한 지식을 가지고 있다는 가정에 놓여 있다(초기 기독교가 사용한 언어는 주로 헬라어였으며, 그리스도인들은 예수께서 성취하셨다는 예언들을 주로 70인역 본문에서 인용했다. 그러나 유대인들은 그것은 성서를 잘못 사용하는 것이라고 간주하고 70인역 사용을 중단했다. 편저자 주). 바울과 바울 당시의 많은 다른 그리스도인들, 그리고 유대교에 기원을 둔 기독교를 받아들인 많은

사람들은 개종자들로서, 유대교에 노출된 이방인들이었다. 이 이방인들은 '하나님을 경외하는 자들'로서, 그들은 유대교의 도덕적 가르침에 이끌렸으며, 유대교의 안식일을 지켰다. 그러나 유대교의 복잡한 예식 규정들, 식사법들, 사회적 제약들, 그리고 무엇보다도 남자들은 할례를 받아야 한다는 요구로 인해 완전한 개종을 포기하게 되었다. 그런데 이전에 이 유대교에 매료되었던 이방인들은 새로 발생한 기독교에서 좀 더 매력적인 것을 발견하게 되었다. 무엇보다도 기독교는 할례를 요구하지 않으며, 유대 인종의 정체성에 덜 집착하는 것을 알게 되었기 때문이다[여기에 대한 대표적인 예로 사도행전 10장에 나오는 가이사랴에 파견된 로마의 백부장 고넬료(라: 코넬리우스)를 들 수 있다. 편저자 주].

로마에 기독교 공동체가 설립된 이후에 살펴보아야 할 중요한 사건은 클라우디스 황제의 유대인 추방이다. 이 추방사건은 언제 일어났는가? 로마에서 클라우디스 황제의 유대인들에 대한 추방의 시기는 대략 49년경으로 보고 있다.

왜 이런 추방이 일어났는가? 유력한 학자들은 수에토니우스가 언급한 "소동이 로마 기독교의 확장으로 발생되고 있다"는 사실에 동의한다. 그러면 클라우디스의 칙령이 크레스투스(Chrestus, 그리스도의 오기 라틴어)의 추종자들을 언급했다면, 유대인들 사이에서 어떤 내용의 분쟁이 있었는가? 이와 관련하여 비펠(Wiefel)은 "그것은 나사렛 예수의 메시아 됨과 관련된 로마 회당 내에서의 분쟁이었으므로, 황제가 어떤 조치를 취하게 만들었을 것"이라고 추정한다.

그러면 좀 더 구체적으로 '크레스투스로 인한 소동'은 어떤 것인가? 그것은 로마의 유대 공동체에서 예수 그리스도를 믿는 신자들의 '확장'으로 인한 소동이었을 것이다. 즉 로마기독교는 로마의 유대 공동체가 더 이상 특이한 의견을 가진 소수 그룹으로만 볼 수 없을 만큼 수적으로 성장했을 것이다. 그래서 서로 간의 갈등이 있었을 것이다. 그러자 이 문제가 단순히 유대 공동체 내부의 문제를 넘어 로마 사회에 정치적 혼란을 가져올 만큼 큰 문제인데도, 그것을 중재할 만한 '중심적인 유대기구'가 없었기 때문에 모든 유대인들에 대해 단호한 조치를 취했을 것이다. 이 과정에서 로마에서 유대인들과 함께 유대 그리스도인들은 추방되지만 이방 그리스도인들은 교회에 그대로 남는 정황을 형성하게 되었다.

그러면 그러한 로마 황제의 유대인 추방 사건 이후에 로마 교회 공동체에는 어떤 일이 일어났는가? 최소한 두 가지는 분명하다. 하나는 유대인과 이방인 그리스도인으로 구성된 로마 교회는 추방 전에는 로마의 유대 공동체와 관계를 맺고 있었다. 그러나 나중에는 유대 공동체에서 독립된 별도의 공동체가 되었고, 인종적으로 '이방인 중심'의 교회 공동체가 되었다. 다른 하나는 브리스길라와 아굴라가 돌아온 후에도 로마 기독교 공동체는 여전히 이방인이 절대적으로 숫자에서 우세하게 되었다. 왜냐하면 추방이 일어난 후 몇 년 동안에 이방 그리스도인들은 수적으로 급증하였기 때문이다. 그들은 '가정-회당'(house-synagogues)의 사용이 금지되었기 때문에, 아마도 '가정-교회들'(house-churches)을 구성하였을 것이다.

월터스는 클라우디우스의 칙령의 사회적 영향에 주목한다. 예를 들면 회당 모임이 금지되었기 때문에, 그리스도인들은 회당과의 모든 관계를 청산하면서 교회에 모일 수밖에 없었다.

주후 54년 클라우디스의 죽음과 함께 반유대적 칙령은 네로

(Nero; 제5대 황제, 54-68년 재위 편저자 주) 통치하에서는 폐지되거나 무효가 되었다. 그에 따라 많은 유대인들이 다시 로마로 돌아오기 시작했다. 그런데 돌아온 유대인들 사이에 있었던 브리스길라와 아굴라 같은 유대 그리스도인들은 기독교 공동체 내에서 그들의 위치와 신분이 이전에 비해 현저히 바뀐 것을 발견하게 되었다. 다름이 아니었다. 수년 사이에 이방 그리스도인들이 수적으로 많이 증가하여 강한 영향력을 발휘하게 되었고 이로써 가정 교회들 안에서 주도적인 리더십을 확보하게 되었다. 이방 그리스도인들은 칙령 기간 동안에 이전에 회당에서 모이던 기독교의 모임을 청산하고, 가정에서 모이는 교회 모임으로 대신하게 되었다. 이것이 이방 그리스도인들로 하여금 기독교의 유대적 패턴(뿌리 편저자 주)으로부터 벗어나는 계기가 되어 버렸다. 새로운 회심자들이 증가함에 따라 전통적 유대 신앙과 관습에 젖어 있는 회당과의 관계를 단절하게 되었다. 바로 이런 상황이 돌아온 유대 그리스도인들이 직면하게 된 상황이었다. 즉 유대인들의 취약해진 신분과 압도적인 반셈족주의였다.

그러면 바울은 로마서에서 이런 상황에 대해 어떻게 반영하고 있는가? 회당 중심의 유대 그리스도인 중심의 교회로부터, 이방 그리스도인 중심의 가정교회로의 점진적인 독립과 이에 수반되는 초기 기독교의 유대적 뿌리로부터의 자율성 확대는 유대 그리스도인들이 로마로 다시 돌아옴으로 인해, 잠재된 갈등의 증폭으로 이어지게 되었다. 돌아온 유대 그리스도인들이 이방 그리스도인 중심의 가정교회에 받아들여진다 해도, 이전처럼 교회에서 뿌리 리더십의 위치에 복귀할 수는 없었기 때문이다. 유대적 생활양식을 강요하는 그런 시도는 이제는 다수를 차지한 이방 그리스도인들의 저항에 부딪힐 수

밖에 없었다. 어떻게 보면 브리스길라와 아굴라가 새로운 가정교회(롬 16:5)를 세운 것도 유대와 이방 그리스도인들의 통합 문제와 유대 그리스도인의 로마 귀환으로 야기된 리더십의 갈등을 해소하기 위한 것임을 암시하는 것일 수도 있다(바울이 롬 16:3-5에서 브리스길라와 아굴라에 대해 극찬하며 문안하라고 하는 것도 이방 그리스도인들로 하여금 "선민인 유대인 우선의 원리를 기억하라"는 간접적인 메시지였을 것이라고 생각한다. 편저자 주).

이렇게 돌아온 유대 그리스도인들의 위치가 열악한 상황에 놓이게 된 것으로 인해 바울은 최소한 그의 이방인 수신자들에게 유대 동료 그리스도인들에 대한 우월감에 대한 경고를 해야 할 필요성을 느꼈다는 것을 설명해 주게 된다(롬 11:17-21; 여기서 바울이 유대인과 이방인이 어떻게 연결되어 있는가를 설명하기 위해 감람나무 비유를 택한 이유는 무엇인가? 감람나무는 그 당시부터 지금까지 지중해 연안 일대에서 많이 재배되고 있고, 로마 교회에 보낸 편지의 수신인들이 대부분 성서와 일상생활로부터 감람나무에 대해 잘 알고 있는 로마-유대인이었기 때문이다. 더불어 바울 자신이 유대인이면서 로마의 시민권을 가졌기에(행 22:25) 감람나무 비유가 가장 중요한 교리를 로마-유대인에게 설명하기에 최적이었을 것이다. 편저자 주). 그리고 회당으로부터의 점차적인 독립과 더불어 돌아온 유대인들에 대한 우월감에 대한 자기 확신은 로마서 14장 1절과 이어지는 구절(14:1-15:6)에서 바울의 권면에의 배경과 정황에 대한 적절한 이유를 제공한다. 유대인들 위에 자신들을 두는(롬 11:17) 이방인들의 교만에 대한 권면은 로마의 그리스도인들 간의 현실적으로 존재하는 문제들을 가리키는 증거다.

이 갈등은 '강한 자'와 '약한 자'에 대한 토론에서 명백하게 드러난다(롬 14:1-15:7). 바울은 여기서 각각의 타입의 사람들에게 호소한다. 바울은 형제에게 상처를 주거나 파괴시키며(롬 14:5) 하나님의 사역을 파괴하는 걸림돌(롬 14:2)과 장애물(롬 14:13)을 말한다. 이 모든 것들은 바울이 갈등을 심각하게 본다는 것을 암시한다.

유대인들과 그리스도인들, 이들이 서로 간의 관계에서 "그들 자신을 그들이 어떻게 정의해야 하는가?"의 반영이 로마서 저술에 관한 상황을 제공한다. 월터스는 로마서에서 이 과정이 핵심역할을 한다고 본다. 클라우디스의 추방칙령은 유대교와 기독교의 분리를 가속화시켰다. 유대인들은 그리스도인들에 의한 소란에서 자신들을 명확히 분리시키기 위해 그리스도인들과 거리 두기를 할 필요가 있었다. 다른 한편으로 그리스도인들은 점점 더 리더십, 신앙, 관습의 면에서 유대교에서 독립되어 가고 있었다. 여기서 월터스의 관점은 그 당시 유대인들과 그리스도인들 사이의 긴장을 설명하는 데 도움을 준다. 어떻게 확대된 분리가 일어났는지는 바울이 쓴 로마에 있는 교회들 가운데에서의 유대인(유대 그리스도인)과 이방 그리스도인 사이의 문제에서 찾아볼 수 있다. '토라와 구원사의 의미에 대한 가르침'(롬 2:17-3:8, 3:21-31, 4:1-12), '하나님의 약속에 대한 확신'(롬 4:13-25), '토라로부터의 자유'(롬 6:1-7:6), 또한 9-11장에서 '이방인에 대한 현재의 연관성에도 불구하고, 이스라엘에게 부여해주신 구원사적 지위' 등의 가르침은 유대인 신자를 겨냥한 것이다. 그리고 '그리스도인이 되기 이전의 죄를 열거하면서 언제나 참회하는 마음과 겸손을 가지라는 권면'(롬 6:17-23)은 이방인 신자를 겨냥한 것이다.

바울의 정황

1) 로마서의 외적 기록 이유

로마서 자체에서 바울은 현재의 정황과 미래 계획을 서두(1:8-15)와 마지막 부분(15:14-33)에서 밝힌다. 로마서 1장 8-15절에서 바울은 자신이 로마에 가고자 오랫동안 희망했지만, 지금까지도 길이 막혔다는 고백을 한다. 15장 14-33절에서 바울은 마지막 인사를 하고 나서, 다시금 이 문제를 언급한다. 즉 미래계획에 대해, 그리고 왜 그동안 로마를 가지 못하게 되었는지에 대해 좀 더 구체적으로 언급한다. 그 문제에 대해 두 가지 이유를 이야기한다.

(1) 바울은 로마 공동체에게 자신의 미래 선교계획을 밝힌다. 지금까지 동부 지역의 복음화를 위해 전력을 다했기 때문에, "이제는 이 지역에는 일할 곳이 없다"라고 말할 정도였다(롬 15:19-23). 그래서 바울은 새로운 선교지인 로마제국의 서부지역인 서바나(스페인)에 가

고자 한다(롬 15:24).

(2) 그렇게 하기 전에 바울은 마게도냐와 아가야 지역의 그리스도인들에게서 모은 헌금을 예루살렘 교회 공동체에 전달해야 한다. 그 일을 성공적으로 마친다면 바울은 서바나로 가는 길에 그들을 통해 위로를 받기 위해 방문하겠다는 것이다. 즉 서바나로 복음을 전하려는 바울의 계획은 이방교회에서 모은 헌금을 예루살렘 교회에 전한 후에, 오래전부터 로마를 보고자 했던 계획의 성취가 이루어지는 것이다(롬 1:8-15, 15:22-24).

2) 로마서의 내적 기록 이유

이상의 내용은 표면적으로는 모든 것이 별 어려움이 없어 보이고, 또한 상황이 단순해 보인다. 그러나 그 내면을 들여다보면 그 구절들은 매우 복잡하고 예민한 상황을 가리키고 있다. 즉 좀 더 자세하게 그 구절들을 보면, 바울 그 자신이 로마 교회와 깊은 관계를 맺으려고 애쓰는 것이 명백하게 드러나고 있다.

인사말(롬 1:1-7)에서 바울은 사도로 부르심을 받은 것을 묘사한다. 바울은 이미 다른 서신들의 도입 부분에서 자신을 '사도'라고 묘사한다(갈 1:1; 고전 1:1; 고후 1:1). 그러나 로마서의 도입 부분에서는 훨씬 더 정교하게 특히 이방인의 사도로서 그의 역할을 그린다. 즉 바울은 하나님의 복음을 위해 택정함을 입었다(롬 1:1). 예수 그리스도를 통해 그는 은혜와 사도의 직분을 받아 그 이름을 위하여 '모든 이방인' 중에서 믿어 순종케 하려 한다(롬 1:15)고 역설하고 있다. 바울은 이 이방인들 가운데 로마의 그리스도인들을 명백하게 포함시킨다(롬 1:6). 바울은 로마 기독교 공동체를 세우지 않고 방문하지도 않았기 때문에, 그 교인들에게 지금 편지를 쓰면서 '토대'를 놓을 필요가 있었다. 그래서 그는 이미 이방인의 사도로서 자신의 입장을 주장했을지라도, 그는 로마 기독교 공동체(이미 이방인 신자 주도의 교회가 되어진 공동체 편저자 주)의 입장을 극히 존중하는 세심함을 편지의 감사 부분(롬 1:8-15)에서 드러낸다. 로마 교회의 그리스도께 대한 믿음이 온 세상에 알려진 것 때문에 그는 하나님께 감사드린다고 말한다(롬 1:8). 이어서 비록 그가 그렇게 간절히 원했지만 그때까지도 그들을 방문할 수 없었던 이유에 대해 상세한 설명을 하게 된다(롬 1:10-15).

이와 같은 구조가 로마서 15장 14-32절의 편지의 마지막 부분에서 다시금 논의된다. 즉 1장 13-16절의 상세한 논증 후에, 바울은 로마 그리스도인들에 대한 강한 확신을 표현하면서 이 부분을 시작한다. 사실 이 공동체에 대한 바울의 복잡한 관계성은 바울이 먼저 예루살렘으로, 그다음에 로마로의 여행을 말하는 15장 23-32절을 자세히 보면 다시 한 번 파악된다. 여기서 바울은 로마에 이어서 서바나로의 여행(롬 15:23-24, 28-29)과 모금을 전달하는 예루살렘 여행(롬 15:25-27, 30-32) 사이를 번갈아 언급하면서 편지를 쓴다. 왜 그런가? 바울에게 있어서 그 두 여행은 서로 간에 긴밀하게 연결되어 있기 때문이다.

어떻게 연결되어 있는가? 로마서 15장 30-32절에서 바울은 예루살렘의 유대 그리스도인들이 모금을 받지 않을 수도 있다는 두려움을 분명히 표현하고 있다(롬 15:31).

> "나로 유대에서 순종하지 아니하는 자들로부터 건짐을 받게 하고 또 예루살렘에 대하여 내가 섬기는 일을 성도들이 받을 만하게 하고."

이 때문에 바울은 로마 그리스도인들의 도움을 요청한다. 또한 로마서 15장 25-27절에서 상호 간의 '동등성'을 표현할지라도, 바울의 모금의 정당성을 '빚을 변제'(repayment)하는 것이라는 데에 그 의의를 둔다. 더 정확히 말하자면, '이방인이 유대인에게 진 빚'이다. 예루살렘의 가난한 성도들을 돕는다는 모금에 대한 이전의 정당성(고후 8:1-4, 9:1-5 편저자 주)과는 달리, 로마서 15장 25-27절에서는 바울이 '이방인들과 유대 그리스도인들과의 관계의 정황'에 모금의 의의를 두는 것이다.

또한 바울은 그 모금을 구제 노력 이상으로 여기고 있다. 모금이라는 실제 방법을 통해 유대 그리스도인과 이방 그리스도인을 하나로 연합시키는 역할을 할 수 있다고 보는 것이다. '교제' 또는 '연합'[코이노니아(15:26), 에코이노네산(15:27)]이라는 표현에서 이방 그리스도인과 유대 그리스도인 사이의 관계를 유지시키려고 노력하고 있다는 것을 볼 수 있다.

그러면 바울은 이때 여기서 어떤 변화를 시도하는가? 가장 설득력 있는 설명은 이런 것이다. 예루살렘의 유대 그리스도인들은 바울과 바울이 세운 이방 지역의 교회 공동체의 신앙과 행위를 쉽게 받아들이기가 어렵다는 것을 알았기에 혹시 재정적 도움을 거부할지도 모른다는 염려 때문으로 보인다. 사실상 그것은 교제와 연합의 유지를 거부하는 것을 의미한다. 그래서 바울은 자신과 로마의 신자들 사이에 상호존중과 지원의 관계를 위해, 로마를 방문하려는 자신의 계획을 잘 인식하도록 이런 편지를 쓰고 있다.

그러면 바울은 왜 이런 염려를 하게 되었는가? 그것은 바울이 전한 '복음의 성격'에 대한 논쟁과 관련이 있다. 로마서를 통해 바울이 언급하는 진술들은 로마교회 내의 논쟁을 반영하는데, 그 중심에는 바울 자신의 사역과 가르침과 관련이 되어 있음을 볼 수 있다. 특별히 "이방인들이 율법의 행위가 없어도 그리스도에 대한 믿음만으로 하나님의 진정한 백성이 될 수 있다"라고 선포한 바울의 복음은 선교지의 유대인들로부터 많은 반대를 일으켰다(유대교인들에게는 물론 예수를 메시아로 믿는 유대인 신자들에게까지도 편저자 주). 아울러 그들은 바울을 '값싼 은혜를 전하는 율법 폐기론자'로 여겼다[데이비드 H. 스턴(David H. Stern)은 그의 책 《복음의 유대성 회복》(Restoring the Jewishness of the Gospel)에서 그 문제에 대해 이렇게 말하고 있다: 바울 시대의 헬라어에는 우리가 지금 흔히 사용하는 '율법주의', '율법주의자', '율법주의적' 등에 해당하는 단어들이 없었다. 그것은 그에게 중요한 차이점을 표현하기 위한 적절한 용어가 부족했다는 것을 의미한다. 그리고 그것은 토라와 관련해 그리스도인의 입장을 분명히 하는 데 심각한 장애가 되었다는 것을 의미한다. 그러한 점에서 우리는 언제나 처음에는 토라를 무시하거나 심지어 반대하는 것처럼 보이는 바울의 진술이 실제는 우리가 지금처럼 편리하게 사용하고 있는 용어들이 없음으로 인해, 논리적으로 자세히 설명하는 과정에서 오는 현상임을 생각해야 한다. 편저자 주].

그런데 이런 바울사역의 논쟁들이 로마서를 기록할 때까지도 여전히 본질적으로 해결되지 않았다는 것이다. 이것은 바울이 로마서를 '자신의 복음과 사도직을 변호하는 목적'을 가지고 기록하고 있다는 의미를 말한다. 바울이 로마서에서 복음에 대해 광범위하게 진술하는 것은 로마 교회의 이해를 얻고자 함을 말해준다. 분명히 로마 기독교의 특성을 말해주는 자료가 빈약하다. 그러나 그럼에도 불구하고 로마 그리스도인들은 갈라디아 교인들이 그랬던 것처럼 다소간의 '유대화주의자들' 형태의 선동에 휘둘릴 위험에 직면하고 있었다. 이러한 적대자들의 영향과 관련하여 브루스(F. F. Bruce)는 로마의 가정교회들 가운데에 조상의 관습을 확고하게 유지하려는 유대인과 이러한 관습에서 거리를 두려는 이방인 사이에 사고와 행위에 폭넓은 다양성이 있음을 제시한다. 두 극단에서 어떤 유대 그리스도인들은 중도적 입장을 취했을 것으로 본다. 이러한 다양성은 쉽게 분열을 조장할 수 있기 때문에 바울은 로마 교회 내의 이러한 논쟁들을 해결하기 위해 자신의 가르침과 복음을 명확히 할 필요가 있었다.

이제 이 부분을 정리해 본다. 바울은 이때 로마 교회의 복잡한 상황에서 편지를 쓰고 있다. 주후 1세기의 로마 기독교는 유대적 특성을 지니고 있었으며, 유대인과 유대교의 압도적인 부정적 평가의 정황에서 발생했다. 유대인들은 로마 정부 아래서 수차례에 걸쳐 고난을 겪었다. 주후 49년에 유대인에 대한 로마에서의 추방은 그 행위의 절정이었다. 유대인들의 추방 이후에 이방 그리스도인들은 새로운 조직 구조를 형성하게 되었다. 그것은 기독교가 시작되는 데 모태가 되었던 유대교의 회당과의 거리를 두게 된 일이었다. 주후 54년에 새로운 황제(네로 편저자 주)에 의해 추방령이 취소되어 다시 로마로 돌아온 유대 그리스도인들은 이방인들에 의해 장악된 가정교회의 리더십의 위치 상실을 경험하게 되었다. 이에 따라 그들은 전통적 신앙과 관습에 좀 더 집착하게 되는 상황에 빠지게 된다.

이에 로마서를 통해 바울은 가정교회 내에서의 교인 간의 갈등에 기초를 두고 있는 파당주의를 분쇄하여, 로마 그리스도인들 사이에 연합을 증진시키려는 시도를 단행하였다. 이 일을 위해 바울은 로마 기독교의 이방 멤버들에게 그리스도 안에 있는 유대 형제와 자매들을 멸시하지 말라고 권면한다. 동시에 유대 그리스도인들에게 이방 그리스도인들을 제한시키지 않는 방법으로 주를 섬길 수 있는 자유를 허용하도록 권면한다.

로마서 9-11장은 이스라엘에 대한 이방인의 구원사적 빚짐, 이스라엘에 대한 하나님의 언약의 신실성을 강조한다. 또한 로마서 4장에서 믿음으로 의롭게 된 아브라함이 모든 신자(유대인과 이방인)의 원형으로 제시된다. 이는 유대인과 이방인의 구별 없이, 토라의 행함이 아닌 믿음을 통한 아브라함의 언약백성인 아브라함의 씨가 되는 복음 제시는 이방인 그리스도인과 유대 그리스도인의 연합이 강조되는 도구다(이러한 목적을 가지고 깊이 있게 쓰여진 이 박사학위 논문 제2장 '로마서의 정황과 기록 목적' 내용의 많은 부분은 본 편저 《"먼저는 유대인에게", 어떻게 생각하는가?》 전개의 기본 배경을 마련해 준다고 생각한다. 편저자 주).

제3장
"먼저는 유대인에게"의 성경적 기반은 어떤 것인가?

글: 미치 글래이저(Mitch Glaser)
옮김: 김진섭

"여호와께서 아브람에게 이르시되 너는 너의 고향과 친척과 아버지의 집을 떠나 내가 네게 보여 줄 땅으로 가라 내가 너로 큰 민족을 이루고 네게 복을 주어 네 이름을 창대하게 하리니 너는 복이 될지라 너를 축복하는 자에게는 내가 복을 내리고 너를 저주하는 자에게는 내가 저주하리니 땅의 모든 족속이 너로 말미암아 복을 얻을 것이라 하신지라"

(창 12:1-3).

"내가 복음을 부끄러워하지 아니하노니 이 복음은 모든 믿는 자에게 구원을 주시는 하나님의 능력이 됨이라 먼저는 유대인에게요 그리고 헬라인에게로다"

(롬 1:16).

통곡의 벽 입구에서 정통 유대인과 함께.

모든 그리스도인들이 성경적 진리의 토대 위에서 유대인들의 구원을 위해 열정과 애끓는 마음을 갖게 되는 것이 우리의 기도다. 결국 그리스도인들은 하나님의 선택된 백성을 위해 예수와 동일한 마음을 갖게 될 것이다. 예수의 말씀은 처음 선포되었던 그때만큼이나 오늘날에도 영혼을 꿰뚫는 능력을 갖고 있다.

"예루살렘아 예루살렘아 선지자들을 죽이고 네게 파송된 자들을 돌로 치는 자여 암탉이 그 새끼를 날개 아래에 모음 같이 내가 네 자녀를 모으려 한 일이 몇 번이더냐 그러나 너희가 원하지 아니하였도다"(마 23:37).

분명히 구원자이신 예수께서는 그분의 백성을 향한 탄식을 갖고 계시며, 누가복음의 기록처럼 예루살렘을 위해 우셨다.

"가까이 오사 성을 보시고 우시며"(눅 19:41).

예수를 진심으로 믿는 그리스도인들은 유대인들이 복음을 들어야 한다는 필요성에 대해 예수와 동일하게 상한 마음으로 응답을 하게 되는 것이 나(미치 글래이저 편저자 주)의 소망이다. 이와 관련하여 나의 기도는 그리스도인들이 사도 바울이 그랬던 것과 동일하게 하나님께 부르짖게 되는 것이다.

"형제들아 내 마음에 원하는 바와 하나님께 구하는 바는 이스라엘을 위함이니 곧 그들로 구원을 받게 함이라"(롬 10:1).

바탕에 깔린 신념

유대인 선교지도자 중의 한 사람으로서 나는 모든 유대인들이 예수를 받아들여야 한다고 믿는다(요 14:6; 행 4:12). 유대인들이 인간적인 노력으로 어떻게든 하나님의 의의 요구를 만족시켜, 각자 자기 자신의 공로로 천국에 들어가는 것이 가능할 만큼 토라를 잘 지키기란 불가능하다(롬 10:2-13; 갈 2:15-16, 3:23-25). 따라서 구원에 이르는 믿음은 복음을 이해하고 예수를 메시아로 받아들여야만 하는 것이다(요 3:16-17).

바울 사도가 로마서의 첫 부분에서 이야기한 것처럼, 비록 비(非)유대인들도 유대인들과는 다른 근거로 심판을 받기는 하지만 구원의 길은 그들을 위해서도 동일한 것이다(롬 2:12-16, 3:9-20). 유대인들은 '기록된 토라'(written Law)에 의해 심판받지만 이방인들은 '자연법'(natural Law)에 의해 심판을 받게 된다. 그러나 유대인이나 이방인 모두 우리의 죄로 인해 죽고 부활하신 하나님의 아들에 대한 의식(意識) 있는 믿음의 동일한 행위를 통해 받아들여진다(롬 10:9-12). 물론 이러한 복음의 진리는 새로운 것이 아니지만 이런 성경적 교리가 도전받고 있는 오늘날 재확인될 필요가 있다.

유대인들 또한 적절한 훈련을 받을 필요가 있다. 그래서 천국에 자신들의 자리를 확보해야 할 뿐 아니라 자신들의 믿음이 자라나 메시아 예수를 섬기면서 이 땅에 기여해야 한다. 적절한 제자훈련은 '그리스도를 믿는 메시아닉 유대인'(Messianic Jew)들을 '교회의 일원'(엡 2:11-22, 4:4-6)으로서뿐만 아니라, 현재 가시적인 '이스라엘의 남은 자'(롬 11:5-24)의 일원으로서 자기들의 유대적 정체성을 유지하도록 도울 것이다. 유대인이나 이방인 모두 메시아의 몸의 일부로 들어오기 위해 구원을 받는 시점에서 개별적으로 세례를 받아야 하고, 그 이후 하나님의 영(성령님)을 통해 함께 영적 생활을 나누어야 한다(고전 12:13).

남자나 여자나 그리고 유대인이나 이방인이나 모두 메시아의 몸에서는 하나이지만, 남자와 여자가 구분되는 특성을 갖고 있는 것처럼, 유대인과 이방인도 그러하다. 우리의 하나 됨은 하나님 앞에서 획일적 정체성과 의무, 그리고 책임 등을 요구하는 것이 아니다(갈 3:28). 메시아닉 유대인은 이스라엘의 남은 자로서 그리고 하나님의 신실하심에 대한 살아 있는 증인으로서의 유대인으로 살아가야만 한다(창 12:1-3; 롬 11:1-35). [어느 날 프레드릭(Frederik) 대왕에게서 "하나님의 존재에 대한 증거를 보이라"는 도전을 받은 경건한 정치가 지텐(Ziethen)은 "폐하, 유대 민족이옵니다"라고 대답했다. 이에 프레드릭 대왕은 침묵에 잠겼다(바실레아 슈링크-M. Basilea Schrink-의 《이스라엘, 나의 택한 백성》에서 편저자 주)].

"유대인들에게 복음의 소식을 들고 가라"는 것은 메시아의 몸에 속한 이방인들에게 주신 성경적 명령이다. 로마서 11장 11절의 바울의 말에 따르면, 이방인들은 그들 안에 계신 메시아에 대해 유대인들이 질투가 일어나기까지 제대로 믿어야 한다는 것이다. 사실상 '지상명령'(the Great Comission)은 유대인 전도를 많은 다른 것들 가운데 단지 하나의 양상으로 제시하고 있지 않다. 이것은 성경에 특별하게 기록된 독특한 모험이다. 메시아의 몸을 이룬 이방인에게 바울이 행한 유대인 전도와 제자화에 대한 명령은 많은 성경 말씀에 기반을 두고 있다. 그러나 이제 다루게 될 두 가지 말씀들이 가장 두드러진다.

유대인 전도에 대한 성경적 기반

바울은 다음과 같이 기록했다.

"내가 복음을 부끄러워하지 아니하노니 이 복음은 모든 믿는 자에게 구원을 주시는 하나님의 능력이 됨이라 먼저는 유대인에게요 그리고 헬라인에게로다" (롬 1:16).

너무도 중요한 로마서의 이 말씀은 세계 복음화를 위한 하나님의 계획을 드러내고 있다. 이 말씀은 이방 세계가 무시를 받는 것이 아니라, "세계 복음화의 첫 발자국은 하나님의 택한 백성인 유대인에게 다가가라"는 것이다. 심지어 '먼저'라는 단어가 복음화에 있어서 유대인에게 우선순위가 있다는 것을 분명하게 표현하고 있다.

이것은 '하나님의 전략'이다.

"이 복음은 모든 믿는 자에게 구원을 주시는 하나님의 능력이 됨이

라 먼저는 유대인에게요 그리고 헬라인에게로다."

물론 바울이 로마의 신자들에게 "이 세상의 모든 유대인들에게 복음이 전파될 때까지 이방인들에게 복음을 전하지 말라"고 제안하는 것이 아니다. 또한 복음이 이미 유대인에게 전해졌기 때문에 복음이 '먼저는 유대인에게'라는 말을 오늘날에는 더 이상 적용할 수 없다고 말하는 것도 아니다. 다만 로마서 1장 16절은 전체(상반절, 중반절, 하반절 편저자 주)가 현재형으로 쓰여졌고, 따라서 모든 세대에 걸쳐 적용할 수 있다(또한 적용되어야 한다 편저자 주). 그 말씀의 논리를 따르면 만약 복음이 여전히 구원을 주시는 하나님의 능력이며, 여전히 '모든 믿는 자에게'라면, 복음은 여전히 '먼저는 유대인'에게다.

바울에 의해서 사용되고 있는 '먼저는'이라고 번역된 헬라어는 '프로톤'이다. 그런데 이것은 사건의 순차적인 순서보다는 '우선순위'를 나타낸다. 이 단어는 예수께서 "먼저 그의 나라와 그의 의를 구하라"(마 6:33)고 가르치실 때도 같은 의미로 사용되었다. 설사 우리가 다른 것을 추구하더라도 하나님의 나라(하나님의 왕국 편저자 주)는 우리의 삶의 우선순위로서 항상 구해야 한다. 이와 비슷하게, 예수께서 자기들의 구원자라는 것을 아는 모두에게 유대인에게 복음을 전하는 일은 반드시 우선순위가 되어야 한다.

이방인의 사도였던 바울은 비(非)유대인에게 복음의 소식을 전하는 일을 자기 사역의 중심으로 삼았다. 그러나 이것은 유대인의 구원을 위한 그의 관심을 감소시키지 않았다. 바울은 자기의 이방인 사역에서 어디를 가든지 그 지역에 사는 유대인들에게도 복음을 전했다. 사실 그는 습관적으로 어떤 도시의 이방인들에게 전하기 전에, 먼저 유대인들에게 증거했던 것이다(행 13:13-52, 14:1-5, 18:7-11, 19:8-10). 일부 교회들이 유대인 전도를 이전보다 더 진지하게 받아들이고 있다. 이러한 긍정적인 변화가 계속되는 것이 나의 소망이다.

유대인 '마일드메이 미션'(Mildmay Mission)을 설립한 이방인 선교자 존 윌킨슨(John Wilkinson)과 중국 내지선교회(현재 OMF)의 설립자인 허드슨 테일러(Hudson Taylor) 간의 관계에 대한 놀라운 이야기가 있다. 매년 1월에 테일러는 윌킨슨에게 '첫째는 유대인에게'라는 글과 함께 일정 금액의 수표를 보냈다. 그러면 윌킨슨은 같은 금액을 '그리고 헬라인에게'라고 써서 보냈다.

이 이야기는 성경에 기록된 유대인과 이방인 선교의 상호연관성의 실체를 잘 보여주고 있다. 나는 오히려 다른 한쪽이 없이 다른 쪽을 효과적으로 성취하는 것은 불가능하다고 주장하려고 한다(마치 한 사회나 나라에서 '진보' 없이 '보수'가 없고, '보수' 없이 '진보'가 없는 것같이 편저자 주). 동시에 이방인 선교의 완성 가능성을 무효화시키지 않으면서, 유대인 선교를 우선순위에 둔 채로 거기에서 성공하는 것도 가능한 것이다. 우리는 하나님께서 육체를 따라 아브라함의 후손(이삭, 야곱 편저자 주)을 택하셨기 때문에, 유대인에게 다가가는 것을 우선순위에 둘 수 있으며, 마찬가지로 승천하시기 전에 우리의 메시아께서 명령하신 것처럼 모든 민족에게 나아갈 수 있다(마 28:19; 막 16:15; 눅 24:47; 행 1:8 편저자 주).

유대인들을 질투케 함

하나님께서는 또한 유대인들을 영적으로 질투케 하도록 메시아의 몸을 이룬 이방인들을 특별히 부르신다(롬 11:11). 결국 그러한 질투는 궁극적으로 로마서 11장 25-26절에 자세히 나와 있는 것처럼 '온 이스라엘'을 예수께 이끌게 할 것이다. 누구도 이스라엘의 구원과 메시아의 재림 사이의 분명한 관계를 피할 수 없다. 어쩌면 신비라고 말할 수밖에는 없겠지만, 그것은 서로 연결되어 있는 것이다. 이것은 왜 바울이 '이방인의 사도'라는 역할을 기꺼이 수용했는지를 설명할 수 있게 한다. "이방인의 구원이 이스라엘을 구원으로 이끌게 된다"는 것을 알고 있었기 때문이다.

또한 베드로는 이스라엘과 열방의 구원이 '만물의 완성'[히: 티쿤 올람(세상을 고침), 행 3:21 편저자 쥐으로 이끌 것이라고 예견했다.

이 같은 몇 가지 가르침들의 실행만으로도 세상을 변혁시킬 수 있을 것이다. 메시아의 몸에 속한 이방인들은 예수를 위해 유대인에게 다가가도록 부르심을 받았고, 그것은 다시 온 세상의 구속을 이끌어 내고 있다. 새천년 유대인을 위한 선교로서 '선민선교회'(여기에 대한 설명은 본서 제7장을 참고할 것 편저자 주)는 이 위대한 사역을 완성하면서 우리의 형제자매들을 돕기 위해 존재하는 것이다. '선민선교회는 유대인들을 복음화하고 제자화하기 위해, 그리고 교회 안에 우리 형제자매들이 같은 일을 할 수 있도록 준비시키고 힘을 주기 위해 존재한다'는 것이 우리 단체의 사명 선언문 중의 일부다. 선민선교회는 이것을 한 세기가 넘게 이루어오고 있다. 우리는 메시아의 더 위대한 몸을 격려하고, 그것에 자료를 제공하고, 전략적 가교를 세우기를 계속할 것이다.

엠마오로 가던 두 명의 제자들에게 성경[구약성경–타나크: 구약성경을 가리키는 유대인의 용어로, 모세오경(토라), 선지서(네비임), 성문서(케투빔)의 머리자음의 합성어 편저자 주]을 풀어주셨던 그분을 따르는 사람들로서 예수께서 바로 메시아라는 우리의 주장의 근거는 '하나님 말씀'에 둔다.

"이르시되 미련하고 선지자들이 말한 모든 것을 마음에 더디 믿는 자들이여 그리스도가 이런 고난을 받고 자기의 영광에 들어가야 할 것이 아니냐 하시고 이에 모세와 모든 선지자의 글로 시작하여 모든 성경에 쓴 바 자기에 관한 것을 자세히 설명하시니라"(눅 24:25-27).

이 말씀에서 우리는 우리 믿음의 기반을 두며, 어떻게 그분의 뜻에 순종하여 살아야 하는지에 대해 하나님의 뜻을 찾고 있다. 이것은 하나님께 대한 모든 것과 또한 우리 삶에 대해 그분께서 기대하고 계신 것들에 대한 토대가 되고 있다. 따라서 하나님께서 우리가 유대인들에게 복음을 전하도록 부르고 계시다면 우리가 해야 할 선택은 무엇인가? 우리는 성경의 진리에 의해 '먼저는 유대인에게', 그리고 '다음으로는 이방인에게도' 복음을 전하는 것에 참여하도록 명령을 받았다. 그리고 이것은 개인 또는 선교회를 위한 하나님의 뜻의 일부임은 의심할 여지가 없다.

신세대 그리스도인들이 이 말씀을 받을 것인가? 물론 비록 복음을 가지고 먼저 유대인들에게 다가가는 것이 대중적인 생각은 아닐지라도 나는 우리가 하나님의 말씀에 순종하기를 기도한다.

제4장

"먼저는 유대인에게"를 주석가들은 어떻게 해석했는가?

글: 아놀드 프룩텐바움(Arnold G. Fruchtenbaum)
옮김: 김진섭

"참으로 나는 복음을 부끄러워하지 않습니다. 왜냐하면 이 복음은
모든 신자를 구원으로 인도하는 하나님의 능력이기 때문이니
첫째는 유대인에게며 그리고 헬라인에게입니다."

(롬 1:16, 헬라어 직역성경)

예루살렘 소재 이스라엘 성서공회를 방문해 대표 빅터 컬리셔 목사의
영접을 받고 있는 모습

로마서 1장 16절은 다음과 같다.

"내가 복음을 부끄러워하지 아니하노니 이 복음은 모든 믿는 자에게 구원을 주시는 하나님의 능력이 됨이라 먼저는 유대인에게요 다음은 헬라인에게로다."

이 구절에는 두 개의 동사가 있다. 첫 번째 동사 '에파이스쿠노마이'는 '부끄러워하다'(to be ashamed)를 의미하며, 상반절을 통제한다. 이것은 헬라어의 현재형으로 지속적인 행위를 강조한다. 즉 바울은 복음에 대해 계속해서 부끄러워하지 아니한다는 것을 의미한다. 그리고 두 번째 동사는 '이다'(is)를 의미하는 '에스틴'인데, 역시 헬라어 현재형으로 지속적인 행동을 강조한다. 그런데 이 동사가 중반절만 통제하는 것인지, 아니면 하반절까지 함께 통제하는 것인지에 관한 '해석학적 질문'이 있다. 중반절은 복음이 '구원을 주시는 하나님의 능력'이라는 것을 말하고 있으며, 헬라어 현재형이 강조하듯이 이것은 항상 진리다. 여기까지는 주석가들 사이에서 논란이 없다.

그런데 본격적인 논란은 지금부터이다. 즉 이 '이다'(is, 에스틴)라는 동사가 하반절인 "먼저는 유대인에게, 그리고 헬라인에게로다"까지 통제하느냐, 아니냐의 문제이다. 만약 전자의 경우라면 이것은 또한 복음이 '계속해서' "먼저는 유대인에게, 그리고 다음으로는 헬라인에게로다"라는 것을 가르치고 있는 것이다. 만약 후자라면, 바울은 복음이 유대인에게서 먼저 온 것은 맞지만, 지속적인 관계는 없다는 '역사적인 진술', 그 이상을 이야기하는 것은 아니라는 의미가 되는 것이다. 이 논의에서 중요한 것은 바울이 바로 이어서 로마서 2장 9-10절에서도 이 구절을 두 차례 더 사용했다는 사실이다.

"악을 행하는 각 사람의 영에는 환난과 곤고가 있으리니 먼저는 유대인에게요 그리고 헬라인에게며 선을 행하는 각 사람에게는 영광과 존귀와 평강이 있으리니 먼저는 유대인에게요 그리고 헬라인에게로다."

물론 이 질문 또한 이 두 구절들이 지속적인 상태를 나타내는지, 아니면 전적으로 역사적 상황을 말하는지가 중요하다. 즉 이 두 구절들이 항상 진리인 '원칙'을 묘사하는지, 아니면 오직 한 차례만 진리였고, 그 이후에는 더 이상은 아닌 '역사적인 것'을 묘사하는지가 매우 중요하다는 것이다. 왜냐하면 결국 여기에 대해 결론을 어떻게 내리느냐가 로마서 1장 16절의 적절한 해석을 도울 것이기 때문이다.

이번 연구의 마지막 질문은 '먼저는'(프로톤)이라는 단어의 정확한 의미는 무엇인가를 규명하는 것이다(이것은 로마서 전체의 구조와 사도행전, 특히 13-28장까지의 흐름을 바르게 이해하는 데 결정적인 도움을 준다고 생각한다. 편저자 주). 과거와 현재로부터의 해석학적 주석들을 살펴보면, 한 가지 이상의 다양한 견해가 있음을 알 수 있다(이하에서 이 글에서 소개된 대표적 주석가들의 견해들을 역사적 관점, 원칙적 관점, 간과적 관점으로 묶어 배치하고, 마지막에는 바울의 관점이라는 대지로 종합적 정리를 마친다. 여기서부터 해당 학자들의 주석 및 주장 부분들을 붉은 글씨로 나타냈다. 편저자 주).

역사적 관점

1) 찰스 하지(Charles Hodge)

"먼저는 유대인에게요 그리고 헬라인에게로다."

여기서 '먼저는'을 특별하게 해석하는 것은 복음이 유대인에게 독특하게 맞추어졌거나 그들을 위해 특별히 고안된 것이라고 사도 바울이 가르치는 것으로 만들지 모른다. 그러나 바울은 3장 9, 22, 29절과 10장 12절 등과 같은 곳에서 그것이 사실이 아님을 반복적으로 확증한다(그러나 이 경우들은 바울이 복음에 있어 구원의 필요성을 말하는 것이지, 전도의 우선순위를 말하는 것이 아니다. 편저자 주).

따라서 '먼저는'은 "먼저는 유대인에게, 그리고 다음은 헬라인에게"라는 '시간'과의 관련성을 가지고 있음이 틀림없다. 구원은 우리의 구원자께서 사마리아 여인에게 말씀하셨던 것처럼 유대인의 것이다(요 4:22 하 편저자 주). 그들로부터 메시아가 나왔고, 그들에게 먼저 복음이 선포되었으며, 그들에 의해서 이방인에게 선포되었다. 바울은 종종 이번 경우와 같이 유대인과 이방인을 의미하는 유대인과 헬라인을 언급한다. 왜냐하면 당시 유대인들에게 가장 친숙한 이방인들이 바로 헬라인이었기 때문이다(그러나 이런 설명은 "먼저는 유대인에게요"의 근본적인 뜻이 무엇인가에 대한 본질과는 거리가 먼 설명이라고 생각한다. 편저자 주).

위의 인용문에서 찰스 하지는 '프로톤'이라는 단어를 그가 정의하듯 복음이 유대인들에게 특별히 받아들여졌거나 그들을 위해 특별히 고안된 것을 의미하는 '특별하게'(especially)라고 받아들여지는 관점을 거부했다. 왜냐하면 그는 이것을 복음이 누구에게나 필요하다는 다른 구절들과 상충한다고 느꼈기 때문이다. 그래서 그의 결론은 이 경우에 있어 프로톤은 '시간의 연속성'으로 받아들여야 하며, 따라서 로마서 1장 16절 하반절을 '역사적 관점'으로 결론 짓는다. 그리스도가 유대인으로부터 나왔고, 복음이 이방인에게 전해지기 전에, 먼저 유대인에게 전해졌다.

그런데 여기서 자기의 결론을 본문으로부터, 또는 그 단어의 의미로부터 해석적으로 이끌어내지 않는다는 것에 주의할 필요가 있다(성경 해석의 가장 중요한 규칙은 다음 두 가지다. 하나는 그 성경 본문이 원래 언급된 사람들에게 주어진 대로 역사적으로 의도된 의미에 따라 그것을 해석해야 한다. 또 다른 하나는 그 성경 본문의 문화적 맥락 속에서 그 언어가 가진 개념을 통해 그 성경 본문의 의미를 찾아내야 한다. 그런데 찰스 하지는 이런 중요한 성경 해석의 규칙을 여기서 벗어난 것을 이 글의 필자가 지적하는 것 같다. 편저자 주). 이것은 전적으로 다른 구절들이 "먼저는 유대인에게"라는 원칙에 대한 지속적인 유효성을 부정한다는 자기의 믿음에 기반을 둔 것이다. 그러나 그는 로마서 2장 9-10절에 대해서는 정반대의 관점을 취한다.

"먼저는 유대인에게 그리고 헬라인에게라", 이제 정의에 대한 일반적인 원칙을 세우는 데 있어서도 바울은 특별히 유대인을 염두에 두었다는 것이 분명해진다. 그는 하나님께서 각 사람에게 그의 행위에 따라 선한 자에게는 영생을, 악한 자에게는 환난과 곤고로 보응하신다고 말한다. 그리고 모든 사람들이 관심을 소홀히 하지 않도록 명확히 유대인뿐만 아니라, 헬라인도 심판을 받는다는 말을 더하고 있다. '먼저는' 이 단어는 '순서'를 의미하거나, '우위'를 표현할 수 있다. 만약 전자라면, 심판은 유대인으로부터 시작하여 이방인에게 확대될 것이다. 만약 후자라면, 그 의미는 유대인들은 다른 사람들과 같은 고난을 받을 뿐만 아니라, 더 중하게 받은 것을 의미한다. 왜냐하면 그들은 이방인들에게 비해 훨씬 더 많은 은혜를 입었기 때문이다. 따라서 "먼저는 유대인에게"는 '특별히 유대인에게'라는 말과 동등한 것이다. 다음 구절에도 같은 의미가 적용한다. 만약 유대인이 신실하다면, 특별한 상급을 받게 될 것이다. 모든 사람에게 진리인 것이 하나님께서 자신을 독특한 방식으로 계시하신 사람에게는 더욱 특별한 진리다.

찰스 하지는 이 경우에는 "먼저는 유대인에게"를 '특별하게'라고 받아들였다. 따라서 유대인들은 특별한 상급을 받거나, 특별한 심판을 받게 될 것이다. 존 칼빈(John Calvin)은 이 구절을 심판이 유대인에게서 시작해서 이방인에게 확산된다는 역사적인 의미에서 받아들인 반면, 하지는 전적으로 역사적인 상황이 아닌 지속적인 원칙으로 받아들였다. 그러나 이것이 왜 앞선 1장 16절과는 달라야 하는지에 대해서는 설명하지 않았다.

2) 윌리엄 쉐드(William Shedd)

윌리엄 쉐드는 찰스 하지와 같이 로마서 1장 16절에 대해 역사적 관점을 취했다.

"…복음이 선포되는 순서에서 먼저다. 왜냐하면 "구원이 유대인에게서 남이라"는 그 출발(자연적) 지점이었기 때문이다."

그러나 쉐드는 로마서 2장 9-10절에 대해서는 다음과 같이 말했다.

"…사도행전 3장 26절과 같이 순서에서의 먼저이며, 정도에서의 먼저다. 특권의 우위이며, 만약 오용된다면 정죄에서도 우위다."

쉐드의 견해는 하지의 것과 동일하다. 로마서 1장 16절은 전적으로 '역사적'으로 받아들인 반면, 로마서 2장 9-10절은 '영속적'으로 받아들였다.

3) 멕베스(J. P. McBeth)

멕베스의 로마서 1장 16절에 대한 견해는 전적으로 '역사적'이다.

"유다이오 테 프로톤…."
"첫째는 유대인에게 그리고 헬라인에게로다." 여기서 '헬라인'은 모든 이방인들을 포함하며, '유대인과 헬라인'은 모든 인류를 포함한다. 등속절 접속사인 '카이'(and, 그리고)는 복음의 특권과 은혜에 있어 이방인과 유대인의 동등함을 나타낸다. 복음은 먼저 유대인에게 선포되고, 그리고 동일하게 이방인에게 주어지도록 신적으로 정해졌다. 메시아는 아브라함의 자손이며, 다윗의 후손으로, 자신의 아버지의 보좌에 앉을 것이라고 약속되어졌다. 메시아 언약의 본질로부터 복음이 먼저 유대인에게 선포되어야 함은 자연스러운 것이었다. 물론 유대인이 어떤 특권과 은혜의 우선권을 갖고 있었다는 것 때문이 아니다. 그러나 피할 수 없는 필요성으로 메시아의 메시지는 먼저 메시아를 가지는 유대인들에게, 그리고 그들에 의해서 선포되어야 하는 것이다. 그리고 여기서의 강조는 시간에 관한 것이 아니라, 오히려 복음 전파에 있어서 '지도적 책임감'을 강조하고 있다. 바울은 칭찬의 형식으로 유대인들에게 책임감의 우선순위를 기꺼이 언급하고 있다. 이로써 나중에 있을 그 서신의 특정한 교리들에 대한 유대인들의 공격을 막아낼 수 있는 방패가 되도록 하기 위함이었다.

맥베스의 제안으로는 로마서 1장 16절은 단순히 역사적인 견해를 표현하고 있을 뿐 아니라, 메시아가 유대인으로부터 나오셨고, 또한 자연스럽게 자기가 보내심을 받은 자들에게 먼저 선포하셨기 때문에 그것은 또한 그저 역사에서의 한 사건에 불과하다는 것이다. 아니면 그의 표현에 따라 '어쩔 수 없는 필요성'인 것 같다는 설명이다.

이어서 맥베스의 로마서 2장 9-10절에 대한 견해는 다음과 같다.

"유다이오 테 프로톤…."

"먼저는 유대인에게요", 환난과 곤고와 함께 진노와 분노하심으로 악을 행하는 모든 영혼을 벌하실 것이다. 분명히 이방인은 심판 때에 걸맞은 위치를 차지할 것이지만, 유대인이 이방인보다 앞설 것이다. 1장 16절에서 바울은 유대인들에게 지도력과 책임감에 있어 첫 번째 자리를 부여했다. 자신의 책임에 실패한 사람을 제외하고서, 누가 심판에 있어 먼저가 될 것인가? 가장 책임이 있는 사람이 신뢰에 신실하지 못했을 때, 가장 큰 죄가 있는 것이다. 유대인은 그들이 될 수 있었음에도, 지금은 현재 그렇지 못한 모든 것에 대한 책임이 있다. 유대인은 바울이 1장 16절에서 그들에게 처음 자리를 부여한 것처럼 그 영예를 기꺼이 받아들였다. 지도력과 책임감에서 먼저가 되었다는 것은 알려진 의무를 실행하는 데 실패한 연유로 심판을 먼저 받게 된다는 것을 스스로 증명한다는 것이다.

2장 10절에서 바울은 이방인들이 받아야 하는 것보다 더 심각한 심판의 공포로 모든 유대인들을 놀라게 했다. 그러나 이 구절은 그들을 위한 희망을 담고 있으며 만약 그들이 주어진 책임의 자리에 충실한다면, 유대인들을 위해 예비된 첫 번째 상급이 있다는 것을 이야기함으로 그들이 그 의무를 다할 수 있도록 달래기를 원했다. 이 구절은 영광, 명예와 평화의 상급 등의 첫 번째 자리가 이방인들이 하나님의 의로움에서 유대인들을 능가할 때, 그들에게도 쉽게 주어질 수 있다는 것을 나타낸다. 결코 유대인들이 상급의 첫 번째 명예를 독점하고 있는 것이 아니며, 이방인들이 특권을 박탈당한 것이 아니다. 이 자리는 요구사항을 만족시킨 유대인이나 이방인을 위한 것이다(마 20:23).

맥베스는 바울이 말했던 것에 반대되는 결론을 내리려 하고 있다는 인상을 지울 수가 없다. 그러나 그는 10절의 축복도 동일하다고 말하는 것을 주저한다. 따라서 축복은 "이방인들에게도 쉽게 주어질 수 있으며…", "유대인들이 상급의 첫 번째 명예를 독점한 것은 아니다." 다른 말로 하면 심판은 유대인에게 먼저지만, 상급은 아니라는 것이다.

4) 알바 멕클레인(Alva McClain)

세대주의적 저자인 알바 멕클레인은 다음과 같이 말하고 있다.

'먼저는'이라는 것에 대해:
"이 복음은 모든 믿는 자에게 구원을 주시는 하나님의 능력이 됨이라 먼저는 유대인에게요 그리고 헬라인에게로다."
"복음은 모든 자들을 위함이다." 본문의 헬라인이라는 단어는 유대인들에 의해 아주 자주 모든 이방인들을 의미할 때 사용되었다. 복음은 인종적 경계를 갖고 있지 않다. 이것은 선함과 악함의 정도까지 무시한다. 무지한 자와 지혜자, 고귀한 자와 천한 자, 복음은 이들 모두를 위함이다. 이것은 우리가 숨쉬는 공기와 같으며 하늘로부터 내리는 비와 같이 모든 사람을 위함이다.

어떤 사람은 세대주의의 저자로부터 "먼저는 유대인에게"라는 구절에 대해 좀 더 자세한 언급을 기대했을지도 모른다(대부분의 세대주의자들은 이스라엘의 항구적인 우선성을 믿기에 편저자 주). 멕클레인은 복음이 "인종적 경계"가 없이 모든 사람들을 위함이라는 것을 제외하고는 이 구절에 대해 다른 것은 말하지 않는다. 그는 이 핵심구절에 대해 아무런 논평을 하지 않는다. 그러나 맥클레인의 2장 9-10절에 대한 견해는 다음과 같다.

하나님께서 특정한 시대에 특정한 진리를 계시하실 때 발생하는 두 가지 부류가 있다. 한 부류는 진리에 대해 순종하고, 다른 부류는 거역한다. 거역하는 자들에게는 하나님으로부터 '진노와 분노'가 있으며(8절), 인간으로부터 '환난과 분노'가 임한다(9절). 이것은 "먼저는 유대인에게, 그리고 헬라인에게" 해당되는 진실이다. 이것은 끔찍한 우선순위다. 그렇지 않은가? 이것에 대해 생각해 본 적이 있는가? 유대인은 도덕적으로 누구였는가? 유대인은 '내가 먼저'라고 말했다. 그리고 역시 먼저였다. 그러나 그들이 상상했던 것 이상의 의미에서였다. 만약 하나님께서 의로움의 관점에서 유대인을 첫 번째로 만드셨다면, 하나님께서는 또한 책임의 관점에서도 첫 번째로 만드셨다. 진리의 계시는 하나님의 생각에 우선순위를 결정지었다. 심판의 원칙의 긍정적인 측면에서도 동일한 순서가 따른다.

맥클레인은 이 구절에 대해 논평하고 있고, 그것이 심판과 축복에 있어서의 우선순위를 강조하는 것으로 보고 있다.

5) 바레트(C. K. Barrett)

바레트는 로마서 1장 16절에 대한 자기의 견해를 다음과 같이 표현한다.

"복음은 믿음이 있는 모든 사람을 위한 구원을 의미한다. 하지만 이것은 유대인에게 먼저, 그리고 이방인에게도 전해졌다." 유대인들이 복음을 먼저 들었다는 것은 바울에게 역사적 사실, 그 이상이다. 이것은 하나님의 선택 때문이었다(특별히 9-11장을 보라).

이렇게 바레트는 로마서 1장 16절 하반절의 "먼저는 유대인에게요"를 하나님의 민족적 선택인 것으로 여기고 있어, 원칙적 견해를 가진 것으로 보일 수 있다. 그러나 사실은 그도 전적으로 역사적인 견해를 취하고 있다. 왜냐하면 2장 9-10절에 대한 바레트의 견해는 1장 16절 하반절에 대한 견해와는 반대이기 때문이다.

좋든지 나쁘든지 간에, 유대인은 어떤 특정의 우선순위(1:16 참조), 꼭 부러운 것은 아니고, 어쩔 수 없이 얹혀져야 하는 우선순위를 보유하고 있다. 그리고 이방인도 역시 그렇다.

원칙적 관점

1) 존 머레이(John Murray)

존 머레이의 로마서 1장 16절에 대한 견해는 다음과 같이 표현되고 있다.

"먼저는 유대인에게요 그리고 헬라인에게로다."
바울이 이방인의 사도였으며 로마에 있는 교회가 당시 이방인들의 숫자가 우세했기 때문에(참조. 13절), 그가 유대인의 우선순위를 분명하게 표현해야만 했던 것이 틀림없다. 그러나 복음이 무엇보다 먼저 유대인에게 전해진 것은 신적 경륜(divine ecomony)이었다(참조. 눅 24:49; 행 1:48, 13:46). 이 우선순위를 시간으로만 받아들이는 것은 충분치 않은 것으로 보인다. 이 본문에서 이러한 우선순위가 단지 시간의 문제라는 제안은 찾아볼 수 없다. 이 영향은 믿음을 통한 하나님의 구원의 능력이 먼저 유대인에게 관계된 것이고, 성경의 비유가 나타내듯이 유대인에 대한 특별한 연관성은 유대인들이 하나님에 의해서 복음의 약속의 수혜자로 선택되었고, 하나님의 예언이 그들에게 주어졌기 때문이다. 구원은 유대인의 것이었다(요 4:22, 참조, 행 2:39, 롬 3:1-2, 9:4-5). 복음의 완전한 계시를 위한 준비과정이 이스라엘에 놓여졌고, 그 이유로 복음은 우선적으로 유대인을 위한 복음이다. 기독교가 이방인의 것이며, 유대인을 위한 것은 아니라는 현재의 유대인들의 태도와는 얼마나 전적으로 대조가 되는가?

유대인에게 속한 이 우선순위는 "그리고 헬라인에게로다"라는 말로 복음을 이방인에게 덜 관련된 것으로 만들지 않는다. 이방인들 역시 유대인들과 같이 복음의 완전한 수혜자들이며 그래서 누리는 호의의 관점에서는 차별이 없는 것이다.

머레이는 쉐드나 하지와 같이 후천년설적 종말론(이 세상이 점점 좋아져서 천년왕국이 되고 그 끝에 예수께서 재림하신다는 것에 근거한 종말론 편저자 주)에 동의하지만 그는 로마서 1장 16절에 대해서는 그들과 견해를 달리했다. 그는 이 구절이 유대인 우선순위를 가르친다고 강조했다. 복음이 무엇보다 "먼저 유대인에게 전해졌다"는 역사적인 개념을 포함하면서도 그는 "역사가 지나면서 이 구절의 원래 의미가 사라지지 않는다"고 믿으며, 여기의 우선순위가 '단순히 그 당시'라는 의미라는 것을 부인한다. 머레이는 이 구절의 의미가 유대인들은 하나님의 선택된 백성이기 때문에 복음은 '유대인과 우선적 관계'가 있다고 결론을 내린다. 다만 머레이가 분명히 말하지 않는 것은 이것이 복음 전도에 대한 실제영역과 어떻게 관련이 있으며, 복음 전도의 영역에서 먼저 유대인에게 우선순위를 어떻게 두는가에 대한 것이다(그것은 아마 성경주석자의 근본 역할이 아니라고 생각한 결과가 아닐까 생각된다. 편집자 주).

그는 이전에 인용한 저자들과 유사한 결론에 이르게 된다. 하지만 그는 '복음의 유대인 우선'이 단지 시간상이라는 것을 부인하기 때문에 그것은 '진행적인 우선순위'이며, 따라서 실제적으로 이것은 복음 전도가 이 시대에도 '유대인에게 먼저'라는 사실에 문을 열었다. 로마서 2장 9-10절에 대해 머레이는 다음과 같이 해석한다.

"먼저는 유대인에게요 그리고 헬라인에게라"(참조, 1:16). 유대인에 대한 우선순위는 구원뿐만이 아니라, 정죄와 영벌에도 적용된다. 즉 복음이 유대인에게 시간의 우선순위뿐만 아니라, 그 특권과 책임에 관련해서는 그에 상응하는 정도의 상벌로 확대된다. 이것은 은혜의 경륜을 이유로 유대인에게 속한 그 우선순위가 고려되어질 것이며, 또한 최후심판의 판결에도 적용이 될 것이라는 하나의 분명한 증명이다…. "먼저는 유대인에게요, 그리고 헬라인에게라." 공식 같은 이런 표현의 반복은 유대인에 대해 말할 때 복음에 속하는 관련성에 대한 우선순위가 최후 상급의 집행으로 이루어진다는 것, 다시 말해 영광 바로 그 자체의 수여로 인해, 유대인이 우선순위를 정하게 될 것임을 나타내주는 것이다. 최후의 심판은 유대인의 우선순위를 징벌의 시행뿐만 아니라, 축복의 시행에도 적용될 것이다.

머레이는 하지나 쉐드보다 일관성을 유지하고 있으며, 세 차례 등장한 이 구절들을 모두 최후의 심판과 상급의 수여까지 계속될 '지속성'의 현실로 받아들인다.

2) 더글라스 무(Douglass Moo)

더글라스 무는 로마서에 대한 자신의 최근 주석에서 1장 16절에 대해 다음과 같이 말했다.

바울이 로마서의 특징인 복음의 보편주의를 상기시키는 것으로 만족시키지 않고, 즉각적으로 "먼저는 유대인에게요, 그리고 헬라인에게라"라는 개별주의 어조를 도입하고 있다. 이방인에 대한 유대인의 우선순위("먼저는")의 속성은 무엇인가?

일부 학자들은 사실상 그 구절의 어떠한 우선순위도 제거하기를 노력했지만 성공하지 못했다. 바울은 분명하게 유대인에 대한 부분적인 우선순위를 부여했다. 사도행전에 따르면, "유대인에서 시작하여 이방인으로 옮겨간 사도적 전파에 대한 역사적 환경보다 더 많이 연루된 것은 없다"라고 어떤 이들은 제안한다. 바울은 이곳의 신학적 맥락의 관점에서 단순한 역사적 사실보다 더 많은 것을 의도했던 것이 분명하다. 만약 우리가 바울이 로마서의 다른 곳에서 이스라엘에게 부여한 우선순위가 무엇이 있었는지 묻는다면, 우리는 하나님께서 그분께서 선택하신 백성에게 주신 "약속들의 특별한 적용"에 대한 강조를 발견할 수 있다(3:2, 9-11장).

그러나 로마의 많은 교회들이 이방인들에 의해 지배당하는 것으로 보이자, 바울은 복음으로 이루어진 하나님의 약속들은 무엇보다 '먼저는 유대인을 위한 것'이라고 주장하고 있다. 즉 이스라엘에게 그 약속들이 먼저 주어졌고, 현재에도 여전히 유대인들에게 특별히 적용될 수 있다는 것이다. 이제 모든 사람들에게 복음에 대한 접근성을 조금도 제한하지 않으면서도 바울은 "성경에 미리 약속하신 복음"이 유대인들과 특별한 관계가 있음을 주장한다.

무(Moo)는 역사적 전천년주의자(이는 천년왕국 전에 그리스도의 재림이 지상재림 한 번만 있고, 공중재림과 지상재림, 이렇게 두 번 있지 않다고 보는 자들이다. 편저자 주)다. 그는 '먼저는'이라는 단어로부터 우선순위의 개념을 제거하려는 어떤 학문적 시도도 거부한다. 그는 또한 이방인들에게 복음이 전해지기 전에, 먼저 유대인에게 전해졌다는 전적인 역사적 관점도 거부한다.

그는 그것보다 "먼저는 유대인에게"라는 말을 '지속적 원칙'으로 본다. 하지만 그것은 "유대인들에게 특별한 관계가 있는 하나님의 약속의 영역에만 적용시키고 있다. 이러한 하나님의 약속들은 주로 유대인을 위한 것이었다. 따라서 이스라엘에게 그 약속들이 먼저 주어졌고, 그리고 여전히 특별하게 적용된다."

무가 이것을 지속적인 원칙이자 현실로 보면서도, 그것을 복음전도에 대한 쟁점에는 어떤 구체적 적용을 하지 않는다. 로마서 2장 9-10절에 대한 그의 관점은 다음과 같다.

'각 사람의 영혼(every soul of a person)에는'이라는 구절을 사용함으로, 바울은 하나님의 심판에 대한 전적인 비차별성을 다시 한 번 강조하려는 것이 분명하다. 그리고 이 점은 마지막 구절에서 "먼저는 유대인에게요 그리고 헬라인에게로다"라고 나타내듯이, 다시 유대인들을 향하고 있다. '반어적 비틀기'(ironic twist)로 바울은 여기서 구원의 좋은 소식에 대한 수혜자로서 유대인의 우선성을 유지시켰던 동일한 구절(롬 1:16)을 사용하여, 심판에서도 같은 우선순위가 있음을 확언하고 있다. 약속의 말씀이 유대인에게 먼저 갔던 것처럼, 그에 대한 반응의 실패에 대한 징계도 유대인에게 '먼저' 해당된다. 자신들의 선택이 구원에 있어서는 '먼저'지만, 심판에 있어서는 '마지막'을 보장한다고 여기는 유대인들의 경향에 반해 분명하게 선언하는 것이다. 즉 바울은 그들의 우선순위가 그 두 가지 모두(구원과 심판)에 적용된다고 주장한다.

그리고 7절에서 보다 단순하게 '선을 행하는 각 사람'(everyone who does good)이 그러한 축복을 상속하게 된다고 묘사한다. 그러나 그는 9절의 주제와 같이 "먼저는 유대인에게요, 그리고 헬라인에게라"라는 구절을 거기에 더하고 있다. 여기서 무는 우선순위의 원칙이 심판과 축복, 모두에 적용됨을 재확인한다.

3) 샌포드 밀스(Sanford C. Mills)

우리는 로마서 1장 16절에 대한 많은 부분을 다루었다. 이제 "…먼저는 유대인에게요 그리고 헬라인에게로다"라는 그 말씀의 마지막 구절을 살펴보자. 로마에 있는 교회에 보낸 이 편지는 이미 체계가 잡힌 교회에 쓰여진 것이다. 소위 '교회의 시대'는 이미 25년 동안 존재하고 있었다(대략 바울의 회심 이전인 2년 전부터 계산해서 25년 동안으로 말하는 것으로 보인다. 편저자 주). 이 편지에서 복음이 "먼저는 유대인에게 그리고 헬라인에게로다"라는 바울의 선언은 무조건적이었고, 바울의 시대와 같이 오늘날에도 동일하게 적용될 수 있다고 믿는다. 바울이 유대인들에게 "이후에는 이방인에게로 가리라"(행 18:6)고 말했기 때문에, 그들이 고린도에서 그를 거부했던 것 때문에, 바울이 거기서 유대인 전도를 중단한 것은 아니었다. 그 다음 도시에서, 또 그 다음 도시로 갔을 때도, 바울은 변함없이, 타협 없이, 그리고 필연적으로 먼저는 유대인에게 나아가야 했고 실제로 그렇게 했다.

이렇게 볼 때 밀스의 견해는 이 원칙이 단순히 역사적인 것이 아닌 '지속적인 것'이라는 것으로 그는 이것을 복음 전파에도 적용하고 있다. 또한 밀스는 사도행전에 나타난 바울의 행적들을 바울이 도시와 도시를 다닐 때 "유대인에게 먼저" 나아갔다는 증거로 사용하고 있다.

간과적(看過的) 관점

"먼저는 유대인에게"라는 부분을 대강 보아 넘기는 입장이라는 뜻으로 편저자가 만든 신조어

브루스(F. F. Bruce)의 경우에 자신의 주석에서 "복음을 부끄러워하지 아니하노니"라는 첫 부분만 다루고 있다. 그는 16절의 나머지 부분에 대한 주석을 완전히 생략했다. 로마서 2장 9-10절에 대해서도 이와 동일하게 주석을 생략했다. 그는 8절에 대해 주석을 하고, 9절과 10절을 완전히 생략하고, 바로 11절로 건너뛰었다. 그는 뛰어난 헬라어 학자로서의 주석가이기에 더욱 놀라운 일이 아닐 수 없다.

바울의 관점

지역교회의 주요 역할 중의 하나는 마태복음 28장 18-20절에 나오는 지상명령(the Great Commission)을 실천하는 것이다.

"예수께서 나아와 말씀하여 이르시되 하늘과 땅의 모든 권세를 내게 주셨으니 그러므로 너희는 가서 모든 민족을 제자로 삼아 아버지와 아들과 성령의 이름으로 세례를 베풀고 내가 너희에게 분부한 모든 것을 가르쳐 지키게 하라 볼지어다 내가 세상 끝날까지 너희와 항상 함께 있으리라 하시니라."

그런데 이것을 수행하는 방법론은 '절차'의 문제이다[예수께서 정경으로 여기신 구약성경(타나크)을 보면, 하나님께서는 목적과 함께 방법, 원칙, 절차도 동일하게 중요하게 여기시는 것을 본다. 아브라함의 약속의 아들은 하갈이 아니라 사라를 통해 태어나야 했다(창 17:1). 모세의 경우 가나안 입성에 앞서 중요한 문제는 아들에게 할례를 시행하는 것이었으며(출 4:26), 요단강을 건넌 여호수아가 하나님의 명에 따라 가나안에서의 제일 처음 전쟁인 여리고 전투를 앞두고, 모든 남자에게 할례를 시행하였다(수 5:2-5). 성막에서 지파들이 들어가고 나갈 때 유다 지파가 앞장섰다(민 1-10장). 하나님의 궤를 옮길 선한 계획도 바른 절차를 따랐어야 했다(삼하 6:1-8; 대상 13:5-11). 편저자 주. 그리고 그 절차가 로마서 1장 16절에 언급되어 있다.

"내가 복음을 부끄러워하지 아니하노니 이 복음은 모든 믿는 자에게 구원을 주시는 하나님의 능력이 됨이라."

복음은 하나님의 능력[듀나미스, 이 단어는 영어로는 다이나마이트(dynamite)로 번역되어 폭발하는 힘을 표시하게 되었다. 편저자 주]이며, 이를 위한 적절한 절차는 '유대인에게 먼저' 가는 것이다. 지배적인 동사인 '이다'(is)는 현재형으로 지속적인 행동을 강조하며, 이 동사는 복음이 하나님의 능력이라는 것과 함께, 복음이 '유대인에게 먼저'라는 것까지 통제한다. 따라서 이 말씀을 복음이 그 의미상 유대인에게 먼저 주어졌지만 지금은 더 이상은 그렇지 않다거나, 오직 사도의 시대 동안에는 진실이었다고 역사적으로 해석하면 절대 안 된다. 왜냐하면 그런 해석은 복음이 과거에는 하나님의 능력이었지만, 지금은 더 이상 아니라고 하는 것과 똑같은 것이기 때문이다. 따라서 "먼저는 유대인에게요"에 대한 일관된 해석은, "만약 복음이 언제나 구원을 위한 하나님의 능력이라면, 언제나 복음은 먼저 유대인에게 전해져야 한다"는 것이다.

바울이 영어의 '먼저'(first)라는 단어로서 사용한 헬라어는 '프로스토스'의 중성형인 '프로톤'이다. 짐 시블리(Jim Sibley)는 이 '프로톤'에 대해 다음과 같은 의견을 내놓는다["Some Notes on Romans 1:16" (unpublished article), 1].

구절의 의미 설명: '첫째는'

표준헬라어 어휘사전은 이 구절에서 '첫째는'이라고 번역된 단어에 대해, '…정도에서 처음 위치, 무엇보다 높은, 특별히'라고 말하고 있다. 바울은 '첫째는'을 우선순위만큼 시간에 대한 것으로는 사용하고 있지 않다. 그는 같은 단어를 로마서 2장 9-10절에서 두 차례 더 사용한다. 같은 단어가 마태복음 6장 33절과 사도행전 3장 26절에도 사용되었다.

구절의 의미 설명: 현재형

로마서 1장 16절에서 분명한 현재형의 사용 또한 중요하다. 헬라어와 영어에는 보편적인 진리를 표현할 때 사용하는 현재형의 특별한 용법이 있다. 예를 들면 우리가 "정직이 최선의 정책이다"라고 이야기할 때, 우리는 그것이 '항상' 최선의 정책이라는 것을 의미한다. 바울이 "복음은 모든 믿는 자에게 구원을 주시는 하나님의 능력이 됨이라 먼저는 유대인에게요 그리고 헬라인에게로다"라고 말했을 때, 그는 '보편적인 진리'를 언급하고 있는 것이다. 우리가 '먼저는'에 대한 의미와 이 구절에 있는 현재시제의 중요성에 기초하여 이 두 가지 해명들을 이끌어내기를 원한다면, "복음이 구원을 주시는 하나님의 능력이라고 말하는 것에 있어서, 그것은 특별히 유대인들을 위해서 그렇다는 것이고, 또한 이방인들을 위해서도 그렇다는 것임"을 언급해야 할 것이다.

제5장
로마서에서 "먼저는 유대인에게"가 어떻게 전개되고 있는가?

글: 마크 세이프리드(Mark A. Seifrid)
옮김: 김진섭

"그러므로 하나님의 인자하심과 준엄하심을 보라 넘어지는 자들에게는 준엄하심이 있으니 너희가 만일 하나님의 인자하심에 머물러 있으면 그 인자가 너희에게 있으리라 그렇지 않으면 너도 찍히는 바 되리라 그들도 믿지 아니하는 데 머무르지 아니하면 접붙임을 받으리니 이는 그들을 접붙이실 능력이 하나님께 있음이라 네가 원 돌감람나무에서 찍힘을 받고 본성을 거슬러 좋은 감람나무에 접붙임을 받았으니 원 가지인 이 사람들이야 얼마나 더 자기 감람나무에 접붙이심을 받으랴"

(롬 11:22-24).

영세교회를 내방한 하임 호센 주한 이스라엘 대사 일행과 기념 촬영

복음 전도에 대한 자격 부여

바울은 로마교회에 있는 이방인 신자들을 향해 당시 진행되고 있던 '유대인들에 대한 복음 증거'[고대 유대교의 유일신론에 대한 변이 현상으로서의 하나님과 나란히 예수를 경배하는 운동(래리 허타도-Larry W. Hurtado)의 《주 예수 그리스도》(Lord Jesus Christ) 편저자 주]가 바로 복음 소망의 핵심적 부분임을 매우 분명하게 밝히고 있다.

"그들을 버리는 것이 세상의 화목이 되거든 그 받아들이는 것이 죽은 자 가운데서 살아나는 것이 아니면 무엇이리요"(롬 11:15).

그런데 이것은 바울시대의 수신자에게만 해당되는 소망이 아니다. 오히려 이것은 지속적인 소망이며, 현재에도 영향을 미치고 있다. 이방인의 사도인 바울은 그의 사역을 통해 자기 자신의 백성을 질투케 하여 그들 중 '얼마'[티스-'어떤'(사람 또는 사물) 편저자 주]를 구원하기를 원했다(롬 11:14). 따라서 이방인에 대한 사도적 사명은 그것과는 또 다른 어떤 한 목적을 이루는 데 있음이 분명하다. 그것은 다름 아닌 구원을 위한 하나님의 능력으로서의 복음은 여전히 "먼저는 유대인에게, 그리고 헬라인에게"라는 원칙이다(롬 1:16).

그런데 바울이 자신의 복음에서 소개한 "먼저는 유대인에게"라는 복음 전도에 대한 이런 자격 부여는 이방인 가운데서 일어난 하나님의 놀라운 역사로 인해 뒤집혀지지 않는다. 로마서 11장 25-27절에서 바울의 논의는 그 안에서 하나님의 계획이 완성된 시온으로부터 이루어지는 구원자의 오심에 근거하고 있다. 이스라엘의 메시아로서 예수는 그 나라의 구원을 상징한다. 이방인이 구원에 들어오게 된 것은 '이스라엘의 전망적(proleptic) 구원'으로 인함이다. 따라서 이방인 신자들인 우리는 할례 받지 않은 아브라함의 후손이지만(롬 4:9-12) 원래 약속의 언약들에 대해서는 외인인 이방인에게(엡 2:12 편저자 주) 복음은 어떤 '타자성'(otherness)을, 즉 우리가 복음 안에 참여함이 창조주의 선물이라는 불가피성을 여전히 가지고 있다.

바울은 로마에 있는 이방인 가정교회들에게 쓴 글의 초반부터 이 '타자성'을 강조하고 있다. 그들에게 이르렀던 복음은 다음과 같은 것이다.

> "이 복음은 하나님이 선지자들을 통하여 그의 아들에 관하여 성경에 미리 약속하신 것이라 그의 아들에 관하여 말하면 육신으로는 다윗의 혈통에서 나셨고"(롬 1:2-3).

따라서 국외자(outsider)로서 이방인들을 향한 구원의 좋은 소식은 하나님께서 약속하신 다윗 왕족의 혈통에서 나신 분을 통해 주어진 것이다. 로마서의 마지막 부분에서는 시편과 모세오경에서 말씀하시는 부활하신 메시아의 목소리를 통해 이 선물이 '외인'(外人)들에게 주어지고 있음을 바울은 듣고 있다(롬 15:9-11).

> "여호와여 이러므로 내가 이방 나라들 중에서 주께 감사하며 주의 이름을 찬송하리이다"(시 18:49).

> "너희 민족들아 주의 백성들과 즐거워하라"(신 32:43, 70인역).

> "너희 모든 나라들아 여호와를 찬양하며 너희 모든 백성들아 그를 찬송할지어다"(시 117:1).

이러한 바울의 연속된 인용구가 시작되는 시편 18편 1-50절(참조. 삼하 22:2-51)에 따르면, 열방이 구원에 들어가려면, 오직 이스라엘에 정복당한 대적이나 유대인이 되는 방법 밖에는 다른 방법이 없었다(시 18:43-50). 그런데 어떤 의미에서 동일한 내용이 바울이 인용한 이사야의 글에서도 나온다. 이방인들은 이제 그들을 신령하게 다스리시기 위해 일어나는 이새의 후손인 '새로운 다윗'(예수 편저자 주)께 그들의 희망을 둘 수 있게 되었다(롬 15:12; 사 11:10).

그런데 위에서 언급한 로마서의 서두와 결론 부분은 다윗의 약속된 후손을 통한 '괄호문구'(핵심은 아니고 부차사항이지만 그럼에도 불구하고 무시할 수 없는 사항 편저자 주)로서의 역할을 한다. 그러한 구조는 먼저는 유대인을 위한 것으로서 복음의 타협할 수 없는 특수성을 강조하지만, 그럼에도 불구하고 동시에 이방인의 구원도 포함한다.

예수 안에서의 독특성과 보편성

그러나 여기서 우리가 유의할 것이 있다. 그것은 이방인들이 이렇게 유대인들과 함께 구원에 참여한다고 해서, 모든 문화적 독특성이 사라지는 가운데, 비(非)구별적이 되면서, 특색 없는 보편주의를 낳고 있는 것은 아니라는 사실이다. 오히려 반대로 이 일을 오직 부활하신 메시아를 통해 철저히 분리되어 있었던 유대인과 이방인이 하나가 되어지는 의미의 극적인 '연합'이 되어지고 있다(혼합이나 흡수통합이 아닌 편저자 주). 바벨탑으로 인해 시작된 인종과 나라와 언어의 차이가 예수 안에서 극복된 것이다(참조. 창 11:1-9; 행 2:1-13 편저자 주). 이런 이유 때문에 바울은 '한 입으로' 함께 영광을 돌릴 수 있게 되었다고 말할 수 있었다(롬 15:5-6). 만약 이 경우 유대인과 이방인의 문화적 차이와 육신적 속성이 사라졌더라면 굳이 메시아 안에서 그들의 연합을 축하할 이유가 없었을 것이다(롬 15:1-4).

바울이 아브라함과 유대인 사이만 아니라, 아브라함과 이방인 사이의 연속성도 강조하는 동일한 역학구조가 로마서 4장에 등장한다. 즉 아브라함과 같이 이방인들도 무할례자였을 때 믿게 되었다는 것이다(롬 4:11). 할례자들 역시 아브라함의 믿음의 자취를 따르지 않는다면, 그들에게 할례를 준 아브라함이 그들의 조상이라고 주장할 수 없다(롬 4:12). 그러나 이러한 이방인과 유대인 사이의 자리바꿈이 절대적이거나 모두를 아우르는 것은 아니다. 이 구절에서 바울은 믿는 이방인들은 후손이 되고, 믿지 않는 유대인들은 제외되는 '믿음의 우선순위'를 강조하고 있다. 그러나 그럼에도 불구하고 비록 이방인들이 아브라함의 후손에 포함되었을지라도, 그 믿음은 여전히 '이스라엘의 우선권'이 남아있다는 전제 속에서 아브라함에게 주신 하나님의 약속에 대한 응답일 뿐이라는 사실을 잊지 말아야 한다(창 12:3하, "땅의 모든 족속이 너로 말미암아 복을 얻을 것이니라 하신지라"에 대한 응답 편저자 주).

이스라엘의 우선권은 로마서 4장에서는 암시되어 있을 뿐이지만, 로마서 11장 28절 하반절("택하심으로 하면 조상들로 말미암아 사랑을 입은 자라")에서는 확실하게 표현되고 있다. 따라서 우리 이방인들이 믿어온 복음은 예수께서 죽음에서 부활하심으로 성취된 아브라함에게 주신 약속에 근거할 뿐이다(롬 4:23-25). 부활하신 주님이신 이 예수께서는 바로 약속된 다윗의 후손이시며(롬 1:2-4), 이 후손이신 예수 안에서 독특성과 보편성은 각각 서로를 제한하거나 줄이지 않고 만날 수 있게 되었다.

따라서 유대인과 이방인들은 이 땅에서의 정체성에서는 하나가 되지 않지만, '메시아이신 예수 안에서'는 하나가 된다. 구원은 창조주이신 메시아와 '죽은 자를 살리시며 없는 것을 있는 것처럼 부르시는 이'(롬 4:17)이신 그분을 인정하고 감사를 드리는 것뿐이다. 아브라함의 소망은 '바랄 수 없는 중에 바라는 것'으로 인간의 이성과 인간의 능력을 넘어서는 것이다(롬 4:18). 다른 말로 하면 오직 예수 안에서만 유대인과 이방인이 결합되는 것이 사도 바울이 전하는 복음의 핵심이다. 따라서 그의 메시지는 모든 대체신학에 도전하고 있다.

또한 그의 메시지는 창조주의 행위를 연대순으로 추적하는 모든 시도에 대해서도 도전하고 있다. 바울에 따르면 모든 사람을 다루는 하나님의 구원의 행위는 우리의 인종적, 문화적, 정체성을 포함하는 피조물로서 모든 것을 포괄한다는 것이다. 마찬가지 방법으로 예수를 통해 하나님을 우리의 창조주로 고백함으로 얻어지는 우리의 구원은 우리의 현 위치에서 우리가 하나님의 피조물임을 시공간적으로 시인할 것을 필연적으로 요구한다. 바울의 이방인 수신자들에 대해 말하자면 로마서 9-11장들에 대한 바울의 근본목적들 중의 하나는 이스라엘 백성과 비교하여 이방인들이 자신들에 대한 이런 진리를 깨달아 볼 수 있도록 하려는 것임이 종종 간과되고 있다.

복음 전도에 있어서의 이스라엘 우선성

　이러한 맥락에서 우리는 로마서 11장 후반부에서 바울이 이방인 독자들을 향해 경고하는 말씀을 경청해야 한다. 우리 이방인들은 우리가 '모든 것의 마지막'이라고 생각하지 말아야 한다(롬 11:11-36). 이스라엘과 열방은 하나님의 구원목적을 이루기 위해 그분의 손에 들려 예측하지 못하고 측량하기 힘든 방법으로 사용되는 도구일 뿐이다. 이방인에게 주어진 구원은 이스라엘을 질투케 하여, 궁극적으로 그들을 구원케 하기 위함이다(롬 11:11).

　열방을 향한 사도적 선언은 '온 이스라엘의 구원'이라는 더 큰 목적을 위한 도구로서 나타나고 있다. 이방인들은 돌감람나무의 가지들일 뿐이며, 하나님의 측량할 수 없는 은혜로 이스라엘이라는 뿌리와 줄기에 접붙임을 받게 된 것이다(롬 11:17). 우리가 그 뿌리를 보전하는 것이 아니라, 그 뿌리가 우리를 보전한다(롬 11:18). 우리를 위한 공간을 만들기 위해 잘려진 가지들인 믿지 않는 이스라엘은 사실상 하나님의 손에 의해 그 원나무에 다시 접붙임을 받을 것이며, 조상들에게 약속된 구원을 함께 누리게 될 것이다(롬 11:22-24, 25-32).

로마서 11장에서 바울은 이스라엘에 의해 인종적, 그리고 문화적인 관점에서 이스라엘을 총체적으로 말하고 있다. 이러한 이유로 이방인들을 '너'라는 단수로 표현하게 되었고(이방 나라와 민족이 아무리 많다 해도, 이방 나라와 민족은 이스라엘 나라나 유대 민족과는 1:1이라는 뜻으로 편저자 주) 이스라엘의 잘려진 가지들이 다시 그들의 원감람나무에 접붙임을 받게 되는 것은 단순한 시간상의 문제라고 말할 수 있게 되었다(롬 11:18-24). 바울은 하나님의 피조물로서 우리가 근본적으로 인종적, 문화적 그리고 보이지 않게 묶인 국가적 정체성 등으로 형성되어 있음을 알고 있다. 사실 우리 각자는 인간적인 수단을 통해 우리의 창조주로부터 우리의 시간과 장소를 받아 누리고 있다. 바울은 계속해서 우리의 '문화적 정체성'은 그것 자체가 잘못된 것이 아니지만, 쉽게 복음을 위협하는 것이 될 수 있다고 인정한다. 이 때문에 그는 이방인들에게 경고하는 것이다. 그리고 그 경고가 바로 "우리의 문화적, 인종적, 그리고 국가적 정체성에 대해 자랑할 것이 전혀 없다"는 로마서 11장의 요지인 것이다.

사실 우리가 지금 서 있을 수 있다고 말할 수 있다면, 그것은 우리가 믿음으로 서 있다는 것이다. 우리는 이러한 무조건적이고 설명할 수 없는 인자하심을 인정할 때에만 하나님의 선하심에 남아있을 수 있다(롬 11:22). 만약 우리가 이 믿음을 저버린다면 우리 이방인들은 이전의 이스라엘과 같이 넘어져 구원으로부터 끊어질 것이다(롬 11:22). 사실 바울은 이방인들이 끊겨질 어떤 때, 말하자면 이방인에 대한 선교의 끝이 올 어떤 때가 다가오고 있음을 언급하고 있다(롬 11:22). 하나님의 목적을 위해 선포된 복음에 대한 이스라엘의 거부는 열방에 대한 하나님의 받아들이심이 되었다. 그리고 바울에 따르면, 이스라엘의 구원은 죽은 자를 살아나게 하며 이 세상의 끝을 가져올 것이다(롬 11:15; 이런 이유로 이스라엘의 회복과 구원을 전제하지 않고서는 세상의 종말과 예수의 재림을 말할 수 없다. 편저자 주).

따라서 이스라엘이 불순종한 기간은 하나님의 긍휼의 복음이 이방인에게로 확장된 기간이 되었던 것이다(참고. 눅 21:24 편저자 주). 당분간은 온 이스라엘 백성의 구원을 주시지 않았지만, 선조들에게 주신 약속 때문에 하나님께서는 여전히 그들을 사랑하고 계신다(롬 11:28-29). 따라서 이 세상의 마지막 때는 열방에 속한 것이 아니라, 하나님께 속한 것이다. 그리고 그때는 약속하신 대로 부활하신 메시아를 통해 온 이스라엘에게 구원을 허락하실 때다.

유대인과 이방인 모두를 걸려 넘어지게 하는 돌로서의 복음의 말씀(고전 1:22-24 편저자 주)은 바로 하나님과 이스라엘에게 주신 하나님의 약속에 대한 성취다(고전 1:18-25, 참조. 고후 1:20). 그 이전에 있었던 예언자들과 마찬가지로 바울이 이해했던 것은 하나님께서는 예언자들을 통해 약속하신 구원은 심판으로'부터'(from)가 아니라, 심판이라는 수단을 '통한'(through), 수단에 '의한'(by) 구원이었다. 이스라엘과 유다의 예언자들이 선포한 과거의 파괴와 유배는 그의 백성에 대한 하나님의 은혜를 기억케 하기 위한 수단이었다.

그러나 이스라엘을 무너뜨리신 후 하나님께서는 그것을 새롭게 하시겠다고 약속하셨다. 그리고 이스라엘은 마땅히 주님을 사랑하고 찾아야만 하는 그 새로운 시작, 새로운 출애굽과 광야에서의 방랑으로 다시 되돌려져야 했다(호 2:1-23). 이에 예루살렘은 '연단하는 불'로써 그 죄악을 제거해야 했다(사 1:1-31). 이새의 싹은 그루터기에서 나와 하나님의 심판의 자취에서도 남겨졌다(사 11:1; 롬 15:12).

새로운 다윗인 그 잘려진 어린 가지는 이전에 제거된 왕조를 대체하게 된다. 하나님의 심판이 아닌 하나님의 긍휼에 의한 '새 창조'의 예언적 신학이 로마서 9-11장의 이스라엘에 대한 바울의 논의를 이끌고 있다. 그런데 이사야가 말한 심판에 대한 하나님의 말씀은 이스라엘이 복음을 거부함으로 성취되었다. 이 심판의 결과로서 만약 하나님께서 남은 자를 보존하시지 않았다면 그 나라는 소돔과 고모라 같이 사라졌을 것이다(롬 9:27-29; 사 1:9, 10:22, 28:22).

이스라엘의 남은 자와
온 이스라엘의 구원

　그러나 하나님께서는 이 걸림돌로 이스라엘이 '넘어지기까지 실족하도록' 의도하신 것은 아니다. 이사야의 신학에서 특히 분명하게 나타난 것처럼 '남은 자의 보존'은 '그 나라의 회복'을 암시한다(예를 들어 다음 구절을 보라. 사 5:13, 10:20-23, 11:11-16, 37:30-32, 41:8-17, 43:14-21, 51:1-3). 모세가 예언한 것처럼, 하나님께서는 '백성이 아닌 자'로 이스라엘을 질투나게 하여 그들을 구원하고자 하신 것이다(롬 10:19, 11:11, 14).
　하나님께서는 예지하고 계셨던 자기의 백성을 버리신 것이 아니다(롬 11:1-2). 그보다 예언자들이 예언한 이스라엘의 유배는 복음에 대한 그들의 거부에서 종말론적으로 재요약되었다. 그래서 이스라엘의 현재 마음이 완고한 것은 그 구원의 전조인 것이다. 이스라엘이 과거에 그랬던 것처럼 구원을 받기 위해서는 '아무것도 아닌 나라'로 쇠약하게 되어져야 했다. 역설적이지만 그러한 방식이 참으로 유일하게 하나님께서 구원을 주시는 유일한 방식이다. 결국 이스라엘의 구원은 경건치 않은 자를 의롭다 하시는 것이 될 것이고, 반드시 그래야만 했다.

바울이 예언자들을 인용한 말씀을 다시 인용해 본다.

"그리하여 온 이스라엘이 구원을 받으리라 기록된 바 구원자가 시온에서 오사 야곱에게서 경건하지 않은 것을 돌이키시겠고 내가 그들의 죄를 없이 할 때에 그들에게 이루어질 내 언약이 이것이라 함과 같으니라"(롬 11:26-27, 참조. 사 27:9, 59:20; 렘 31:33).

구원은 심판을 통해서만 나온다. 이 방법을 통해(부분적으로 굳어진 이스라엘의 현재를 통해) 온 이스라엘이 구원을 받을 것이다(롬 11:25-26). 이것이 바로 그의 거역하는 백성에 대한 창조주로서 그분의 권리를 다시 세우시는 창조주 하나님의 역사다. 바울은 다음과 같이 정확하게 로마서에 기록한 그의 메시지를 요약하고 있다.

"이와 같이 이 사람들(이스라엘)이 순종하지 아니하니 이는 너희(이방인들)도 긍휼을 얻게 하려 하심이라 하나님이 모든 사람(이스라엘과 열방)을 순종치 아니하는 데 가두어 두심은 모든 사람에게 긍휼을 베풀려 하심이로다"(롬 11:31-32).

따라서 구원을 위한 이스라엘의 길은 반드시 심판을 통과해야 한다. 하나님께서 이스라엘의 선조 가운데 경건하지 않던 아브라함을 의롭게 하신 것과 같이 모든 것의 마지막에 하나님께서 육체를 따라 아브라함의 후손들을 의롭게 하실 것이다(롬 4:5).

우리는 바울이 이것을 말할 때 '온 이스라엘'(파스 이스라엘 편저자 주)

을 염두에 있음을 기억해야 한다. 사실 로마서의 이 부분을 시작하면서부터, 골육인 백성 모두를 향한 그의 갈망은 '애통'으로 얼룩지고 있으며, 그것은 로마서 전체에서도 그의 주장들의 동기가 되고 있다. 하나님의 심판을 외친 이사야와 동일하게 바울도 이스라엘에 대해 외친다(롬 9:27; 사 10:22-23). 바울은 하나님께서(이전과 같이 지금도) '보존하신 남은 자들'과 '그 나라 전체' 사이에 명확한 구분을 두고 있다.

> "그런즉 어떠하냐 이스라엘이 구하는 그것을 얻지 못하고 오직 택하심을 입은 자가 얻었고 그 남은 자들은 우둔하여졌느니라"(롬 11:7).

바울의 소망은 단지 남은 자의 지속적 보존에 대한 것만이 아니다. 더 나아가 그의 이방사역이 영향을 미칠 '온 이스라엘의 구원'(롬 11:25-27, 11:14-15)이다. 감람나무의 비유는 이러한 이해를 전제하고 있으며, 이 때문에 잘려진 가지들이 여전히 '거룩하다'[히브리어에서 '거룩'은 일차적으로 질(quality)의 문제가 아니라, 차이(difference)의 문제다. 거룩은 히브리어로 '카도슈'인데, 그 의미는 '특별히 사용하기 위해 따로 둔(put aside) 무엇'이라는 것이다. 하나님께서는 이스라엘을 성별하셨다. 그래서 그는 이스라엘이 다른 민족과 비슷해지지 못하도록 하는 계명들로 그들을 둘러싸신 것이다.-골란 라쏜(Goran Larsson)의 《기독교와 유대교와의 대화》(The Jews! Your Majesty) 편저자 주]. 따라서 본질상 그들의 것이었던, '그 나무에 다시 접붙임을 받게 될 그들의 미래'에 대해 바울은 말할 수 있었다(롬 11:17-24).

이스라엘은 현재 부분적으로 우둔해져 있다. 그러나 국가적이고,

민족으로서의 이스라엘은 마침내 구원을 받게 될 것이다. 그런데 그 '온 이스라엘의 구원'은 복음의 선포에 의해서가 아니라, "하나님의 새롭고, 최종적인 역사"에 의해 시온에서 구원자가 오실 때 이루어질 것이다(롬 11:26; 물론 그렇다고 우리 이방교회가 몇몇 유대인이라도 구원을 얻도록 힘쓰는 노력을 포기하라는 뜻은 아니고, 다만 역사의 마지막에서 온 이스라엘의 구원의 역사를 위한 최종 마무리는 문자 그대로 하나님에 의해서만 이루어질 것이라는 뜻이라고 생각한다. 편저자 주). 자신을 '만삭되지 못하여 난 자' 같다고 소개한 바울과 같이, 이스라엘은 부활하신 주님의 나타나심을 통해 구원을 받게 될 것이다(고전 15:8). 그러나 바울은 모든 시대에 모든 유대인들이 다 구원을 누리게 될 것이라고 기대하지는 않았다. 로마서 9장 1-5절에 나타난 그의 그치지 않는 고통과 골육친척 중 얼마를 구원하기 위한 그의 노력은 그들 중 일부를 잃어버렸음을 시인하는 것이다. 물론 메시아가 오시는 시간은 계산할 수 없는 것이며, 어떤 특정한 세대에게도 보증된 것은 아니다. 그러나 이제 바울은 하나님께서 그 종말론적인 약속인 '온 이스라엘의 구원'을 기대한다.

제6장
사도행전에는 "먼저는 유대인에게"가 어떻게 나타나고 있는가?

글: 아놀드 프룩텐바움(Arnold G. Fruchtenbaum)
옮김: 김진섭

"사흘 후에 바울이 유대인 중 높은 사람들을 청하여 그들이 모인 후에 이르되 여러분 형제들아 내가 이스라엘 백성이나 우리 조상의 관습을 배척한 일이 없는데 예루살렘에서 로마인의 손에 죄수로 내준 바 되었으니 로마인은 나를 심문하여 죽일 죄목이 없으므로 석방하려 하였으나 유대인들이 반대하기로 내가 마지 못하여 가이사에게 상소함이요 내 민족을 고발하려는 것이 아니니라 이러므로 너희를 보고 함께 이야기하려고 청하였으니 이스라엘의 소망으로 말미암아 내가 이 쇠사슬에 매인 바 되었노라"

(행 28:17-20).

텔아비브 두깃센터에서 유대인 아비 미즈라히 목사와 함께.

"도리어 그들은 내가 무할례자에게 복음 전함을 맡은 것이 베드로가 할례자에게 맡음과 같은 것을 보았고 베드로에게 역사하사 그를 할례자의 사도로 삼으신 이가 또한 내게 역사하사 나를 이방인의 사도로 삼으셨느니라 또 기둥같이 여기는 야고보와 게바와 요한도 내게 주신 은혜를 알므로 나와 바나바에게 친교의 악수를 청하였으니 우리는 이방인에게로 그들은 할례자에게로 가게 하려 함이라"(갈 2:7-9).

바울의 말이다. 여기에 따를 때 두 가지 기본적인 선교가 있다. 그것은 지역선교와 해외선교가 아니라, '유대인 선교와 이방인 선교'다(행 1:8에 나오는 '예루살렘과 온 유다와 사마리아와 땅 끝까지'를 두 가지로 구별하면 예루살렘, 유다, 사마리아는 하나로 묶어 유대인 선교로, 땅 끝까지는 이방인 선교로 규정된다. 편저자 주). 이런 이유로 할례자의 사도직과 무할례자의 사도직이 있는 것이다. 그러나 이방인을 위한 사도조차도 항상 '유대인에게 먼저' 나아갔다. 로마서 1장 16절 하반절이 이렇게 이해될 때에만, 사도행전에 나타난 바울의 행동(행적)이 좀 더 잘 이해될 수 있다. 사도행전과 같은 역사서들로부터 신학을 이끌어내지 않도록 주의해야 하지만, 그러한 역사서는 교리를 예시하기 위해 사용될 수 있다. 로마서 1장 16절의 교리적 서술은 복음이 유대인에게 먼저, 그리고 헬라인을 위함이라는 것이다. 사도행전은 이러한 교리적 요점을 나타내는 많은 사건들을 포함한다.

살라미, 비시디아 안디옥, 이고니온, 아덴에서의 유대인 전도

이방인을 위한 바울의 본격적인 전도 시작은 사도행전 13장 2-3절에서 발견된다.

"주를 섬겨 금식할 때에 성령이 이르시되 내가 불러 시키는 일을 위하여 바나바와 사울을 따로 세우라 하시니 이에 금식하며 기도하고 두 사람에게 안수하여 보내니라."

그러나 바울(로마식 이름, 사울-유대식 이름 편저자 주)은 사도행전 13장 4-5절과 14절에서 계속적으로 유대인에게 먼저 나아가고 있다.

"두 사람이 성령의 보내심을 받아 실루기아에 내려가 거기서 배 타고 구브로에 가서 살라미에 이르러 하나님의 말씀을 유대인의 여러 회당에서 전할새 요한을 수행원으로 두었더라."

"그들은 버가에서 더 나아가 비시디아 안디옥에 이르러 안식일에 회당에 들어가 앉으니라"

바울은 바나바와 함께 안디옥 회당에서 복음을 가르친 이후 두 번째 기회를 갖게 되었는데 비시디아 안디옥의 대다수 유대인들에 의해 거부당한 이후 사도행전 13장 46절에서 다음과 같이 말한다.

"바울과 바나바가 담대히 말하여 이르되 하나님의 말씀을 마땅히 먼저 너희에게 전할 것이로되."

여기서 "하나님의 말씀을 마땅히 먼저 너희에게 전할 것"이라는 핵심 어구를 놓쳐서는 안 된다. 이것은 선호의 문제가 아닌 '필요의 문제'였다. 우리가 여기서 물어야 하는 질문은 '어떠한 필요로 인해 복음이 먼저 유대인에게 전해져야 하는가'이다. 단순히 이 구절에 적합하지 않다는 이유로, 그것이 하나의 역사적인 필요가 아니다. 만약 두 사람이 역사적인 순서를 따라 "먼저는 유대인에게"를 제시했다면, 그것은 하나님의 필요가 아니라 단지 바울 편에서 하나의 선택이 되었을 것이다. 그러나 이것은 로마서 1장 16절에 비춰볼 때, 신학적인 필요로서 해석되는 것이 최선이다.

따라서 복음이 비시디아 안디옥에 있는 유대인에게 먼저 제시되어야 하는 것은 교리적이고 신학적인 필요에서였는데, 그러고 나서야 바울은 본 구절에서 자기가 언급하는 대로 이방인에게 나아갈 수 있었다. 그리고 사도행전 14장 1절과 16장 11-13절에서 보여지는 것과 같이 그가 비시디아 안디옥을 떠났을 때도 그는 다시 유대인에게 먼저 나아갔다.

"이에 이고니온에서 두 사도가 함께 유대인의 회당에 들어가 말하니 유대와 헬라의 허다한 무리가 믿더라"(행 14:1).

빌립보, 데살로니가, 베뢰아, 아덴에서의 유대인 전도

"우리가 드로아에서 배로 떠나 사모드라게로 직행하여 이튿날 네압볼리로 마게도냐 지방의 첫 성이요 또 로마의 식민지라 이 성에서 수일을 유하다가 안식일에 우리가 기도할 곳이 있을까 하여 문 밖 강가에 나가 거기 앉아서 모인 여자들에게 말하는데"(행 16:11-13).

사도행전 16장 11-13절은 바울의 로마서 1장 16절의 원칙을 주의 깊게 따랐는지에 대한 좋은 예다. '안식일에 기도할 곳'의 의미는 이것이 유대인의 기도모임이 있다는 것을 의미한다. 보통 바울은 선교할 도시에 도착하면 즉시 회당에 갔으나 당시 빌립보에서는 그곳의 유대 공동체가 회당을 유지하기에는 재정적으로 부족할 정도로 너무 작아서 그렇게 하지 못했다.

유대 전통에 의하면 만약 유대 공동체가 회당을 운영하기에 너무 작다면 유대인들은 안식일 예배를 위해 물가에 모였다[참조–공동기도를 위해 최소한 성인 남자 10명이 요구됨을 '민얀'(Minyan, 계수하다)이라 불렀다. 편저자 쥐. 이것을 알고 있던 바울은 복음이 반드시 먼저 유대인에게 전해져야 한다는 것도 우선 알고 있었기 때문에, 어떤 새로운 곳에 가서 복음을 전할 때, 안식일까지 기다렸다. 그래서 그는 '작은 유대인 모임'을 발견하고 그들에게 복음을 전했다. 이어서 데살로니가, 베뢰아, 아덴에서는 안식일에 회당을 찾아 먼저 유대인에게 복음을 전했다.

> "그들이 암비볼리와 아볼로니아로 다녀가 데살로니가에 이르니 거기 유대인의 회당이 있는지라 바울이 자기의 관례대로 그들에게로 들어가서 세 안식일에 성경을 가지고 강론하며"(행 17:1-2).

> "밤에 형제들이 곧 바울과 실라를 베뢰아로 보내니 그들이 이르러 유대인의 회당에 들어가니라"(행 17:10).

> "바울이 아덴에서 그들을 기다리다가 그 성에 우상이 가득한 것을 보고 마음에 격분하여 회당에서는 유대인과 경건한 사람들과 또 장터에서는 날마다 만나는 사람들과 변론하니"(행 17:16-17).

고린도, 에베소, 로마에서의 유대인 전도

"그 후에 바울이 아덴을 떠나 고린도에 이르러…안식일마다 바울이 회당에서 강론하고 유대인과 헬라인을 권면하니라"(행 18:1-4).

"에베소에서 와서 그들을 거기 머물게 하고 자기는 회당에 들어가서 유대인들과 변론하니"(행 18:19).

"아볼로가 고린도에 있을 때에 바울이 윗지방으로 다녀 에베소에 와서 어떤 제자들을 만나, 바울이 회당에 들어가 석 달 동안 담대히 하나님 나라에 관하여 강론하며 권면하되"(행 19:1, 8).

"우리가 로마에 들어가니 바울에게는 자기를 지키는 한 군인과 함께 따로 있게 허락하더라 사흘 후에 바울이 유대인 중 높은 사람들을 청하여 그들이 모인 후에 이르되 여러분 형제들아 내가 이스라엘 백성이나 우리 조상의 관습을 배척한 일이 없는데 예루살렘에서 로마인의 손에 죄수로 내준 바 되었으니"(행

28:16-17).

"바울이 아덴에서 그들을 기다리다가 그 성에 우상이 가득한 것을 보고 마음에 격분하여 회당에서는 유대인과 경건한 사람들과 또 장터에서는 날마다 만나는 사람들과 변론하니"(행 17:16-17).

이것은 바울의 절차를 정확하게 보여주는 또 다른 좋은 예 중의 하나다. 그는 아덴에 도착해 그 도시가 우상숭배로 가득한 것을 보았다. 이에 격분하여 우상을 섬기는 사람들과 논쟁했다. 그런데 그 때 우상을 섬기던 사람들은 유대인은 아니었다. 왜냐하면 우상숭배는 바벨론 유수로 인해 대체적으로 더 이상 유대인들의 문제가 되지는 않았기 때문이다. 오히려 이방인들이 이러한 우상들을 섬겼고 이러한 이방인들을 향해 바울이 격분하여 변론한 것이다. 그러나 로마서 1장 16절의 원칙은 유지되어야 했다. 사도행전 17장 17절에 따르면 바로 그런 이유로 그는 유대인에게 먼저 나아갔고, 그러고 나서 이방인에게로 나아갔다(18절).

"형제들아 내가 이스라엘 백성이나 우리 조상의 관습을 배척한 일이 없는데 예루살렘에서 로마인의 손에 죄수로 내준 바 되었으니"(행 28:17 하).

여기서 보면 바울은 죄수의 처지였고, 로마에 있는 회당에 갈 수가 없었다. 따라서 그는 복음을 먼저 전하기 위해 로마의 유대 지도자들을 그의 감옥으로 청하였다. 이렇게 사도행전의 바로 마지막 기록에서도 보면, 바울은 복음을 유대인에게 먼저 전하고 있다. 그가 교회를 이미 세운 도시에 들어갔을 때조차도, 그는 먼저 유대인에게 나아갔던 것을 보게 된다.

이상과 같이 사도행전의 모든 곳에서 보면 그 이방인을 위한 사도인 바울은 나중에는 이방인에게 나아갔지만, 항상 처음에는 유대인에게 먼저 나아갔다. 왜 그랬는가? 그것은 바로 로마서 1장 16절의 교리적 선언 때문이었다. 복음은 그것이 어디로 나아가든지, 그리고 어떠한 수단으로 나아가든지 먼저 유대인에게로 나아가야 한다. 이것은 적극적이거나 소극적이거나 모든 복음 전파에 적용된다.

소극적 유대인 전도와
"먼저는 유대인에게"

따라서 적극적인 복음 전파는 사람들이 복음 전파를 위해 나아갈 때, "먼저는 유대인에게 가는 것"과 같은 전도자의 일을 수반한다. 사도행전의 이러한 예들은 적극적인 복음 전파의 실례다. 그런데 그 원칙은 복음 전도 사역을 하는 사람들을 돕는 '소극적인 방법의 복음 전파'에도 해당된다. 이러한 예는 로마서 15장 25-27절에서 발견된다.

"그러나 이제는 내가 성도를 섬기는 일로 예루살렘에 가노니 이는 마게도냐와 아가야 사람들이 예루살렘 성도 중 가난한 자들을 위하여 기쁘게 얼마를 연보하였음이라 저희가 기뻐서 하였거니와 또한 저희는 그들에게 빚진 자니 만일 이방인들이 그들의 영적인 것을 나눠 가졌으면 육적인 것으로 그들을 섬기는 것이 마땅하니라."

무슨 뜻인가? 예루살렘 교회(모교회 편저자 주)를 위해 이방인 신자들이 연보를 모았던 것은 단순한 '기독교적 자선' 때문이 아니었다. 이방인 신자들은 '유대적인 영적 축복'들을 나누어 가지는 것이다. 이것은 자연히 이방인들을 '빚진 상태'로 만든다. 이 빚을 갚는 하나의 수단이 바로 '유대인 사역을 물질적으로 돕는 것'을 의미하는 것이었다.

"먼저는 유대인에게"와 복음의 속성

시블리(Sibley)는 로마서 1장 16절 하반절의 "먼저는 유대인에게"에 대해 다음과 같이 말했다("Some Notes on Romans 1:16", 1-2).

이 말씀에 관한 또 다른 중요한 관찰은 바울이 여기서 소위 복음 전도의 방법론을 말하기보다는 '복음의 속성'에 대해 이야기하고 있다는 것이다. 우리는 복음의 속성이 그와 같이 특별히 그리고 독특하게 유대인과 관계가 있다는 결론을 내리지 않을 수 없다.

신약성경에는 오직 두 가지의 선교만이 있다. 그것은 지역선교와 해외선교가 아닌 '유대인' 선교와 '이방인' 선교다. 대부분의 그리스도인들이 주로 이방인 가운데 살면서 섬기는 반면 아주 적은 비율의 그리스도인들만이 유대인 선교를 위해 부르심을 입었다. 이것은 당연한 것이다. 유대인 사역은 이방인 사역보다 어떠한 면에서도 우월하지 않다. 만약 하나님께서 이방인을 위한 사역에 부르셨다면 누가 그것에 반대할 수 있을까? 그러한 경우에 당신은 당신의 사역을 이방인의 사도인 다소(Tarsus)의 바울을 따라서 원할 것이다.

그런데 사실 사도행전에 나타난 바울의 관행을 보면 그가 로마서 1장 16절에서 말한 원칙의 실천을 볼 수 있다. 바울이 로마서에서 복음의 속성에 대해 이야기하면서 그는 이러한 복음의 이해가 사도행전에서 그의 사역적 절차에 얼마나 많은 영향을 미쳤는지를 보여준다. 로마서에서 그는 "먼저는"이 우선순위의 첫 번째라는 것을 강조하고 있다. 그리고 우리는 사도행전에서 유대인 전도가 첫 번째 우선순위이기 때문에, 이것이 바울의 시간적 순서의 관점에서 행하는 첫 번째 순서가 되는 것을 볼 수 있다.

로마서 1장 16절이 규범적이기 때문에 우리는 유대인 전도를 오늘날에도 선교의 우선순위에 두어야만 한다. 그러나 사도행전에서 보여지는 바울의 관행은 새로운 도시나 지역에 갔을 때, 유대인 전도를 가장 첫 번째로 해야만 하는 것이 필수적일 수도 있고, 아닐 수도 있다. 그럼에도 불구하고 우리의 행동은 하나님의 말씀에 의해 영감을 받아 계시된 복음의 속성을 여전히 반영해야 한다. 바울이 유대인들이 살지 않는 지역에 있었을 때는 자신의 유대인 전도의 우선순위를(롬 10:1과 같은) 그들의 구원을 위한 '기도'로 표현했고 유대 사역을 지원하기 위한 '재정'을 모으기도 했다(롬 15:26-27과 같이).

하나님께서는 직접 아브라함과 이삭과 야곱의 후손인 유대인들을 택하시어 인류 역사에 있어 자신의 특별한 목적을 위해 따로 떼어 놓으셨다. 이스라엘에 대한 하나님의 선택은 이스라엘에게만 아니라 온 세상의 축복이 되는 것이었다(창 12:1-3 편저자 주). 따라서 하나님의 궁극적인 목적(부분적으로라도)을 이해하기 위해서는 하나님의 놀라운 방법을 경이롭게 바라보아야 한다(롬 11:33-36).

"먼저는 유대인에게"에 대한 부인과 거기에 대한 반박

이상과 같이 말씀은 이러한 절차에 대해 매우 분명하지만 그럼에도 불구하고 많은 사람들이 이를 부인하고 있다. 이 교리를 반박하기 위해 사용되는 주요 주장은 사도행전 28장 25-28절에 근거를 둔다.

"서로 맞지 아니하여 흩어질 때에 바울이 한 말로 이르되 성령이 선지자 이사야를 통하여 너희 조상들에게 말씀하신 것이 옳도다 일렀으되 이 백성에게 가서 말하기를 너희가 듣기는 들어도 도무지 깨닫지 못하며 보기는 보아도 도무지 알지 못하는도다 이 백성들의 마음이 우둔하여져서 그 귀로는 둔하게 듣고 그 눈은 감았으니 이는 눈으로 보고 귀로 듣고 마음으로 깨달아 돌아오면 내가 고쳐 줄까 함이라 하였으니 그런즉 하나님의 이 구원이 이방인에게로 보내어진 줄 알라 그들은 그것을 들으리라 하더라."

즉 많은 사람들이 이런 결론적인 말들과 복음이 이제 이방인들에게 보내어질 것이라는 바울의 선언 등으로 인해, 복음이 더 이상 "유대인에게 먼저"가 아니라는 것과 또한 하나님께서 이제 로마서 1장 16절 하반절을 대체하기 위해 자신의 복음 전도 프로그램을 수정하셨다는 의미로 이 구절을 취하고 있다. 더구나 로마서가 사도행전 이전에 쓰여졌다는 것은 대부분의 학자들이 동의하기 때문에 그렇게 생각하고 있다.

그러나 사도행전 28장 25-28절의 말씀은 복음이 더 이상 유대인에게 먼저가 아니라거나 하나님께서 복음 전도 프로그램을 바꾸셨다는 것을 의미하지는 않는다. 사실 그 말씀의 진정한 의미는 그 말이 이루어지기 전인 다른 두 곳의 말씀과의 비교에서 발견된다.

"그 다음 안식일에는 온 시민이 거의 다 하나님의 말씀을 듣고자 하여 모이니 유대인들이 그 무리를 보고 시기가 가득하여 바울이 말한 것을 반박하고 비방하거늘 바울과 바나바가 담대히 말하여 이르되 하나님의 말씀을 마땅히 먼저 너희에게 전할 것이로되 너희가 그것을 버리고 영생을 얻기에 합당하지 않은 자로 자처하기로 우리가 이방인에게로 향하노라 주께서 이같이 우리에게 명하시되 내가 너를 이방의 빛으로 삼아 너로 땅 끝까지 구원하게 하리라 하셨느니라 하니 이방인들이 듣고 기뻐하여 하나님의 말씀을 찬송하며 영생을 주시기로 작정된 자는 다 믿더라"(행 13:44-48).

"실라와 디모데가 마게도냐로부터 내려오매 바울이 하나님의 말씀에 붙잡혀 유대인들에게 예수는 그리스도라 밝히 증언하니 그들이 대적하여 비방하거늘 바울이 옷을 털면서 이르되 너희 피가 너희 머리로 돌아갈 것이요 나는 깨끗하니라 이 후에는 이방인에게로 가리라 하고"(행 18:5-6).

사도행전 28장 25-28절의 올바른 해석을 이상의 두 부분의 사건 보도에서 보는 대로, 복음 전도 프로그램의 전체적인 변화가 아닌 '지역적인 변화'를 보여주는 이 두 말씀에서 발견된다. 첫 번째 말씀에서 비시디아 안디옥의 유대인들은 복음을 거절했고 그로 인해 이제 비시디아 안디옥에서 바울은 이방인에게 나아갈 것이다. 이어서 두 번째 말씀에서도 고린도의 유대인들이 복음을 거절하자, 바울이 고린도의 이방인들에게 향할 것을 말한다.

그러나 그가 새로운 선교지를 향해 그곳 비시디아 안디옥과 고린도를 떠났을 때 어떠했는가? "이방인에게 갈 것이라"라는 그의 선언이 있은 후에도 그는 다시 사도행전 14장과 19장에 나타나는 것과 같이 다시 유대인에게 먼저 나아가는 것을 볼 수 있다. 이와 같이, 즉 비시디아 안디옥과 고린도에서 행했던 순서대로 바울은 로마에서도 그렇게 했다. 즉 로마의 유대인들이 복음을 거부하자 바울은 로마의 이방인에게로 갔다. 이렇게 바울은 전체적으로 볼 때 결코 복음을 전하는 순서(절차 편저자 주)의 변화를 만들지 않았다. 그래서 사도행전 28장도 '유대인에게 먼저', '그리고 이방인에게'의 복음을 전하는, 이미 진행해 오던 절차의 지속을 나타낼 뿐이다. 만약 바울이 로마를 떠났다면(나는 그랬다는 것을 믿는다) 비시디아 안디옥과 고린도를 떠난 후와 같이 또다시 "먼저 유대인에게" 나아갔던 그의 관행을 지속했을 것이다.

여기에서의 교훈은 다음과 같다. 선교와 관련하여 복음은(어느 시대, 어느 장소에서나 편저자 주) 반드시 '먼저 유대인에게' 전해져야 한다.

이것은 선호의 문제가 아닌 '절차'의 문제이기 때문이다. 아브라함의 언약의 구조에서 교회는 유대인에게 먼저 복음을 전하고, 유대인들을 축복함으로써 축복을 받을 수 있다. 물론 지역교회는 복음이 강단에서 선포되고 회중이 믿음의 근본에 진실되게 서 있는 한 언제나 축복을 받을 수 있을 것이다. 그러나 어떤 축복들은 다른 조건에 기반을 두고 있다. 아브라함의 축복은 유대인에게 먼저 복음을 전함으로 유대인을 축복하는 것을 조건으로 한다. 그러면 교회는 다른 방법으로도 얻을 수 없는 축복인 '아브라함의 언약의 축복'을 얻을 수 있게 될 것이다(레 26:3-13; 신 28:1-14 편저자 주).

제7장
선교적 측면에서 "먼저는 유대인에게"를 어떻게 적용해야 하는가?

"내가 그리스도 안에서 참말을 하고 거짓말을 아니하노라 나에게 큰 근심이 있는 것과 마음에 그치지 않는 고통이 있는 것을 내 양심이 성령 안에서 나와 더불어 증언하노니 나의 형제 곧 골육의 친척을 위하여 내 자신이 저주를 받아 그리스도에게서 끊어질지라도 원하는 바로라 그들은 이스라엘 사람이라 그들에게는 양자 됨과 영광과 언약들과 율법을 세우신 것과 예배와 약속들이 있고 조상들도 그들의 것이요 육신으로 하면 그리스도가 그들에게서 나셨으니 그는 만물 위에 계셔서 세세에 찬양을 받으실 하나님이시니라 아멘"

(롬 9:1-5).

대만 성삼일 연합교회(최혁 목사 시무)의 중국의 쉰들러로 불리는 '허펑산' 이야기를 담은 뮤지컬 "생명의 도장" 공연 후 출연진, 관계자들과 함께.

선민선교회

글: 미치 글래이저(Mitch Glaser)
옮김: 김진섭

1) 태동 동기

"지난 천 년 동안 유대인 선교의 발전은 일반적으로 현대 선교운동의 등장과 연결되어 있다. 윌리엄 캐리(William Carey), 허드슨 테일러(Hudson Taylor), 그리고 많은 18-19세기의 위대한 선교 선구자들과 함께 유대인들을 위한 선교사들이 있었다"(미치 글래이저 《지난 세기 유대인 전도에서의 교훈들》 To The Jew First 편저자 주).

'선민선교회'(Chosen People Ministries)는 랍비 레오폴드 콘(Leopold Hoffmann Cohn, 헝가리계 유대인 편저자 주)이 뉴욕에서 처음으로 복음을 듣고 예수를 메시아로 영접한 후 설립하게 되었다(1884년. 일 년 후인 1885년 4월 부활주일에 한국교회 최초 공식 선교사인 언더우드와 감리교 선교사인 아펜셀러 내외가 인천 제물포항에 도착했다. 편저자 주). 사명은 전 세계에 흩어진 유대인들에게 구원의 복된 소식을 전하는 것이다. 처음에는 '유대인 선교를 위한 미국 위원회'(The American Board of Mission to the Jews)라고 불리던 것을 후에 '선민선교회'라고 부르게 되었다.

2) 목적

하나님의 선택받은 전 세계의 유대인들에게 복음을 전하는 것이 목적이다. 이것을 위해 두 갈래 접근을 하고 있다. 첫 번째 갈래는 유대인 전도에 대한 확고한 헌신이다. 선민선교회 직원들과 공동체는 전 세계에 있는 주요 유대인 인구 밀집 지역에서 유대인들에게 직접 우리의 메시아에 대한 메시지를 전달하는 데 모든 힘을 다하고 있다.

두 번째 갈래는 교회에 속한 사람들도 이와 같이 할 수 있도록 격려하고 준비시키는 것이다[설립자의 사역은 아들 Joseph Hoffmann Cohn(1866-1953)에 의해서 계승된 바 있다. 편저자 주].

3) 2대 컨퍼런스

"새천년, 첫째는 유대인에게"라는 주제의 첫 번째 컨퍼런스는 지구상에서 유대인이 가장 많이 사는 도시인 뉴욕의 카네기홀 건너편인 맨해튼 중심에 자리한 역사적인 갈보리침례교회에서 2000년 9월 23일부터 25일까지 3일간 치러졌다. 그 교회 담임목사인 데이비드 엡스타인(David Epstein)은 자신이 유대인 신자로서 토요일 밤에 큰 부흥집회로 마무리된 컨퍼런스를 주최하였다. 그 집회 가운데 유대인 변호사인 제이 스쿨로우(Jay sekulow)의 간증과 남침례회 연맹의 대표인 페이지 패터슨(Peige Patterson)의 설교, 그리고 예수를 믿는 음악가인 마티 괴츠(Marty Goetz)의 콘서트 등이 있었다. 그 컨퍼런스에는 전 세계에서 가장 뛰어난 복음주의 학자들이 유대인 전도와 연관된 다양한 주제에 대해 발표하도록 초청되었다(월터 카이저, 대렐 보크, 리처드 프래트 박사 등).

'신학적인 논란거리'로서 유대인 전도를 다룬 그 컨퍼런스는 기독교와 유대교 사회 일부에서 '정치적으로 부적절한 것'(2천 년간 팔레스타인의 영토로 되어 있던 땅에 갑자기 나타나 침공하여 차지하고서는 "우리 땅이다" 하는 이스라엘 편을 무조건 드는 것으로 오해하여 편저자 주)으로 여겨지는 다른 주제들과 마찬가지로 논란이 되었다. 컨퍼런스 기간 동안 매일 항의시위가 있었고, 뉴욕 타임지와 많은 유대 출판물에서 많은 비판적인 기사가 실렸다.

"새천년, 첫째는 유대인에게"라는 주제의 두 번째 컨퍼런스는 플로리다 남부에서 같은 해에 개최되었다. 그런데 그 일은 불행하게도 유대인과 그리스도인과의 관계를 고통스럽게 만들어버렸다. 두 번의 컨퍼런스를 방해했던 사람들에 대한 참가자의 반응은 바로 '사랑과 긍휼'이었다. 모든 교회가 그렇게 하는 것이 우리의 희망이다. 위에서 설명한 바와 같이 '예수를 위해서 유대인들에게 다가가는 노력'들은 결국 유대인 사회에서 오해를 받을 것이며, 신학적 보편주의자들은 이것을 거부하고 비하해 버릴 것이다. 또한 오늘날의 정치, 사회적 맥락에서는 정치적으로 부적절한 것으로 여겨져서, 궁극적으로 유대인 사회 내부의 일부 지도자들로부터 강한 항의를 받게 될 것이다. 그러나 성경적으로 고찰할 때 이 문제에 대한 전체 요약은 다음과 같다.

"모든 세대에 교회는 복음을 온 세상에 전해야 하지만, '먼저는 유대인에게', 그리고 '이방인에게'라는 특별한 순서에 따라야 한다. 그리고 세대를 거치며 이를 끊임없이 반복해야 한다."

이상의 역사적인 2000년 벽두의 두 번의 컨퍼런스에서 유대인들에게 복음을 전하기 위해 교회가 직면한 성경적, 신학적, 선교적 그리고 실제적 주제들에 대해 발표된 논고들을 정리하여 《첫째는 유대인에게》(The case for Jewish evangelism in scripture and history)라는 기념비적인 책이 출판되었다(편저로 출판되는 본서는 바로 이 책의 내용들이 강력한 동기부여가 되었고, 주로 이 책의 아티클들이 간추려 소개되고 인용되고 있다. 편저자 주).

예루살렘에서의 시작

글: 요셉 호프만 콘 (Joseph Hoffman Cohn)
옮김: 김진섭

1) 하나님의 계획은 무엇인가? (1919년 1월)

유대인을 위한 하나님의 계획을 다시 한 번 우리가 촉구하는 것은 어떠한가? 만약 성경이 진리라면, 그리고 말씀이 말하는 그대로를 의미한다면, 모든 진정한 그리스도인들은 반드시 복음을 "먼저는 유대인에게" 전해야 한다. 우리 주님께서 떠나시면서 "예루살렘에서부터"라고 말씀하셨다(눅 24:47, 참고. 행 1:8 편저자 주). 우리는 많은 사람들이 이 구절을 곧바로 '당신이 있는 곳으로부터'라는 의미로 왜곡되게 해석하는 그 어떠한 것에도 분개한다(원래적인 뜻을 고찰하여 규명하는 일은 아예 생략해 버리고, 곧바로 '우리의 예루살렘은 지금 우리가 있는 이곳이다'라는 식으로 적용, 해석하는 방식에 분개한다는 뜻 편저자 주). 이것은 그러한 의미가 아니다. 이것은 말 그대로 '유대인들로부터 시작한다'는 의미이다. 우리는 '유대인들이 그것을 먼저 소유하였다'라는 주장에 의한 쟁점을 우스꽝스럽게 회피하는 것에 관해서는 더욱더 분개한다. 유대인들에게 1,900년 전에 복음이 주어졌다는 단순한 사실은 바로 지금 이 순간, 이 세대 오늘날의 유대인들을 절대 무시할 수 없도록 만든다. 현재의 유대인들을 2천 년 전에 일어나거나, 일어나지 않았던 일로 판단하는 것은 너무도 불공평한 것이다.

진실은 바로 "세계 복음 전도를 위한 하나님의 계획이 결코 변함이 없다"는 것이다. 그 계획은 주 예수 그리스도를 믿는 자로서 우리가 그분의 구원을 "먼저는 유대인에게", 그리고 '이 땅의 모든 사람들에게' 알게 하는 것이다. 이것은 모든 세대에서 복음을 "먼저 유대인에게" 전해야 한다는 것이다. 더욱이 이러한 신적 계획은 당신의 교회, 당신의 주일학교, 그리고 당신의 선교회에서 신실하게 따라야 하며, 선교를 위해 드리는 헌금의 첫 부분을 문자적으로 "먼저는 유대인에게" 복음이 전해지는 데 쓰여지도록 하나님을 위해 따로 떼어 놓아야 한다[Josep Hoffman Cohn, 'Beginning at Jerusalem'(New York. American Board of Mission to the Jews, 1948. 12.)].

2) 왜 복음이 "먼저는 유대인에게" 전해져야 하는가? (1925년 1월호)

훌륭한 스코틀랜드 출신 설교자인 로버트 머레이 맥체인(Robert Murray McCheyne)은 자신의 사역 초기에서부터 "먼저는 유대인에게" 교리의 중요성을 깊이 확신하게 되었고, 이러한 확신은 그의 활동에도 영향을 미쳤다. 그의 설교를 듣게 되었고, 적어도 일부 중요한 부분들을 독자들에게 알리는 것이 우리가 할 수 있는 가장 좋은 일일 것이다.

바울은 '먼저는 유대인에게 구원을 주시는 하나님의 능력'을 찬양했다. 이로부터 나오는 '복음이 반드시 유대인에게 먼저 전해져야 한다'는 교리를 이끌어 냈다. 로마서 2장 6-10절에서 말하는 것처럼, "환난과 곤고가 있으리니 먼저는 유대인에게" 심판이 시작될 것이기 때문이다. 유대인들이 하나님의 심판대 위에 먼저 서게 된다는 것은 끔찍한 생각이다. 크고 흰 보좌가 나타나고 주님께서 그 위에 앉으시고 하늘과 땅이 그의 얼굴에서 도망하려 할 때, 불쌍하고 눈이 가리어진 이스라엘이 하나님 앞에 심판을 위해 첫 번째로 서게 될 것이라는 생각은 충격적이지 않은가?

그렇다면 이것이 왜 복음이 유대인에게 먼저 전해져야 하는 이유가 되지 않을까? 그들은 곧 망하게 될 것이다. 잃어버린 바 된 자들 위에 심지어 지금도 모이고 있는 분노와 진노의 구름이 불쌍하고 불신하는 이스라엘의 머리 위에 가장 먼저 떨어질 것이다. 그렇다면 이토록 슬픈 상황에 처한 그들에게 첫째로 달려가지 않을 당신 안에는 그리스도의 심장이 아주 없지 않은가?

3) '하나님의 순서'로서의 "먼저는 유대인에게" (1940년 1월호)

"먼저는 유대인에게"의 교리에 대한 여러분의 질문을 참고하여 로마서의 "먼저는 유대인에게"라는 것이 더 이상 유효하지 않다는 해석을 우리가 받아들인다면 어떻게 로마서 1장 16절 또는 2장 9-10절을 설명해야 하는가?

후자의 말씀은 특히 미래의 처벌을 다루고 있는데, 아직은 이루어져야 하는 것이다. 여러분은 사도행전 13장 46절 하반절의 "우리가 이방인에게로 향하노라"를 인용했지만, 바로 그 뒤를 이어 다음 도시인 이고니온에서 그들이 다시 "먼저 유대인에게" 나아갔다는 14장 1절을 보지 않은 것이 분명하다. 사도행전 13장 46절 상반절에서 바울은 무엇이라고 말하는가? "하나님의 말씀을 마땅히 먼저 너희(유대인-편저자주)에게 전할 것이로되"는 '원칙'의 문제이다. 사실 이것은 우리가 복음의 소식을 그가 듣거나 듣지 않거나 상관없이 '먼저는 유대인에게 전해야 한다'는 '하나님 자신의 신적 순서'에 대한 명확한 통찰력을 제공한다.

나는 어떤 은행가가 이러한 "먼저는 유대인에게"의 교리를 거부하는 한 그리스도인 형제에게 제시한 훌륭한 대답에 대해 들었다. 그 은행가는 그에게 "지금 우리가 어떤 시대에 사나요?"라고 물었다. 그는 즉각적으로 "물론 교회시대지요"라고 대답했다. 은행가의 다음 질문은 "바울이 로마서 1장 16절을 어떤 시대에 기록했나요?"이었다. 그 사람은 "교회시대입니다"라고 대답했다.

"그렇다면 당신의 대답이 바로 거기에 있습니다. 하나님께서는 어떤 특정한 세대에 그분의 계획을 결코 바꾸시지 않기 때문입니다. 바울이 로마 사람들에게 편지를 썼던 그 당시에 진실이었던 것은 바로 이 순간에도 같은 진실입니다. 바로 동일한 하나의 세대이기 때문입니다."

여러분은 "유대인이나 헬라인이나 차별이 없음이라 한 분이신 주께서 모든 사람의 주가 되사 그를 부르는 모든 사람에게 부요하시도다"라는 로마서 10장 12절 말씀을 인용했지만, 말씀을 잘못 적용하고 있지 않은가? 이곳에서 바울은 특히 선택(selection)의 현 시대에 한 인생이 하나님의 자녀가 되는 방법에 대해 구체적으로 말하고 있다. 주 예수 그리스도를 믿는 개인적인 믿음으로 말미암은 이 방법으로 바로 그 하나님께서는 자기를 부르는 모든 이들에게 부요하시다. 더욱이 이 가르침은 로마서의 나중 부분에서 교회 안에는 유대인도, 이방인도 없으며 '우리 모두가 그리스도 안에서 하나'라는 교회에 대해 이야기할 때도 주어졌다. 만약 당신과 내가 그 동일한 교회 몸의 구성원이라면, 우리들은 모두 하나님의 자녀들이며, 내가 유대인으로 그리스도인이기 때문에 주어진 특별함도 없다. 우리는 모두 그리스도 안에서 하나다.

그러나 주님께서는 교회 밖의 사람들에게는 고린도전서 10장 32절에서 "유대인에게나 헬라인에게나 하나님의 교회에나 거치는 자기 되지 말고"라며 매우 분명한 구분을 두고 계신다. 여기서 우리는 이 세상에는 '유대인', '이방인', 그리고 '그리스도인'으로 나누어진 세 종류의 사람이 있다고 분명하게 언급된 것을 볼 수 있다.

그리스도인은 하나님의 구원의 소식을 세상에 어떻게 전해야 하는지 그분에 의해 설명서를 받고 있다. 교회가 산 정상 위에 자신을 올려놓고서 자신의 아래에 있는 거대한 규모의 사람들을 내려다보는 것을 상상해 보라. 교회가 자신을 세상에서 제외하고 계수해보면, 오직 두 부류의 구별들, 즉 유대인들과 이방인들이 있게 될 것이다. 이제 교회에 대한 주님의 지시는 "온 세상에 복음을 전하라"는 것이다. 하지만 동시에 교회는 복음을 "먼저는 유대인에게" 전하고, 그리고 "다음으로는 이방인에게 전하는 것"을 통해 이것을 이루어야 한다.

그런데 이것은 결코 유대인이 이방인들보다 낫다는 것이 아니며, 유대인들이 이방인들보다 더 선호된다는 것을 의미하는 것도 아니다. 이것은 단순하게 '하나님의 순서'를 의미한다. 아마도 부엌의 조리기구에 불을 지피는 것으로 예를 들면 더욱 분명하게 예시할 수 있을 것이다. 우리가 불을 지피기 위한 적절한 순서는 어떤 것인가? 먼저 화덕에 약간의 종이를 넣고, 그 위에는 가벼운 나무 조각, 그리고 굵은 나무토막을 올려놓고, 마지막으로 석탄을 올려놓는다. 이 방법이 불을 일으킨다. 그러나 어떤 사람이 "나는 종이를 먼저 놓는 이 순서가 마음에 들지 않아. 나는 석탄을 제일 먼저 넣고 그리고 나무, 그다음에 종이를 넣을 거야"라고 말한다고 가정해 보자. 당신은 그러한 기반 위에서 지속적인 불이 타오르지 않을 것이라는 것을 즉각적으로 알 수 있을 것이다. 이와 함께 그 누구도 종이가 석탄보다 낫다고 주장하지 않는다. 단지 그 화로에 먼저 종이가 들어가야 하고, 그렇게 할 때 그 화덕은 목적을 이루게 된다는 것이다.

이와 같은 동일한 진리가 "먼저는 유대인에게"라는 선언에 적용된다. 주님께서 유대인들이 하기를 원하시는 특정한 기능이 있으며, 이것이 바로 그분께서 "먼저는 유대인에게"라는 명령을 주신 이유다. 지난 2천 년 동안 교회가 이러한 명령에 순종하는 것을 거부해왔던 것은 교회가 자기 자신을 상실한 심각한 문제이며, 헤아릴 수 없는 우리 주 예수 그리스도의 슬픔이다.

바울에게 이 교리의 중요성의 일부가 계시되었다. 그리고 정말로 너무도 중요한 이것을 그가 깨닫게 되고, 로마서 9장 1-3절에서 다음과 같이 말하지 않을 수 없게 된 것이다.

"내가 그리스도 안에서 참말을 하고 거짓말을 아니하노라 나에게 큰 근심이 있는 것과 마음에 그치지 않는 고통이 있는 것을 내 양심이

성령 안에서 나와 더불어 증언하노니 나의 형제 곧 골육의 친척을 위하여 내 자신이 저주를 받아 그리스도에게서 끊어질지라도 원하는 바로라."

바울이 유대인 전도의 중요성을 강조하여 말하기 위해 자신의 삶에서 가장 소중한 것을 말했을 때, 이것은 분명히 오늘날 우리에게 있어서 이 예를 따라야 하는 이유가 된다. 왜냐하면 이것은 그의 단순한 애국심의 문제가 아니라 '하나님께서 직접 그에게 주신 계시'이기 때문이다.

마지막으로 나는 "먼저는 유대인에게"의 교리에 반대하는 폭넓은 지식을 가진 사역자들을 포함한 많은 사람들에게 "먼저는 유대인에게" 복음이 전해져야만 한다는 지시를 확실하게 취소하는 성경구절을 단 하나라도 보여 달라고 물어왔다. 나는 이 질문에 대해 만족할 만한 답변을 제시하는 사람을 한 번도 발견하지 못했다. 하나님께서 성경에 "먼저는 유대인에게"와 같은 궁극적인 구절을 허락하셨을 때, 그분께서 그에게 상응하는 긍정적인 취소에 대해서도 동일하게 허락하셨을 것이라고 기대하는 것이 분명 타당하다. 하지만 이러한 반대되는 지시는 전혀 발견되지 않으며, "먼저는 유대인에게"라는 선교의 신적 방법이 2천 년 전에 사실이었던 것과 같이, 오늘날에도 그러하다는 것에 나 스스로는 만족한다. 그리고 이와 같이 만족하고 있는 수천의 정직한 그리스도인들도 존재한다.

나는 유대인들이 복음을 먼저 가졌었다는 주장은 공간이 허락하지 않기에 다루지 않을 것이다. 나는 이방인들 역시 복음을 가졌던 적이 있으며, 그래서 우리가 이방인들에게도 다가가지 말아야 한다는 것으로 그러한 주장을 반박할 수 있다. 단 하나의 논리적이고 공정한 결론은 "바로 이곳 우리 세대에 유대인들에게 복음에 빚을 졌다"는 것이다. 2천 년 전 특별한 사도들에 의해 일부 특정한 도시에서 유대인 얼마가 "먼저는 유대인에게"라는 복음을 받게 되었다는 것으로, 하나님께서는 오늘날 우리의 의무로부터 우리를 면제시켜 주시지 않을 것이다. 이것은 현재의 유대인에게 우리가 구원을 가져갈 수 없게 만든다.

제8장
전도적 측면에서 "먼저는 유대인에게"를 어떻게 적용해야 하는가?

"성경에 이르되 누구든지 그를 믿는 자는 부끄러움을 당하지 아니하리라 하니 유대인이나 헬라인이나 차별이 없음이라 한 분이신 주께서 모든 사람의 주가 되사 그를 부르는 모든 사람에게 부요하시도다 누구든지 주의 이름을 부르는 자는 구원을 받으리라 그런즉 그들이 믿지 아니하는 이를 어찌 부르리요 듣지도 못한 이를 어찌 믿으리요 전파하는 자가 없이 어찌 들으리요 보내심을 받지 아니하였으면 어찌 전파하리요 기록된 바 아름답도다 좋은 소식을 전하는 자들의 발이여 함과 같으니라"

(롬 10:11-15).

텔아비브 거리에서 만난 한 유대인 여성에게 복음을 전하고 있는 모습

"구원의 나팔"과 야곱 담카니

1) 야곱 담카니의 회심

"먼저는 유대인에게"라는 기치를 내어걸고, 실제로 날마다 예수 그리스도의 복음을 먼저는 동족 유대인에게, 그리고 이방인에게 전하는 것으로 유명한 야곱 담카니는 그의 간증집 《WHY ME?》에서 이렇게 말했다.

"나는 하나님께서 주신 진정한 유대인이 된다는 것이 무엇을 의미하는 것인지에 대한 진정한 정체성을 처음으로 이해하게 되었고 이제는 그것에 따라 살게 되었습니다. 그 놀랍고 위대한 깨달음과 거듭남을 맛본 그날 이후에 내 모든 과거는 의미를 잃었습니다."

야곱은 1952년 종교적인 가정에서 태어났다. 15세가 되었을 때 회당에서 하나님을 발견할 수 없다는 것을 깨닫고 종교를 떠나 세상의 즐거움을 좇아갔다. 제도권에 대한 거부와 좀도둑질, 그리고 삶의 의미와 목적에 대한 끊임없는 질문이 그 후 몇 년 동안 그의 삶을 채웠다.

여러 나라를 여행하다가 마침내 미국에서 선물가게를 열게 되었다. 바로 그 가게에서 그는 하나님께서 택하신 백성에 대한 깊은 사랑을 갖고 있었던 어떤 기독교인을 만나게 되었다. 그 남자는 성경에 대한 통찰과 큰 인내심을 갖고 야곱에게 접근하고 교제하며 복음을 전했다. 즉 그는 야곱에게 이스라엘의 메시아를 가리키는 구약의 예언들이 예수님 안에서 이루어졌다는 것을 설명해 주었다. 오랜 토론과 힘든 내적 갈등을 겪은 끝에 종교적인 유대인들이 금기시하는 '기독교의 신약성경'을 읽게 되었다. 그럴 때 야곱은 오랜 세월 동안 반유대주의적인 책이라고 생각했던 신약성경이 너무나도 '유대적이요 타나크적(구약적)'이라는 것을 발견하고 충격을 받았다. 그러면서 그는 이제 그의 부모나 선생님들을 믿어야 할지, 성경과 선지자들을 믿어야 할지, 깊은 고민에 빠지게 되었다. 1977년, 드디어 야곱 담카니는 예수님을 구주와 메시아로 영접하였고, 이 결정은 그의 인생을 완전히 바꾸어 놓았다.

그는 1984년 이스라엘에서 "구원의 나팔"(Trumpet of Salvation to Israel)을 설립하여, 온전히 예수 메시아의 복음을 로마서 1장 16절대로 "먼저는 유대인에게", 그리고 "이방인에게" 증거하고 있다.

2) 야곱 담카니의 순수함

2001년 7월 18일부터 8월 8일까지 편저자가 시무하던 교회 고등부 여학생 5명이 리더인 여교사 한 명과 함께 이스라엘에서 열리는 "구원의 나팔" 캠페인에 참석하여 놀라운 각성과 도전을 받고 돌아온 바가 있다. 당시 그 캠페인에는 여러 나라에서 온 50여 명이 참여했는데, 그중 미국, 스위스, 독일, 네덜란드에서 온 외국인이 30여 명이었고, 한국인이 20여 명이었는데, 그중 6명이 편저자가 시무하던 교회 식구였다.

비전트립 중에 이런 일이 있었다고 한다. 세계 전역에서 유대인들을 위해 사역하는 중요한 사역자들이 모인 한 교회의 예배에서, 한국에서 온 청소년들에게 그 캠페인의 대표인 야곱 담카니 목사가 앞으로 나와 달라고 하면서 이렇게 이야기했다.

"여기 한국에서 많은 청년들이 와 있습니다. 여러분은 한국이 어떤 나라인지, 그리고 기도가 어떠한지 잘 알고 계시지요? 그들은 새벽에도, 밤에도 늘 깨어서 기도하는 민족입니다. 오늘 하나님께서 이 귀한 분들을 이 자리에 보내 주셨습니다. 우리가 어떻게 이분들을 그냥 돌려보낼 수 있겠습니까? 자, 모두 앞자리에 나와 주세요. 한국 팀은 저희들을 위해 기도해 주시기 바랍니다."

그때 고등부 리더를 비롯한 어린 학생들은 처음에는 너무 당황스럽고 조심스러웠지만 성령님의 명령인 줄 알고 두렵고 떨리는 마음으로 바닥에 꿇어앉아 기도드렸고, 그 자리에 있던 이들 모두 엄청난 성령님의 역사를 경험했다고 한다.

얼마나 은혜로운 사건인가? 그러나 당시 편저자인 나는 무지하게도 그들의 그런 행적과 간증의 깊은 의미를 깨닫지 못하고 그 모든 일을 젊은이들의 한때의 신앙 열정 정도로 취급해 버리는 우를 범하였다. 그러다가 9년 후인 2010년 4월 하순에 로마서를 정독하며 메시아닉 쥬인 루벤 도런이 쓴 《한 새 사람, ONE NEW MAN》과 야곱 담카니가 쓴 《WHY ME?》를 읽다가 '이스라엘 회복'에 대한 성경적 계시(롬 11:25-32), 곧 '이스라엘만이 이스라엘이고 우리는 이방인'(엡 2:11-22)이라는 것을 목사가 된 지 32년 만에 처음으로 깨닫게 되었다.

3) 야곱 담카니의 유대 사회에서의 영향력

"예루살렘 포스트"가 메시아닉 전도자인 야곱 담카니에 대해 2017년 11월에 이례적 보도를 한 바가 있다. 즉 "유대인에게 복음을 전하는 어떤 이스라엘인의 사명"이라는 제목으로 그에 대해 보도했다(이하 데일리 굿뉴스 서동숙 기자 보도).

30년간 사역해 온 이스라엘의 유명한 메시아닉 지도자 담카니는 최근 그의 삶을 다룬 영화 "새로운 영혼"을 소개했다. 담카니는 "예수께서 결코 새로운 종교를 세우러 오신 것이 아니라, 오히려 유대인 선지자들의 예언을 실현하기 위해 오셨다"라고 강조했다. 이스라엘 주류 미디어에서 그동안 메시아닉 지도자를 소개하는 등 이번 내용과 같은 보도는 다뤄진 적이 거의 없었다. "예루살렘 포스트"는 담카니의 사명이 "기독교인들에게 이스라엘이 하나님의 계획의 중심부라는 것을 가르치는 것"이며, "이스라엘을 대체한 이방인의 교회에 대한 그릇된 믿음을 폭로하며, 가려진 유대인들의 눈을 뜨게 하는 것"이라고 보도했다(2017년 11월 27일).

이제 다음으로 야곱 담카니의 유명한 간증집 《WHY ME?》의 마지막 부분 '후기'에 나오는 "먼저는 유대인에게"와 "그리고 기독교인에게"라는 제목의 전도의 글을 그대로 소개해 보겠다(우리말 번역에서 존대어는 평어로 바꿈 편저자 주).

"먼저는 유대인에게, 그리고 기독교인에게"

글: 야곱 담카니(Jaccob Damkani)
옮김: 유진상

1) 먼저는 유대인에게

친애하는 독자 여러분, 그리고 나의 동족 유대인 여러분, 지금 여러분들이 어떤 종교적 이념을 갖고 있다고 하더라도, 이 책에 쓰인 모든 것은 진리를 빛 가운데 가져오기 위해 사랑과 진실로 쓰였다는 것을 밝히고 싶다. 나는 하나님의 말씀을 인용해서 예수님께서 메시아이시라는 믿음에 대해 최선을 다해서 설교하고자 했지만 내가 여러분과 나눌 수 있는 가장 중요한 성경말씀은 이것이다.

"내가 복음을 부끄러워하지 아니하노니 이 복음은 모든 믿는 자에게 구원을 주시는 하나님의 능력이 됨이라 먼저는 유대인에게요 그리고 헬라인에게로다" (롬 1:16).

이 책에서 보여드린 모든 증거들은 하나님의 말씀이라는 커다란 바다에서 작은 한 방울의 물에 불과하다. 큰 자나 작은 자나 모두가 진리에 대한 목마름을 채울 때까지 신선하고 살아 있는 생수를 마실 수 있다. 왜냐하면 이것은 똑똑한 사람이나 학식이 있는 사람들만을 위한 것이 아니고 신비한 지식을 갖고 있는 사람만을 위한 것이 아니라 바로 당신과 나를 위해 언제든 준비되어 있기 때문이다.

여러분, 나는 물론 이 책만 읽으면 믿음을 갖게 될 것이라는 착각을 갖고 있지 않다. 나는 여러분들의 지식을 과소평가하지 않는다. 이것보다 훨씬 더 많은 것이 필요하다. 이 책을 씀으로써 내가 바라는 것은 내가 가장 사랑하는 사람, 이스라엘의 메시아, 나사렛 예수님에 대해 소개해 드리고자 하는 것이다. 그분이 나를 죄의 속박에서 자유를 주시고 하나님의 자녀가 되는 위대한 자유를 주셨다. 나는 단지 하나님께서 내 삶에 주신 놀라운 것들을 증거하기를 원한다. 모든 질문에 대한 대답을 모두 알고 있는 척하지도 않을 것이다. 그러나 내가 아는 한 가지 것은 하나님께서 모든 대답을 아주 잘 알고 계신다는 것이다.

"수고하고 무거운 짐 진 자들아 다 내게로 오라 내가 너희를 쉬게 하리라 나는 마음이 온유하고 겸손하니 나의 멍에를 메고 내게 배우라 그리하면 너희 마음이 쉼을 얻으리니 이는 내 멍에는 쉽고 내 짐은 가벼움이라 하시니라"(마 11:28-30).

모든 질문과 의심, 문제, 그리고 무엇보다 죄의 짐을 가지고 하나님께로 돌아가시기 바란다. 그분은 당신의 위선, 단점, 그리고 필요를 아신다. 그리고 사람을 차별하지도 않으신다. 당신이 왕의 아들일 수도 있고, 창녀의 아들로 글을 모르는 사람일지라도 하나님께서는 동일하게 사랑하신다. 하나님께서는 또한 당신의 아버지가 랍비나 기독교 사업자, 대기업의 사장이나 실직한 알코올 중독자, 존경받는 교수나 유죄선고를 받은 죄수일지라도 상관하지 않으신다. 하나님께서 당신을 창조하셨고, 거듭남을 통해서 당신의 하늘의 아버지가 되시기를 원하신다. 그래서 그분은 독생자를 이 세상에 보내셔서 구원을 받을 수 있는 길을 만드셨다. 하나님께서는 당신이 자신에 대해 알 수 있는 것보다 훨씬 더 당신을 잘 아시며, 전 우주에서 당신을 사랑할 수 있는 어떤 사람보다 더 사랑하신다.

이제 혹시 잠깐 눈을 감고 지금까지 당신이 읽은 것에 대해 잠시 생각하거나 기도를 할 수도 있을 것이다. 예수님께서 누구든 각 사람의 삶에 행하실 수 있는 기적에 대해 생각해 보라. 다윗 왕과 같은 위대하고 강한 사람일 수도 있고, 레위의 아들 마태처럼 미움과 멸시를 받던 세리와 같은 사람일 수도 있다. 만약 우리가 하나님께 우리의 삶을 맡기고 그분의 복된 뜻에 따라 사용해 달라고 한다면, 그리 의롭지도 지혜롭지도 않은 우리와 같은 평범한 사람의 삶에 행하시기 원하시는 것이 무엇일까 생각해 보라.

하나님의 진리에 굴복하고 항복하기를 결정하는 것이 얼마나 어려운지 잘 알고 있다. 이제까지의 종교적인 방식(또는 삶의 기준이었던 불경한 쾌락주의적인 세속주의)이 삶을 위해 옳은 결정을 내리는 것을 방해할 것이다. 그러나 하나님께서는 당신의 종교적 헌신이 무엇이든지 혹은 교육받은 전통이 무엇이든 상관하지 않으신다는 것을 기억하라. 그분은 다른 무엇보다 당신의 마음을 원하신다.

만약 마음을 그분께 드리면 하나님께서 그것을 가지고 무엇을 하실 것이라고 생각하는가? 하나님께서는 이것을 들여다보시고, 잘 살피셔서 결국 "만물보다 거짓되고 심히 부패한 것은 마음이라 누가 능히 알리요마는"(렘 17:9)이라는 피할 수 없는 결론에 이르시게 된다. 그리고 죄가 가득해 썩어버린 마음을 당신 안에서 제거하셔서 쓰레기통에 넣으시고, 에스겔 선지자를 통해서 약속하신 것과 같은 완전히 새로운 마음으로 바꾸실 것이다.

"또 새 영을 너희 속에 두고 새 마음을 너희에게 주되 너희 육신에서 굳은 마음을 제거하고 부드러운 마음을 줄 것이며"(겔 36:26), 이것이 내가 이 책에 쓴 거듭남이다. 이것은 하나님의 은혜로 값없이 주어지기 때문에 여러분들이 할 것은 단지 "그것을 달라"는 요구다. 새로운 시작이 될 것이며 당신의 삶의 새로운 장이 열릴 것이다.

이것이 메시아이신 예수님과의 첫 번째 만남일 수도 있고, 이전에 이미 누군가가 당신에게 그분을 소개했을 수도 있다. 예수님에 대한 글을 읽어봤을 수도 있고, 또는 믿음을 가진 사람들을 만난 적이 있을 수도 있다. 만약 그렇다면 이 시간 기도하시기 바란다. 만약 간절히 원하지 않는다면 하지 않아도 된다. 이 기도에 쓰인 말, 그 자체에 특별한 능력이 있는 것은 아니다. 그리고 만약 당신의 마음이 이것을 깊은 내적 확신을 갖고 하지 않는다면 당신의 삶 가운데 아무런 변화도 가져오지 못할 것이다.

만약 지금까지 예수님에 대해 전혀 알지 못했지만, 이 책을 읽음으로 그분을 만나고 싶고, 그분의 진실하심을 확인하고 싶다면 다음의 기도를 직접 하시기 바란다.

아브라함과 이삭과 야곱의 아버지 하나님!

이날까지 하나님의 말씀의 진리에 대해 아무것도 알지도 못했고, 저에 대한 당신의 크신 사랑을 깨닫지도 못했습니다. 당신의 말씀에 비추어 볼 때, 당신의 진리가 명백해졌습니다. 당신은 거룩하시고 저는 부정합니다. 저는 스스로 자신의 죄를 없앨 수 없습니다. 저는 당신께서 저에게 약속하신 죄의 용서를 믿음으로 받아들이기를 원합니다.

그러나 이것은 그 이유를 말씀드릴 필요는 없는 매우 어려운 일입니다. 당신은 제가 어떻게 자랐는지 그리고 어떻게 예수님에 대해 교육받았는지 잘 아십니다.

주님, 저는 당신이 원하시는 사람이 되고 싶습니다. 당신의 성령만이 제 자신의 힘으로는 할 수 없는 것들을 도우실 수 있습니다. 저의 죄를 대신하여 죽으시고 부활하셔서 당신 앞에서 저를 위해 말씀하시는 메시아이신 예수님의 영원한 희생에 대한 진리를 저에게 보이시기를 원합니다. 그분을 저의 메시아로 믿음으로 받아들일 수 있도록 도와주시옵소서. 주님, 나의 마음을 변화시켜 주시옵소서. 아멘.

어쩌면 당신은 예수님에 대한 적대적인 교리들에 대해 모를 수도 있다. 과거에 거리에서 받은 책이나 유인물 등을 통해 메시아 운동에 대해 접해 본 적이 있고, 그 내용이 당신에게 스스로 명백해졌을지도 모른다("구원의 나팔"을 비롯한 메시아닉 유대인들과 기독교인들이 예루살렘 등 이스라엘 지역에서 유대인들에게 전한 것들을 통해 편저자 주).

당신은 이 진리에 동의하고 편견이나 치우침 없이 이것을 기꺼이 받아들이기 원할 수도 있다. 하나님께서 유대인이나 이방인 모두를 위한 하나의 구원 계획을 갖고 계시고, 왜 예수께서 처음에는 '하나님의 어린양'으로 오셔서 죄를 대신 져야 하셨고(요 1:29 편저자 주), 멀지 않은 미래에는 '유대 지파의 사자'(계 5:5 편저자 주)로, 그분의 발이 예루살렘의 감람산에 서실 것을(슥 14:4 편저자 주) 분명히 알고 있을 수도 있다. 성경에서 나타난 하나님의 관점으로는 당신이 그분의 용서를 절실히 필요로 하는 잃어버린 죄인이고, 당신이 그것을 너무도 원해 진심으로 회개함으로 거듭나기를 원하실 수도 있다. 만약 그렇다면 다음의 기도를 직접 하시기 바란다.

> 이스라엘의 하나님,
> 지금 제 모습 그대로 이제 당신께 나아와 죽은 지 삼 일 만에 다시 사신 예수님의 희생과 바로 저의 죄를 사하시기 위한 대속제물이, 바로 그분이라는 것을 모든 율법과 선지서와 시편이 증거하고 있다는 것을 믿음으로 받아들입니다. 그 피를 통해서 당신께서 저의 죄를 없애시고 깨끗하게 하셨으며, 의롭게 하시고 거룩하게 하신 것과 새로운 마음과 새로운 땅을 주셨다는 것을 마음으로 믿습니다.
> 예수님을 통한 영원한 생명과 성령님의 인도하심을 선물로 주신 주님께 감사드립니다. 이제 예수님의 발자취를 따라, 그분의 신실한 제자가 되어 당신의 영광을 위해 많은 열매를 맺을 수 있도록 도와주시옵소서. 아멘.

혹시 전혀 기도하고 싶지 않다면, 그것도 괜찮다. 하나님께서 신이 마음을 바꾸실 날이 올 것이기 때문이다. 왜냐하면 언젠가는 당신이 사랑하는 구원자와 교제하고 싶어질 것이다. 결국 그것이 기도가 아니겠는가?

만약 첫 번째 기도를 택하였다면 신약성경을 읽고, 근처에 있는 메시아닉 교회를 방문하시는 것을 권해드린다. 그곳에서 당신의 질문들을 도와줄 사랑으로 충만한 성도들을 만나게 될 것이다. 만약 마음의 기도로 두 번째를 택하였다면, 바로 지금 이곳에서 당신의 모든 죄가 완전히 용서를 받았다는 것을 확신해도 된다. 비록 그것을 인식하지 못했다고 하더라도, 이 순간까지 당신의 마음에 가지고 다니던 무거운 죄가 완전히 사라지고, 더 이상 당신의 양심을 괴롭히지 않을 것이다. 이제는 주님께서 주신 새로운 언약을 통해 충만하고 놀라운 삶을 누리실 수 있다.

거듭남의 가장 중요한 증거는 바로 마음속에 차고 넘치는 놀라운 기쁨과 행복이다. 모든 지식을 초월하는 하나님의 평안이 폭풍 가운데에서도 보호하실 것이다. 당신 안에 계신 성령님을 통해 하나님의 사랑을 느끼게 될 것이다. 생수의 샘이 살아 계신 하나님께 찬양과 경배를 하면서 터져 나와, 당신을 살아 있는 성전으로, 성령님을 위한 거룩한 곳으로 만드실 것이다. 하나님의 시선에서 옳은 일과 용납되는 일만을 하기를 원하게 되며, 세상과 이 땅에서의 삶을 하나님의 관점으로 바라보게 될 것이다.

새로 태어난 하나님의 아들로서 삶에서 나타나는 다른 증거들은, 하나님의 말씀에 대한 깊은 갈망과 주님을 기쁘시게 하지 못하는 것들, 피해야 할 일들에 대해 더욱 예민해지는 것이다. 또한 반드시 해야 되는 일들을 성령님께서 알려주시는 사건들도 보게 될 것이다. 사실 만약 우리가 다른 사람이 우리에게 행했으면 하는 일들을 다른 사람들에게 부지런히 한다면(마 7:12 편저자 주) 잘못된 일을 할 만한 시간도 없을 것이다.

외모가 그다지 마음에 들지 않더라도 믿음의 형제, 자매들을 만나고 교제하고 싶은 새로운 욕망이 일어날 것이다. 분명히 적어도 그들과 함께 주님을 섬기고자 하며, 그분의 일에 헌신하는 것과 같은 몇 가지 점들은 공통된 것들임을 발견하게 될 것이다. 이런 사람들은 당신의 믿음이 자라는 것을 도와줄 것이다. 당신과 함께 기도하거나, 당신을 위해 기도하고 덫이 될 수 있는 다양한 죄들을 사랑으로 권면하고 하늘 아버지와의 친밀한 관계로 이끄는 좁은 길을 안전하게 갈 수 있도록 도와줄 것이다.

진정한 신자로서 당신의 믿음을 다른 사람들과 나누고 싶은 깊은 갈망도 생길 것이다. 친구들이 당신을 오해하고 이제 막 시작하고 있는 이 걸음을 '개종'이라고 볼 수도 있을 것이다. 당신이 예수님을 따르기 시작하면, 당신을 배척하거나 혐오하는 사람까지 생길 것이다. 이것은 매우 고통스럽고 사실상 모욕적이다. 그러나 이러한 거부가 당신의 영을 괴롭히거나 구원의 기쁨을 빼앗아 가지 못하게 하기를 바란다. 이러한 압력이 예수님을 따르지 못하게 하거나, 마음을 바꾸게 하지 말라. 당신이 할 수 있는 '최고의 결정'을 했다는 것을 기억하기 바란다. 당신은 어떤 경우에도 당신 편이 되시는 온 우주의 창조주이시며, 살아 계신 하나님 그리고 하나뿐인 진리를 따르기로 선택한 것이다.

이제 하나님의 신령한 빛을 전 세계에 비추는 지구상의 모든 족속들로 이루어진 주님의 교회에 오신 것을 환영한다. 온전한 유대인이나 이방인이 된다는 것이 무엇을 의미하는지 이제 알 수 있을 것이다. 예수님을 부끄러워하지 않는 자에게 축복이 있을 것이다(마 10:32; 롬 10:11; 딤후 2:12-13 편저자 주).

이 책《WHY ME?》을 읽기 위해 소중한 시간을 내어주신 것에 감사드린다. 그러나 만약 신약성경이나 이 주제에 대한 다른 자료들을 읽기 원하신다면 기꺼이 적합한 자료를 보내드리겠다. 그리고 만약 메시아닉 교회에 참여하시거나, 메시아닉 신자를 만나보고 싶으시다면, 사시는 곳 근처에 있는 신자를 만날 수 있도록 도와드리겠다.

어떠한 경우가 되었든 나는 이 책에 대한 당신의 의견과 답변을 듣고 싶다. 책 앞뒤에 나와 있는 이스라엘 내 주소, 전화, 팩스, 이메일, 홈페이지 등 모든 연락처를 사용하여 나에게 연락하실 수 있다. 메시아와의 삶은 지칠 줄 모르는 기쁨과 위로가 있으며 나는 당신과 이 충만한 삶을 나눌 기회가 있기를 바란다.

"그러므로 우리가 여호와를 알자 힘써 여호와를 알자 그의 나타나심은 새벽 빛 같이 어김없나니 비와 같이, 땅을 적시는 늦은 비와 같이 우리에게 임하시리라 하니라"(호 6:3).

당신의 삶 가운데 어디를 가든지 아브라함과 이삭과 야곱의 하나님께서 당신을 풍족히 축복하시기를!

— 야곱 담카니

2) 그리고 기독교인에게

우리는 1948년까지 "여우도 굴이 있고 공중의 새도 거처가 있으며 사람들에게 나라가 있으되, 이스라엘에게는 무덤밖에 없다"라고 말했었다. 이스라엘은 독일의 무덤과 잿더미로부터 고향으로 돌아왔다. 그러나 마른 뼈로서 돌아온 것이다(겔 37:12-13 편저자 주).

이스라엘은 다른 어떤 나라와 같지 않게 종교에 매여 있다. 그러나 이제는 '누가 유대인인지' 정의를 내려야 하는 중요한 필요로 인해, 더 이상 분명치도 않은 자신의 정체성을 찾기 위해 노력하고 있다. 오늘날까지 이스라엘 정부는 '누가 유대인인지' 정의를 내리지 못하고 있다. 그래서 대부분의 이스라엘 사람들은 국가적인 자부심과 국민을 하나로 묶는 국가안보에 대한 위협만을 가지고 있다[2017년 12월 6일에 미국의 트럼프 대통령의 "예루살렘은 이스라엘의 수도다"의 선언과 2018년 7월 18일에 "이스라엘, 유대민족 국가법"(세 가지 기본원칙 포함 11가지 조항, 국회 통과; 본서 부록1. 참고할 것) 등으로 일단 어느 정도는 해소된 것으로 보임 편저자 주].

오늘날의 이스라엘은 역사상 대부분 그래왔던 것처럼, 인간이 만든 율법과 전통으로 가득하다. 그런 것들이 중요하게 여겨지지만 말씀으로 계시된 하나님은 무시된다. 그러나 믿는 자로서 우리는 우리 마음에 중요한 모든 것들, 우리가 이를 위해 살고, 기꺼이 죽을 수 있는 구약과 신약을 통한 하나님의 말씀, 선지자들, 사도들, 그리고 주님이신 구원자 그분까지도 유대 민족을 통해 왔다는 것이다. 우리는 또한 2천 년 전에 고난 가운데 교회를 탄생시킨 것은 바로 이스라엘이었다는 것을 결코 잊어서는 안 된다.

2천 년이 지난 지금, 유대인들은 우리의 적인가, 아니면 친구인가? 교회와 많은 기독교인들에게 이 질문은 걸림돌이 된다. 그러나 하나님의 말씀은 분명히 "복음으로 하면 그들이 너희로 말미암아 원수 된 자요 택하심으로 하면 조상들로 말미암아 사랑을 입은 자라"(롬 11:28-29), "하나님이 자기 백성을 버리셨느냐 그럴 수 없느니라"(롬

11:1)고 말하고 있다. 성경 전체에 나타난 유대 민족을 향한 하나님의 마음은 바로 사랑과 인애이다. 비록 그들은 하나님께 대해 신실하지 못했을지라도, 하나님께서는 그들의 조상들과 맺으신 당신의 영원한 언약에 대해 신실함을 갖고 계신다.

> "만군의 여호와의 말씀이 임하여 이르시되 만군의 여호와가 이같이 말하노라 내가 시온을 위하여 크게 질투하며 그를 위하여 크게 분노함으로 질투하노라 여호와가 이같이 말하노라 내가 시온에 돌아와 예루살렘 가운데에 거하리니" (슥 8:1-3 상).

대부분의 신자들이 주님의 재림이, 처음 오셨을 때와 같이 이스라엘과 밀접한 관련이 있다는 것을 깨닫지 못하고 있는 것은 너무나도 비극적인 일이다. 하나님께서 사랑하시는 예수님은 예상치 못한 가운데 오신 것이 아니라, 이스라엘에게 놀라울 정도로 구체적으로 약속되어진 것을 따라 오신 것이다. 성경에 약 660개의 예언이 있는데 그중 330개가 예수님에 대한 것이다. 또한 그 330개 중에서 109개가 초림에 대한 것이고, 나머지 221개가 재림에 관한 것이다.

주님께서 직접 자신이 자신의 오심에 대해 21번이나 말씀하셨고, 우리는 50번 넘게 "그것을 위해 준비하라"고 들었다. 이 모든 것을 염두에 둘 때, 하나님의 왕국은 성경에서 100번이 넘게 언급되고 있다.

거듭난 신자로서 모든 성경과 그 안에 있는 약속들이 이스라엘에 관한 것이라는 사실에 대해 들어보신 적이 있는가? 모든 하나님의 약속을 가지고 의지하며 당신의 삶에 적용시켜 그 안에서 영혼의 쉼을 얻으시기 바란다. 그러나 동시에 한 나라로서의 이스라엘에 대한 약속이라는 원래 자리에 가져다 놓으시기 바란다.

제자들이 "예수께 여쭈어 이르되 주께서 이스라엘 나라를 회복하심이 이때이니이까 하니 이르시되 때와 시기는 아버지께서 자기의 권한에 두셨으니 너희가 알 바 아니요"(행 1:6-7)라고 말씀하셨다. 우리는 먼저 주님께서 이스라엘 나라를 없애신 것이 아니라 그 나라의 회복의 시기는 아버지의 손에 달려 있다고 주의를 환기시키고 계시다는 것을 알아야 한다(행 1:6-7 편저자 주).

우리 주님께서 다시 오시는 시간과 날짜는 아무도 알 수 없지만 우리는 분명히 주님께서 다시 오실 마지막 때를 인식하라는 명령(마 24:36-44 편저자 주)을 받았다는 것을 깨달을 때가 되었다. 이제 모든 진정한 믿음의 사람들이 하나님께서 단지 이 지구상에 또 하나의 나라를 만들기 위해, 유대인들을 그 약속의 땅으로 데리고 온 것이 아니라는 사실을 인정해야 할 때이다. 주님께서는 자신이 다시 오실 기반을 준비하고 계신 것이다. 이스라엘은 우리가 반드시 그 시간의 변화를 알아야 하는 '하나님의 무화과나무'이며 '시간표'이다(마 24:43-35 편저자 주). 유대인들이 약속의 땅으로 돌아온 것은 우리가 인식해야 하는 분명한 표징이다(슥 8:4-6 편저자 주). 스가랴 12장 3절에 다른 말씀이 있다.

> "그날에는 내가 예루살렘을 모든 민족에게 무거운 돌이 되게 하리니 그것을 드는 모든 자는 크게 상할 것이라 천하 만국이 그것을 치려고 모이리라."

유엔(UN)은 이스라엘 문제를 다루기 위해 약 3분의 2의 시간을 쏟아붓고 있다. 그렇다. 예루살렘은 이 세상의 관점에서는 '찌르는 가시'와 같다. 아마도 마지막 때에 대한 가장 강력한 표적은 사도행전 이후로 역사상 처음으로 전 세계적으로 약 15만여 명의 유대인들이 거듭나서 주 예수님의 이름을 부르고 있다는 사실일 것이다(이 통계는 1977년 기준, 2020년 기준으로는 350,000여 명으로 추정 편저자 주).

주 안에서 사랑하는 형제자매 여러분, 하나님의 최종적인 구원과 구속, 약속된 새 하늘과 새 땅에 대해 생각해 보신 적이 있는가? 그것이 모두 이스라엘과 하나님께서 자신을 위해 택하신 그 백성과 관련되어 있다는 것을 깨달으셨는가? 하나님께서는 그들을 그 약속의 땅에 매어 두셨다. 예수님께서 다시 오실 때 그분은 시온으로 돌아오실 것이다.

"내가 너희에게 이르노니 이제부터 너희는 찬송하리로다 주의 이름으로 오시는 이여 할 때까지 나를 보지 못하리라 하시니라"(마 23:39).

너무나도 슬프게 많은 신실한 신자들이 주로 두 가지 잘못된 가르침에 빠져 있다.

① 대체신학

"하나님께서 이스라엘을 버리시고 그들을 교회가 대신하게 하셨기에, 이스라엘은 이제 더 이상 하나님의 백성이 아니며, 그들에게는 미래에 주어진 목적이 없다."

만약 그것이 사실이라고 가정한다면 모든 선지자들과 사도들은 거짓말쟁이가 된다. 만약 이것이 사실이라면 모든 하나님의 말씀이 단지 큰 거짓말에 불과하다. 만약 하나님께서 아브라함과 이삭과 야곱, 그리고 다윗과 맺으신 당신의 영원한 언약에 대해 진실하지 않으시다면, 그런 변덕스러운 하나님에 대해 이방인 신자들이 어떤 소망과 확신을 가질 수 있겠는가? 만약 하나님께서 이스라엘 백성과의 당신의 영원한 언약을 깨뜨리신다면 바로 그 하나님께서 당신에게 주신 약속과 언약들을 지키실 것이라고 어떻게 여러분이 확신할 수 있겠는가?

② 이중언약 교리

"그리하여 온 이스라엘이 구원을 받으리라"(롬 11:26 상).

이스라엘과 관련한 거짓의 아버지인 사탄의 두 번째 거짓말은 바로 이 약속과 관련되어 있다. 즉 이 약속으로 인해 궁극적으로는 '온 이스라엘이 구원을 받을 것'이기 때문에(토라로 편저자 주) "유대인들에게는, 구태여 복음을 전할 필요가 없다"(이중언약 교리 편저자 주)는 거짓된 생각이 많은 신실한 신자들과 교회의 중심에 널리 퍼져 있게 되었다. 그러나 이 위대한 약속은 주님께서 다시 오시는 날에 살아 있을 유대인에게만 해당되는 것이다.

이 약속은 전체 성경에서 가장 중요한 세 개의 장인 로마서 9, 10, 11장에 관련되어 있다. 이곳에서 읽는 사람의 마음에 확신을 주기 위한 바울의 울부짖음을 볼 수 있다. 바울 사도는 성경을 읽는 사람들이 하나님께서 그의 백성인 이스라엘을 버리시지 않았다는 것을 이해하기 원했다. 하나님께서는 신실하신 하나님이며, 따라서 이스라엘 백성에게 주신 당신의 약속을 분명히 이루실 것이다. 신자로서 그분의 사랑과 신실하신 손에 당신의 모든 삶을 믿고 의지할 수 있다. 그래서 먹든지, 마시든지, 살든지, 죽든지, 당신은 이스라엘의 하나님께 순종해야 하며 모든 것을 그분의 영광을 위해 해야 한다.

바울은 하나님께서 완벽한 시점에 이스라엘 나라를 회복하실 것을 확신하기를 원하고 있다. 로마서 9, 10, 11장에서 그는 언약의 백성에 대한 하나님의 신실하심을 변호하고 있다.

> "… 이스라엘의 하나님을 의심하지 말라 때가 차면 하나님께서는 자기 백성에게 하신 구원자가 시온에서 오사 야곱에게서 경건하지 않은 것을 돌이키시겠다는 약속을 반드시 이루실 것이다"(롬 11:25-29 참고 편저자 주).

바울은 다니엘 7장과 스가랴 12장과 14장에 묘사된 것과 같은 주님께서 다시 오시는 것을 의미하고 있다. 그때에는 하나의 나라로서 이스라엘이 그 찌른 바 그를 보고 전체적인 위대한 회개가 있을 것이고 이에 따라 온 이스라엘이 구원을 얻을 것이다. 그러나 이스라엘이 하나님의 언약의 백성이고 선택된 나라일지라도 구원에 관해서는 차별이 없다.

> "유대인이나 헬라인이나 차별이 없음이라 한 분이신 주께서 모든 사람의 주가 되사 그를 부르는 모든 사람에게 부요하시도다"(롬 10:12).

유대인이든 이방인이든 구원을 얻는 유일한 길은 예수님의 이름을 부르는 것이다. 그러나 우리는 여기서 "그런즉 그들이 믿지 아니하는 이를 어찌 믿으리요 전파하는 자가 없이 어찌 들으리요"(롬 10:14)라는 말씀을 주의 깊게 살펴야 한다.

거듭난 신자로서 우리는 복음을 가지고 "먼저는 유대인에게요", 그리고 이방인을 향해, 나아가 온 세계로 가라는 명령을 받았다(막 16:15).

> "내가 복음을 부끄러워하지 아니하노니 이 복음은 모든 믿는 자에게 구원을 주시는 하나님의 능력이 됨이라 먼저는 유대인에게요 그리고 헬라인에게로다"
> (롬 1:16).

바울은 하나님의 관점에서 유대인의 중요성을 알았고 그래서 먼저 유대인에게 복음을 전하라고 명령했다. 이것은 그들이 이방인보다 더 낫거나, 보다 거룩하거나, 좀더 아름답기 때문이 아니다. 다만 "그들을 버리는 것이 세상의 화목이 되거든 그 받아들이는 것이 죽은 자 가운데서 살아나는 것이 아니면 무엇이리요"(롬 11:15)이기 때문이다.

하나님께서 너무도 사랑하시는 여러분, 나는 온 열방의 신자가 하나님의 손에 들린 도구가 되어, "이방인 신자들이 이스라엘의 시기(질투)를 일으키라"는 주님의 부르심을 이룰 하나님의 시간이 왔다는 것을 성령님 안에서 확신한다. 주님께서 먼저 모세에게 "내가 백성 아닌 자로써 너희를 시기하게 하며 미련한 백성으로써 너희를 노엽게 하리라" 하셨다(신 32:21; 롬 10:19). 그리고 나중에는 바울에게 "그러므로 내가 말하노니 그들이 넘어지기까지 실족하였느냐 그럴 수 없느니라 그들이 넘어짐으로 구원이 이방인에게 이르러 이스라엘로 시기나게 함이니라"(롬 11:11) 하셨다.

나는 모든 진정한 성도들이 이스라엘이 이사야 28장 16절에서 말씀하신 "시온에 두신 돌에 의해 넘어진 것"은 이스라엘이 시편 118편 22절에서 "집 모퉁이의 머릿돌이 된 건축자가 버린 돌"로 표현된 예수님을 거부했기 때문에, 구원이 이방인에게 흘러갔고, 이것은 이스라엘의 질투를 일으키기 위함이라는 것을 깨닫는 날이 올 것을 기다리고 있다. 그래서 바울은 "하나님께서 넘어지게 하기 위해 시온에 두신 돌에 의해 이스라엘이 실족하였는가?"라고 스스로 묻고 스스로 대답한다.

> "그럴 수 없느니라‥하나님이 모든 사람을 순종하지 아니하는 가운데 가두어 두심은 모든 사람에게 긍휼을 베풀려 하심이로다"(롬 11:11, 32).

소중한 믿음의 동역자 여러분, 이제 주님께서 우리가 이 복음을 가지고 지구상의 모든 부분에 가기를 위임하셨다는 이 놀라운 사실을 생각해 보시기 바란다. 복음은 이제 전 지구에 이르렀고, 하나님께서는 당신의 마른 **뼈**와 같이 된 언약의 백성을 그들의 약속된 땅으로 모으고 계시며 인자에게 다음과 같이 대언하라고 하신다.

> "또 내게 이르시되 인자야 너는 생기를 향하여 대언하라 생기에게 대언하여 이르기를 주 여호와께서 이같이 말씀하시기를 생기야 사방에서부터 와서 이 죽음을 당한 자에게 불어서 살아나게 하라 하셨다 하라"(겔 37:9).

유대인들은 여전히 그들의 죄 가운데 죽어 있고, 하나님께서는 사사시대와 같이 그들을 벌하고 계신다. 단지 이번에는 암몬 족속이나

에돔 족속, 모압 족속이 아닌 그들의 이슬람 이웃들에 의해서다(팔레스타인, 하마즈, 헤즈볼라, 이란, 시리아, 터키, 이집트, 쿠웨이트, 파키스탄 등 편저자 주).

이제 대부분의 세계가 이스라엘을 반대하고 있어 이스라엘은 고립되어 있고, 모든 희망을 잃어가고 있으며, 절망 가운데 지내고 있다. 마지막 때로 다가감에 따라 그들이 의지할 수 있는 것은 고대와 같이 같은 민족 안의 기드온이나 드보라, 삼손과 같은 직접적인 하나님의 사사가 아니다. 바로 유대인에게 예수님을 바로 믿고 잘되어 그들의 시기를 자극하라고 부름 받은 당신들과 같은 이방인들이지 않겠는가? 2,000년이 지난 바로 지금, 하나님께서 너무나도 이루기를 원하시는 그 일을 바로 당신이 하실 수 있는 그때가 마침내 온 것이 아닐까?

이제 하나님께서 이방인 신자들인 당신들이 사방의 바람과 함께 와서, 죽어 있는 이들에게 생기를 불어넣어 그들이 믿음을 갖게 하고, '구원의 반석'(메시아 예수 그리스도 편저자 주)을 의지하여 생명을 얻을 수 있게 되기를(요 10:10하 편저자 주) 원하시지 않을까? 이제 이방인 신자들이 복음을 "유대인에게 먼저" 선포함으로, 이스라엘을 질투하게 해서, 약속된 성령님께서 마른 뼈에 들어가시도록 해야 할 때가 아닐까?(겔 37:9-10 편저자 주) 아마도 우리가 만약 이스라엘의 변화의 필요성을 부인하면 우리 자신의 구원의 기초를 허물 수 있다는 것을 마침내 이해하게 될 수 있을 것이다.

하나님의 사랑을 입은 여러분, 하나의 국가로서의 이스라엘은 기로에 서 있는 것처럼 보인다. 그들이 예수님을 거부하기를 계속하면 할수록 그들은 계속 잘못된 길을 가게 된다. 우리 유대인들과 이방인 신자들이 '한 새 사람'(엡 2:15하)으로 함께 일어설 때가 왔다. 하나님의 가족인 우리들이 이스라엘이 그 역사상 바로 이 시점에 옳은 길을 찾도록 도와줄 수 있다. 더 이상 하나님께는 모세, 사무엘, 예레미야, 바울, 베드로나 요한과 같은 사람들이 있는 것이 아니다. 바로 어느 곳에 있든지, 어떤 사람이든지, 성령님으로 거듭난 당신과 같은 사람(이방 그리스도인 편저자 주)들이 있다.

하나님의 은혜와 부르심에 따라 나는 "이스라엘을 위한 구원의 나팔"(Trumpet of Salvation to Israel)을 설립하게 되었다. 우리의 사역은 "유대교인과 이방인 신자들이 마음과 영으로 연합하여 시온을 향해 나팔을 불게 하는 것"이다. 지난 20년간(1984년 설립 편저자 주) 주님께서는 "이스라엘을 위한 구원의 나팔"을 사용하셔서, 유대인과 이방인 신자들이 유대인들에게 유대적인 방법으로 유대인의 복음을 전할 수 있도록 가르치고 격려하고 도전해 오고 있다. 하나님의 은혜로 우리는 믿음을 갖게 된 많은 사람들을 훈련시키고 새롭게 얻은 믿음을 위한 기본적인 원칙들을 가르치고 하나님의 진리 앞에 서도록 했다.

우리는 이제 그들의 삶이 하나님과 나라를 위한 것이라는 것을 이해할 수 있도록 도와주었고, 가족과 전통적인 종교로부터 오는 압력을 이길 수 있도록 격려하고 도와주었다. 또한 그들에게 맞는 메시아닉 교회를 찾는 것을 도와주어, 이스라엘에서의 유대인 메시아닉 신자들의 공동체가 성장할 수 있도록 도왔다.

20년이 지난 지금(2004년 편저자 주), "이스라엘을 위한 구원의 나팔"은 하나님의 언약의 백성들 가운데의 주님의 사역에서 새로운 전환점에 서 있다. 그 어느 때보다 바로 지금 이스라엘에서의 주님의 일을 위한 동역자를 필요로 하고 있다. 지금까지 읽은 것에 대해 생각하고 묵상하고 기도할 시간을 가지시기를 바란다. 이것이 하나님께서 완성하기를 원하시는 그분에 대한 이야기라는 것을 기억해 주시기 바란다. 우리에게 있어 그분의 뜻이 이 땅에 이루어지는 데 참여하는 것은 의무이자 위대한 특권이다.

하나님께서 너무도 사랑하시는 여러분, 지금 이스라엘은 '시내산'에서 '시온'으로 갈 수 있기를, '더 위대한 새 언약'을 얻을 수 있기를 위해, 너무도 당신을 필요로 한다. 구체적으로 "이스라엘을 위한 구원의 나팔"은 하나님께서 원하시는 것을 이루기 위해 당신의 도움이 너무도 필요하다. 유대인을 시기나게 해서 그들을 전능하신 하나님께 돌아오게 하고, 예수님을 유대적인 배경에서 소개하도록 하나님께서 당신을 부르고 계신다. 찰스 스펄전의 말을 인용해서 우리 각자 모두에게 명하신 하나님의 사명에 대한 내 마음의 의도를 정리하도록 하겠다.

만약 당신이 자나깨나 누릴 수 있는 그 진정한 기쁨을 너무도 원한다면 재산이 늘어나는 기쁨이나 지식이 늘어나는 기쁨, 다른 사람에게 영향을 미치는 기쁨이나 다른 어떤 것도 '한 영혼을 죽음에서 구해서 잃어버린 우리 가족을 우리의 위대한 아버지 집에 회복하는 것'과는 비교할 수 없다.

이스라엘의 역사상 가장 중요한 이 순간에 이루어질 하나님의 뜻에 참여하기를 원하신다면 우리 주 예수님의 이름으로 기도하시고 요청하시기 바란다. 전화나 편지를 써 주시기 바란다. 우리는 여러분들로부터 소식을 듣는 것을 좋아한다. "이스라엘을 위한 구원의 나팔"의 중요사역에 대해서나 이제 읽기를 마친 이 책(《WHY ME?》 편저자 주)에 대한 더 많은 정보나 어떤 질문이나 의견이 있다면 책의 첫 부분에 나오는 이스라엘의 주소로 언제든 보내주시기 바란다. 여러분으로부터 소식을 듣기를 기대한다.

 무엇보다 하나님을 찬양한다. 그분께 경배와 사랑을 드리며 순종한다. 여러분 안에서 역사하시는 그분의 모든 사랑과 신실하심과 은혜가 더 위대한 사랑과 믿음으로 자라 어느 곳에서나 하나님을 섬기고, 그분의 영광을 위한 삶이 되시기를 원한다.

"내가 내 아버지 집에 있어야 될 줄을 알지 못하셨나이까"(눅 2:49 하).

이런 기쁨의 선언을 예수님과 같이 하실 수 있기를 기도드린다.

– 주님께서 사심으로
야곱 담카니

제9장
"먼저는 유대인에게"를 어떻게 설교해야 하는가?

글: 김충렬

"에프라임 산에서 파수꾼들이 외치는 날이 있다. 일어나라. 우리가 찌온으로 올라가자. 우리 하나님 야훼께로. 이는 야훼께서 이렇게 말씀하셨기 때문이다. 야아콥을 위하여 기뻐 외치라. 그 나라들 앞에서 소리 높여라. 외쳐 찬양하며 말하라. 야훼시여, 당신의 백성을 구원하십시오. 이스라엘의 남은 자를"

(렘 31:6-7, 히브리어 직역 성경).

브래드 TV에서 2020년 하누카 8일째 예배에서 설교하는 모습

이스라엘이 경배할 때까지

TJC II 아시아 성회 개회예배

> "그러므로 너희가 회개하고 돌이켜 너희 죄 없이 함을 받으라 이같이 하면 새롭게 되는 날이 주 앞으로부터 이를 것이요 또 주께서 너희를 위하여 예정하신 그리스도 곧 예수를 보내시리니 하나님이 영원 전부터 거룩한 선지자들의 입을 통하여 말씀하신 바 만물을 회복하실 때까지는 하늘이 마땅히 그를 받아 두리라"(사도행전 3:19-21).

하나님께서 정하신 때에 대하여 우리가 종말을 향해 다가가고 있다는 사실을 생각할 때 우리는 지난날 기독교의 전 세대들을 통해서 계속 불타올랐던 소망이 무엇이었는지를 잘 알게 됩니다. 교회사를 공부해보면, 어느 시대에나 자기들이 마지막 시대에 살고 있다고 확신했던 급진적이고 예언자적인 소수의 남은 자들이 항상 있었습니다. 그러한 성도들은 자기 세대의 '악한 자들'을 적그리스도로 해석했고, 자기들이 나름대로 겪는 고통을 대환란이라고 여겼으며 주님의 재림을 직접 목격하기를 간절히 기대했습니다. 그러나 지나고 볼 때 그러한 지난 세대 성도들의 생각은 틀린 것이었습니다. 그들은 교리적 오류를 지닌 채 죽어 갔습니다. 문제가 있는 신앙인 것은 분명합니다. 그러나 그들에게 옳은 면도 있었습니다. 그것은 마지막 때와 주님의 재림을 준비해야 한다는 종말론적 믿음 자체는 필요한 것이었기 때문입니다. 사실 그런 마지막 때와 주님의 재림에 대한 믿음과 소망이 이 세대를 거쳐 오늘까지 이어져 내려올 수 있었던 것은 바로 그들의 열심과 예언적인 열정 때문이었습니다.

그러면 오늘 우리는 어떻습니까? 모든 상황을 검토해 볼 때 과연 우리는 우리가 마지막 시대에 살고 있다고 확신할 수 있을까요? 우리도 역시 이전 세대의 열정적인 성도들같이 우리 시대의 예언적 징표를 오해하고 지나치게 해석할 수도 있지 않을까요? 아마 그럴 수도 있을 것입니다. 그러나 우리는 이전 세대들이 전혀 보지 못했던 어떤 것들을 목격하고 있다는 것을 알아야 하겠습니다. 무엇보다도 우리는 이천 년 전에 멸망해 전 세계로 흩어졌던 이스라엘이 국가로서 부활하고 회복된 것을 보고 있으며, 역사적으로 당한 핍박 때문에 반기독교적인 자세와 태도가 강한 유대인들 세계 속에서 예수님을 영접하는 사람들이 계속해서 늘어나고 있고 영적 리더들도 계속해서 생기고 있는 것을 보게 됩니다. 이것은 우리 세대에 너무도 중요한 징표임에 틀림없습니다. 그렇다면 이런 질문이 제기될 수 있다는 것입니다.

"그러면 지금이 정말 최종적인 이스라엘의 회복의 때인가?"

하나님의 전체 계획 안에서 지금 우리가 어떤 연대기적인 위치에 있는가를 알기 위해서 성경을 찾아볼 때 우리는 이 주제와 연관된 시간 개념을 제공하고 있는 '…때까지'라는 단어를 포함해서 많은 예언의 말씀을 발견하게 됩니다. 가령 사도 베드로가 예루살렘에 모인 무리에게 증거할 때 외친 말씀 중에서 '때까지'를 발견할 수 있습니다. 오늘 본문 19절을 보시기 바랍니다.

"그러므로 너희가 회개하고 돌이켜 너희 죄 없이 함을 받으라 이같이 하면 새롭게 되는 날이 주 앞으로부터 이를 것이요."

여기서 우리가 사도 베드로의 말을 잘 살펴보면 몇 가지 중요한 사건들을 발견할 수 있게 됩니다.

첫째, 그는 유대인들이 회개하고 주님께로 돌아오면 그들이 새롭게 되는 날이 올 것이라고 확언하고 있습니다.

둘째, 메시아이신 예수님을 그들을 위하여 예정되어 있는 분이라고 선포하고 있습니다.

셋째, 그는 옛 예언자들이 말한 모든 것이 회복될 시기가 될 때까지는 하늘이 하나님이신 예수님을 붙들어 두고 있어 예수님께서 지금 즉시 땅으로 내려오시지 못하는 것이라고 말하고 있습니다. 다른 번역에 의하면 '지금 당장 오시지 못하도록 예수님을 하늘이 간직하고 있어야 한다'고 강조하고 있습니다.

그러므로 우리는 주님의 재림, 즉 이 시대의 끝은 회복의 때가 되어야 이루어지는 것임을 알게 됩니다. 그렇다면 우리는 이렇게 질문할 수도 있을 것입니다.

"선지자들이 회복될 것이라고 예언했던 것들은 무엇을 말하는가? 미래에 대한 그들의 예언적 비전이 강조하고 있는 것은 무엇인가?"

구약의 선지자들이 선포했던 회복의 메시지를 간단히 살펴봅니다. 그들의 모든 예언적 기대는 거의 마지막 때의 이스라엘 회복을 초점으로 하고 있음을 분명히 합니다. 즉 그들은 모두 이스라엘 민족이 고토로 다시 돌아올 것이고 그들의 마음이 다시 하나님께로 향할 것이며 예루살렘 거리에서 예배가 회복될 것이고 땅 자체가 충만하게 열매를 맺도록 회복될 것이라고 선포했습니다. 실로 이스라엘이 하나님의 회복과 치유의 역사를 충분히 경험할 때까지 예수님은 자기의 신부와 기업을 위하여 다시 오실 수가 없는 것입니다. 그래서 이 시간 성경에 나타난 예수님의 재림의 시기에 대한 언급을 '언제까지는 예수님의 재림이 이루어지지 않는다'는 부정적인 표현으로 찾아보겠습니다. 다섯 가지 내용으로 살펴봅니다.

첫째, 이스라엘 땅이 충분히 황폐해질 때까지는 예수님의 재림이 이루어지지 않습니다.

이사야 선지자가 성전 안에서 거룩한 하나님의 임재를 접했을 때 그의 삶은 온전히 전환되었습니다. 그때 그는 독특한 사명과 함께 이런 말씀을 받았습니다.

"이 백성의 마음을 둔하게 하며 그들의 귀가 막히고 그들의 눈이 감기게 하라 염려하건대 그들이 눈으로 보고 귀로 듣고 마음으로 깨닫고 다시 돌아와 고침을 받을까 하노라 하시기로"(사 6:10).

정말 이 말씀은 다르게 해석하면 제대로 해석될 수 없는 말씀입니다. 다만 열방을 위하여 이스라엘을 버리신 하나님의 목적의 빛 안에서만 이해될 수 있는 이상한 부르심입니다. 단지 하나님의 부르심의 예언의 중요성을 이해했던 이사야 선지자는 "주여, 어느 때까지니이까?"(사 6:11) 하고 되묻습니다. 그때 그는 하나님의 행동에 대해 "왜 그렇게 하십니까?"라고 묻지 않고, 다만 하나님의 구속의 은혜가 열방을 계속 휩쓰는 동안 이스라엘은 얼마나 오랫동안 치유되지 않은 채 그냥 '뒷전'에 놓여 있을 것인지에 대해 묻고 있습니다. 거기에 대해 하나님께서는 조용히 대답하셨습니다.

"내가 이르되 주여 어느 때까지니이까 하였더니 주께서 대답하시되 성읍들은 황폐하여 주민이 없으며 가옥들에는 사람이 없고 이 토지는 황폐하게 되며 여호와께서 사람들을 멀리 옮기셔서 이 땅 가운데에 황폐한 곳이 많을 때까지니라"(사 6:11-12).

하나님께서 그들을 다시 회복하실 때까지 얼마나 오래 기다려야 합니까? 거기에 대한 하나님의 대답은 '이스라엘의 땅이 나의 심판을 충분히 받을 때까지'였습니다. 그런데 이 '…때까지'의 시간은 이제 다 채워져 가고 있습니다. 왜냐하면 이스라엘의 땅이 수천 년 동안 완전히 황폐해졌고 짓밟혔던 것을 역사가 증명하고 있기 때문입니다. 그 땅을 침략해 들어온 정복자들은 계속해서 보물들을 탈취해 갔고, 그 땅은 사랑받지 못하고, 경작도 되지 못하며 돌봄을 받지 못하는 가운데 그 생명력을 잃어 갔습니다. 이스라엘의 소수의 사람들이 20세기 초에 그 약속의 땅에 처음 발을 디뎠을 때, 그곳은 습지와 말라리아로 가득 차 폐허가 되었다고 기록되어 있었습니다. 과거의 영광과 풍성함은 전혀 남아 있지 않았습니다. 그런데 이제는 그 황폐한 땅이 서서히 사람들이 살 만한 땅으로 바뀌어 가고 있습니다.

둘째, 예루살렘이 해방될 때까지는 예수님의 재림이 이루어지지 않습니다.

주 예수님께서는 곧 닥쳐올 멸망을 미리 예견하시고 거주민들에게 도망치라고 경고하시면서 이렇게 말씀을 마치셨습니다.

"그들이 칼날에 죽임을 당하며 모든 이방에 사로잡혀 가겠고 예루살렘은 이방인의 때가 차기까지 이방인들에게 밟히리라"(눅 21:24).

이것이 우리가 상고할 또 하나의 '…때까지'입니다.

예수님께서는 예루살렘의 임박한 파멸과 미래의 회복을 동시에 말씀하셨습니다. 주님은 강력한 예언적 선포를 통해 이스라엘이 포로로 잡혀갈 것이며 예루살렘이 오랫동안 이방인들의 통치 아래 있게 될 것이라고 말씀하셨습니다. 그러면 그 기간은 정확하게 얼마 동안입니까? 수치와 포로와 속박의 깃발이 언제 제거될 것인가에 대한 질문에 주님께서는 "이방인의 때가 차기까지"라고 친히 대답하셨습니다. 그런데 여러분, 보세요. 지금은 예루살렘이 더 이상 이방인들에게 짓밟히고 있지 않습니다. 많은 학자들이 이 '…때까지'는 1967년 6월 6일 전쟁 당시 이스라엘의 신속한 공격에 의해서 예루살렘의 구 시가지가 탈환되었을 때 성취되었다고 말합니다. 사실 신비한 것은 그 전쟁 기간 동안 이스라엘로서는 예루살렘을 탈환할 계획이 전혀 없었습니다. 다만 요르단과의 접경인 동부 국경선을 평화롭게 지키기를 원했습니다. 그런데 요르단의 후세인 왕이 먼저 공격을 해 왔고 이에 이스라엘이 대응하면서 며칠 내로 이스라엘은 유대와 사마리아와 예루살렘 전 시가지를 탈환할 수 있었습니다.

이것이 단순히 두 나라 간의 전쟁 사건과 그 결과인 것 같지만 그렇지 않다고 봅니다. 그날은 구속사에서, 하늘에서도 중대한 변화의 획이 그어지는 날이었습니다. 예루살렘은 그날을 계기로 예수님께서 '이방인의 때'라고 하셨던 그 예언의 때를 벗어나게 되었던 것입니다.

물론 하나님께서는 여전히 이 세상의 모든 민족에게 관심을 가지고 계십니다. 하나님께서 모든 종족과 방언과 민족과 나라에서 추수의 역사를 진행하고 계신 것도 사실이라는 것을 깨달아야 하겠습니다. 그러나 동시에 예루살렘이 거의 이천 년이 지난 후에 다시 탈환되었을 때 이스라엘의 회복은 한 발자국 더 앞으로 성큼 다가간 것이라는 것을 알아야겠습니다. 이렇게 해서 '…때까지'의 시간은 거의 채워졌다고 보는 것입니다.

셋째, 이스라엘 민족이 경배할 때까지는 예수님의 재림이 이루어지지 않습니다.

예수님께서 자녀들을 당신 품안에 모으려고 하셨던 엄청난 갈망과 사랑 때문에 눈물을 흘리시며 예루살렘에 대해 거듭 예언하신 적이 있습니다. 그들의 불신앙과 거절을 대하시면 주님은 이렇게 울면서 외치셨습니다.

"내가 너희에게 이르노니 이제부터 너희는 찬송하리로다 주의 이름으로 오시는 이여 할 때까지 나를 보지 못하리라"(마 23:39).

이때 성령님으로 충만하신 예수님께서는 이제부터 수세기 동안 유대인들이 당할 고난과 배척을 이미 다 알고 계셨던 것입니다. 주님께서는 이스라엘이 지나가야 할 긴 죽음의 계곡을 이미 보고 계셨지만 또한 그 계곡의 끝도 보셨습니다. 그래서 주님께서는 그들이 진정한 믿음과 감사의 마음으로 주님을 향할 때까지 그들이 주님을 볼 수 없을 것이라고 선포하셨습니다. 그러나 이 '…때까지'의 시간은 지금 우리 시대에 채워지고 있는 것입니다.

언젠가 이스라엘 전체가 하나님을 제대로 알 때가 오겠지만 이미 그 기적이 시작되고 있음을 보고 있습니다. 이스라엘 땅 전역에 자생적인 그리스도인의 모임이 이미 수십 개나 존재하고 있습니다. 그들의 이름은 메시아닉 쥬입니다. 그들은 이미 "찬송하리로다 주의 이름으로 오시는 이여!"라고 외치며 예언의 증인으로 서 있습니다.

제가 김종철 감독이 제작한 "회복"이라는 다큐멘터리 영화를 보니까 그 귀한 이스라엘의 지체들은 두 손을 높이 들고 뜨거운 가슴으로 오늘날 온 민족을 추수할 때가 다가오고 있음을 증거하고 있습니다. 그리하여 "언제까지 이스라엘이 눈이 멀어 있을 것입니까?"라는 질문에서 '…때까지'는 바로 오늘날 거의 다 채워져가고 있습니다.

넷째, 이방인의 수가 충만할 때까지는 예수님의 재림이 이루어지지 않습니다.

로마서 9-11장 부분 가운데에서 사도 바울은 이스라엘의 부르심과 넘어짐과 회복의 신비를 설명하면서 이렇게 말하고 있습니다.

"형제들아 너희가 스스로 지혜 있다 하면서 이 신비를 너희가 모르기를 내가 원하지 아니하노니 이 신비는 이방인의 충만한 수가 들어오기까지 이스라엘의 더러는 우둔하게 된 것이라"(롬 11:25).

바로 여기에 또 하나의 '…때까지'가 있습니다. 여기서 사도 바울은 이스라엘 중 일부가 우둔해졌을 뿐이고 이러한 우둔함은 이방인의 수가 충만해질 때까지만 지속될 것이라고 강조해서 밝히고 있습니다. 따라서 우리는 그 이방인의 충만한 수가 무엇이며 이미 우리에게 이 일이 이루어졌는지 묻지 않을 수 없습니다. 이스라엘의 부분적인 우둔함이 제거될 때가 바로 지금일까요?

⑴ 이스라엘을 치유하고 구속하실 하나님의 계획은 곧 추수의 양과 관련이 있다는 것을 믿습니다. 하나님께서는 생명책과 펜을 갖고 계셔서 구속된 자들의 이름을 기록하십니다. 그리고 그 충만한 수가 다 차면 하나님께서는 다시 한 번 이스라엘에게 관심을 쏟고 초점을 맞추실 것입니다.

(2) 이방 민족들의 충만함이란 불경건한 자들의 죄악의 잔이 채워지는 것과 관련이 있음이 분명합니다. 하나님께서 조상 아브라함에게 그의 자손들이 애굽에서 약속의 땅으로 돌아오는 것과 관련하여 이렇게 말씀하신 적이 있습니다.

"네 자손은 사대 만에 이 땅으로 돌아오리니 이는 아모리 족속의 죄악이 아직 가득 차지 아니함이니라 하시더니"(창 15:16).

다시 말해서 아모리 족속의 죄악과 사악함이 아직 충만함에 달하지 않았기에 심판이 시행될 수 없었던 것입니다. 이와 마찬가지로 이 세상의 종말에는 크신 자비로 오래 참으신 하나님께서도 "이제 더 이상 안 된다!"라고 말씀하실 때가 올 것입니다. 죄악의 잔이 가득 차고 우리가 그 충만함에 이르게 되면 심판은 더 이상 지연될 수 없습니다.

(3) 이방인의 충만함이란 하나님의 성령께서 교회에 충만해진다는 복된 약속을 의미하기도 합니다. 예언된 대로 성도들의 성숙과 그리스도의 신부의 완성은 경건한 자들이 성령으로 충만하고 주 예수님의 형상을 입는 것을 특징으로 하게 되는 것입니다. 그러므로 지구상의 모든 열방으로부터 불러냄을 받은 주님의 교회는 반드시 충만함에 이르러야 하며 이 충만함이 없이는 이스라엘의 충만함도 이루어질 수 없는 것입니다. 그런데 세계 도처에서 실로 이방인 교회들과 성도들이 바로 충만함에 이르고 있기에 '…때까지'가 이루어져 가고 있는 것입니다.

**마지막으로 유대인과 이방인이 주 예수님 안에서 '한 새 사람'
(엡 2:15)을 이루기까지는 예수님께서 재림하시지 않을 것입니다.**

가장 의미가 깊은 '…때까지'는 선지자 미가의 예언에 언급되어 있습니다. 여기에는 성육신하신 하나님의 아들의 강림에 대한 예언적 계시가 펼쳐 보여지고 있으며 메시아의 영원한 영광이 드러나고 있습니다.

> "그러므로 여인이 해산하기까지 그들을 붙여 두시겠고 그 후에는 그의 형제 가운데에 남은 자가 이스라엘 자손에게로 돌아오리니"(미 5:3).

사실상 이스라엘은 유대인과 이방인이 주 예수 안에서 한 새 사람을 이루어 함께 한 아버지 하나님께로 연합할 때까지는 버려진 채로 남아 있을 것입니다. 그런데 이방인 교회들 가운데 '이스라엘의 회복'에 대한 신비를 깨닫고 이스라엘의 영육의 회복을 위해 기도하고 힘쓰며 교회가 역사적으로 이스라엘 민족에게 범한 죄를 회개하는 운동이 일어나고 있습니다. 또한 이스라엘 내에 메시아닉 쥬 교회들에서도 자신들이 교만하고 완악했던 것을 회개하며 이방인 그리스도인들을 형제로 받아들이는 일들이 서서히 일어나고 있습니다. 이런 일들로 보아서 이 '…때까지'의 예언이 이루어져 가고 있는 줄로 믿습니다.

오늘 이 역사적인 자리에 모인 이스라엘 회복 동역자 여러분, 하나님의 구속사에서 오늘이라는 시간은 이런 의미의 '카이로스'의 시간입니다. 즉 2천 년 전에 예루살렘과 유대와 사마리아의 이스라엘 선교를 넘어서 땅끝(열방)으로 향했던 선교의 물결이, 이제는 출발점인 예루살렘(이스라엘)으로 향해 나가므로, 이제는 우리가 성령님께서 보여주시는 제2의 예루살렘 공의회의 환상을 보는 단계까지 왔다는 것입니다.

따라서 우리 모두 이번을 계기로 각자의 위치에서 각자의 은사로, 또한 연합하여 온 이스라엘이 예수님께 경배할 때까지 그리스도의 몸 안에서 유대인과 이방인의 하나 됨을 위해, 그리고 예수님께서 이루시는 일을 위해 우리 속에서 능력을 행하시는 이의 역사를 따라 힘을 다하여 수고할 수 있기를 바랍니다.

(2012년 8월 13일)

이스라엘의 재발견

영세교회 종교개혁주일 예배

"형제들아 너희가 스스로 지혜 있다 하면서 이 신비를 너희가 모르기를 내가 원하지 아니하노니 이 신비는 이방인의 충만한 수가 들어오기까지 이스라엘의 더러는 우둔하게 된 것이라 그리하여 온 이스라엘이 구원을 받으리라 기록된 바 구원자가 시온에서 오사 야곱에게서 경건하지 않은 것을 돌이키시겠고 내가 그들의 죄를 없이 할 때에 그들에게 이루어질 내 언약이 이것이라 함과 같으니라 복음으로 하면 그들이 너희로 말미암아 원수 된 자요 택하심으로 하면 조상들로 말미암아 사랑을 입은 자라 하나님의 은사와 부르심에는 후회하심이 없느니라 너희가 전에는 하나님께 순종하지 아니하더니 이스라엘이 순종하지 아니함으로 이제 긍휼을 입었는지라 이와 같이 이 사람들이 순종하지 아니하니 이는 너희에게 베푸시는 긍휼로 이제 그들도 긍휼을 얻게 하려 하심이라 하나님이 모든 사람을 순종하지 아니하는 가운데 가두어 두심은 모든 사람에게 긍휼을 베풀려 하심이로다" (로마서 11:25-32).

성도 여러분, '독도'가 어느 나라 땅인가요? 말할 것도 없이 우리 '대한민국의 땅'입니다. 역사적으로, 문헌적으로, 지리적으로, 기타 여러 면에서 우리나라 땅입니다. 그런데 왜 일본의 극우단체와 정치가들과 많은 일본 사람들과 다음 세대들은 '다케시마'라고 부르며 자기들의 땅이라고 집요하게 주장하는 것입니까? 그 땅이 상징적, 정치적, 안보적, 경제적, 기타 여러 면에서 매우 중요하기 때문입니다. 그리고 계속하여 일본 사람들이 자기들의 땅이라고 주장하는 이유는 그들의 선대들이 역사 교육을 왜곡되게 시켰기 때문입니다. 즉 일본의 다음 세대들이 객관적, 역사적, 문헌적 근거보다는 자기네 나라의 극우적인 정치가들의 말만 믿고 따르기 때문입니다.

저는 불과 2년 6개월 전만 해도 중동 지역에 왜 전쟁과 테러가 끊이지 않는지를 도무지 이해할 수가 없었습니다. 대부분의 TV나 신문에서 얻는 정보에 의하면, 이스라엘이 바로 그 분쟁과 비극의 원인 제공자인 것만 같았습니다. 그러나 2010년 4월 하순에, 유대인으로서 예수님을 영접한 메시아닉 쥬인 루벤 도런이 쓴《한 새 사람》과 야콥 담카니가 쓴《WHY ME?》를 읽다가 '이스라엘의 회복'에 대한 성경적 계시를 깨달은 다음부터는 생각이 근본적으로 달라지기 시작했습니다. 그 기회로 인해 로마서를 중심으로 성경을 다시 새로운 관점에서 읽기 시작하면서, 그런 이해가 얼마나 역사에 대한 무지와 오해, 그리고 아브라함과 이삭과 야곱을 선택하신 하나님을 대적하는 생각에서 비롯된 것인지를 비로소 깨달았습니다.

이스라엘과 아랍 간 갈등에 대한 그러한 혼란과 무지의 배경에는 여러 가지 이유가 있을 것입니다. 무엇보다도 CNN을 비롯한 대중매체의 주류가 반 이스라엘로 편향된 시각을 가지고 있기 때문입니다. 그들은 마치 1948년에 독립 국가를 이룬 현대 이스라엘 국가의 성립의 근거는 희박하고, 오히려 팔레스타인 난민의 영토에 대한 주장이 정당한 것처럼 여론을 유도해 왔습니다.

실제적으로 우리는 이스라엘의 건국이 철저한 국제적 합의와 상당한 절차를 밟아서 이루어졌다는 사실에 대해서는 들을 기회가 없는 것이 현실입니다. 그뿐만 아니라 우리들, 이스라엘 백성들을 통해 계시된 구약과 신약을 신앙과 삶의 유일한 기준으로 삼는다고 하는 그리스도인들 스스로가 진실을 알고자 노력한 바가 거의 없었던 것이 더 큰 문제입니다. 우리는 대중매체에서 흘러나오는 보도나 남들에게서 들은 몇 마디 말, 혹은 시중에 나도는 소문을 그 진상 여부를 확인해 보지도 않은 채 진실인 것처럼 쉽게 믿어버리는 경향이 있습니다.

오바마 대통령이나 유엔 사무총장이나 카터 전 대통령 같은 유명인사들이 "이스라엘은 1967년 6일 전쟁 이전의 영토로 되돌려야 한다"라는 말을 공개적으로 함으로 더욱 이스라엘에 대해 잘못된 편견을 가지게 되었습니다.

그러나 이제는 이스라엘과 팔레스타인의 문제를 우리가 객관적으로, 상식적으로 진지하게 다시 생각해보아야 합니다. 우선 지난 1900여 년 동안 나라 없이 전 세계에 뿔뿔이 흩어져 살던 한 민족이 1948년에 지난날 자신의 조상들이 살던 그 땅에 다시 돌아와 나라를 세우고, UN으로부터 독립을 허락받았다는 것 자체가 얼마나 놀라운 사건입니까? 많은 성경학자들은 이것은 예수님의 부활 사건

다음으로 기적이라고 말하고 있습니다. 지난 64년간 세계 최강대국인 미국을 배후에서 움직여왔고 과학과 문화, 정치, 경제, 군사 등에 엄청난 영향을 끼치고 있는 나라가 이스라엘입니다. 아울러 별 의미가 없어 보이는 중동의 조그마한 팔레스타인 지역의 땅 덩어리가 지난 64년간 온 세계의 뉴스의 초점이 되고 열강들을 분열과 혼란에 빠뜨렸습니다. 해가 더할수록 사태가 점점 더 심각해지는 것을 보게 됩니다. 이런 이유만이라도 우리는 그 문제의 저변에 '우리가 아직 모르는 무언가가 있는 것이 아닌가?' 하고 진지하게 생각해 보아야 할 것이 아닙니까?

그렇다면 우리가 이스라엘과 아랍 간의 갈등에 대한 진실을 알고자 한다면, 먼저 어떻게 접근해야 하겠습니까? 우선 오늘의 신문이나 TV나 인터넷 뉴스에 의지하는 것을 멈추어야 합니다. 먼저는 반드시 정확한 역사를 공부해야 하며, 무엇보다도 역사의 주관자이시며 이스라엘과 영원한 언약을 맺으신 '하나님께서 이스라엘에 대해서 하신 말씀'을 알아야만 합니다. 만약 우리가 성경을 통해 이스라엘에 대해서 기록된 말씀을 제대로 모른다면 가장 객관적인 정보를 빠뜨리고 있는 것입니다. 그래서 지금 중동에서 벌어지고 있는 문제를 제대로 이해할 길이 없는 것입니다. 이러한 이유로 저는 왜곡과 비방으로 둘러싸인 이스라엘에 대한 진정한 역사 연구와 성경을 통한 진실 드러내기가 매우 중요하다는 것을 새롭게 깨닫게 되었습니다.

저의 최근의 절실한 경험이 있습니다.

"성경을 통해 하나님께서 이스라엘에 대해서 하신 말씀과 이스라엘의 역사를 바로 아는 그 시간부터, 우리는 하나님이 계시하신 말씀을 반드시 지키시는 신실하신 분임을 부인할 수 없다."

믿으실 수 있습니까? 그렇게 되면 우리는 이 세상이 아무리 요동쳐도, 우리의 갈 길이 아무리 멀고 험해도 주님을 의지하며 평안함을 누리고 주님만 따르게 될 것입니다. 우리가 이제 성경을 통해 이스라엘을 바로 발견 혹은 재발견하면 어떻게 될까요? 마지막 시대를 맞이하여 자연히 이스라엘 편에 서게 될 것이며 동시에 그것이 하나님 편에 서는 것임을 깨닫게 되면서, 보다 용기 있게 살아가게 될 것입니다. 스가랴 2장 8절에서 그 사실을 확인할 수 있음을 굳게 믿습니다.

"만군의 여호와께서 이같이 말씀하시되 영광을 위하여 나를 너희를 노략한 여러 나라로 보내셨나니 너희를 범하는 자는 그의 눈동자를 범하는 것이라."

오늘 본문을 보시기 바랍니다. 이스라엘 민족이 자기 땅에 오신 메시아를 전체적으로 배척하여 저들이 넘어져서 이방 세계에 흩어졌지만, 그것이 하나님의 신비로서 마지막 때가 되면 이스라엘의 남은 자가 모두 구원받게 되리라는 것입니다. 사실은 저나 여러분이 이 말씀 하나만 제대로 깨달아도 그동안 가졌던 이스라엘에 대한 편견을 버리면서 이스라엘에 대한 새로운 이해를 하게 될 것입니다. 그래서 진정으로 겸손하고 확신에 넘치고 활력이 넘치는 신앙생활로 전환하게 될 것을 확신합니다. 이제 25절의 말씀을 보시기 바랍니다.

"형제들아 너희가 스스로 지혜 있다 하면서 이 신비를 너희가 모르기를 내가 원하지 아니하노니 이 신비는 이방인의 충만한 수가 들어오기까지 이스라엘의 더러는 우둔하게 된 것이라."

구속사적으로 볼 때 근본적으로 '하나님의 비밀'은 무엇일까요? 골로새서 1장 27절 하반절에서 사도 바울은 선언합니다.

"이 비밀은 너희 안에 계신 그리스도시니 곧 영광의 소망이니라."

저와 여러분, 그리고 이 땅의 이방인들 또 저 유대인들에게 공통적인 영광의 소망, 비밀이 있는데 그것은 다름 아닌 '성도 안에 계신 그리스도'입니다. 그리스도를 제대로 아는 자는 천국의 비밀을 깨달은 자로 믿으시기 바랍니다. 그리고 이제 본문 25절을 다시 보세요.

사도 바울은 이 영광의 소망, 하나님의 비밀이신 그리스도와 관련하여 또 하나님의 신비를 깨닫습니다. 즉 소극적인 면이기는 하지만 이스라엘의 완악함과 이스라엘의 실패는 엄청난 비밀임을 깨달은 것입니다. "이방인의 충만한 숫자가 들어오기까지, 이스라엘의 백성들은 더러는 우둔하게 될 것이라"고 했습니다. 무슨 뜻입니까? 하나님께서는 이방인들에게 복음을 주시기 위해 문을 열어놓으셨고, 이방인들의 구원의 문을 열어주기 위해 이스라엘의 구원의 문을 닫으셨다는 것입니다. 그 결과 선민인 이스라엘이 복음을 거부하게 되었고, 메시아를 십자가에 못 박아 죽였다는 것입니다.

이스라엘 백성들이 2천 년이 지난 지금까지도 전체적으로 예수님을 거부합니다. 왜 그럴까요? 그들이 강퍅한 면도 있지만, 많은 이방인의 숫자가 충만한 숫자로 채워지기 위함입니다. 보시기 바랍니다. 지렛대로 물건을 들기 위해서는 지렛대 아래에 무언가가 있어야 하지 않겠습니까? 이를테면 구원사에 있어 이스라엘이 그 지렛대의 역할을 한 것입니다. 이방인들을 움직이기 위해서 이스라엘이 그 역할을 한 것입니다.

하나님께서는 유대인들만 구원하시는 것이 아니고, 이방인들도 구원받게 하셨습니다. 즉 하나님께서는 이방인들을 버리지 않으시고 선택받은 이스라엘만 구원받게 하지도 않으시며, 모든 열방을 구원하기를 원하십니다. 지금도 하나님께서는 여러분 개인만 아니라 여러분의 가정, 일가친척까지 구원받기 원하시는 것과 같은 이치입니다.

여러분, 생각해 보세요. 만약에 이스라엘이 실패하지 않았다면 우리는 구원받지 못했을 것입니다. 따라서 이스라엘의 실패는 우리의 구원과 깊은 관계가 있는 것 아니겠습니까? 자, 그러면 이스라엘이 그렇게 우리를 위해 희생을 했다면, 이제는 우리가 이스라엘을 위해 희생할 차례가 아닙니까? 다시 한 번 생각해 보시기 바랍니다. 하나님께서는 이방인의 구원을 위하여 선민 이스라엘을 영원히 희생시키셨습니까? 절대로 아닙니다. 이스라엘을 선택하시어 이방인의 구원을 위해 그들을 대속적 민족으로 사용하신 하나님께서는 시간이 되면 그들을 반드시 다시 찾고 회복시키십니다. 이제 본문 26-27절을 보시기 바랍니다.

"그리하여 온 이스라엘이 구원을 받으리라 기록된 바 구원자가 시온에서 오사 야곱에게서 경건하지 않은 것을 돌이키시겠고 내가 그들의 죄를 없이 할 때에 그들에게 이루어질 내 언약이 이것이라 함과 같으니라."

보세요. 선민 이스라엘은 이방인을 위하여 희생을 당했지만, 하나님께서 결코 선민 이스라엘을 아주 버리신 것이 아닙니다. 이방인을 구원하신 하나님께서 왜 이스라엘을 구원하시지 않겠습니까? 이방인을 사랑하셨다면 왜 선민 이스라엘을 사랑하시지 않겠습니까? 우리는 성경의 예언들, 특별히 로마서 9~11장에 계시된 하나님의 신비로 인해 이스라엘이 마지막 때에 구원될 것을 확신해야 합니다. 바로 지금이 그 시작점이라는 것을 깨달으시기를 바랍니다.

사실 이스라엘이 지난 2천 년 동안에는 큰 바위처럼 조금도 움직이지 않았습니다. 그런데 최근에 들어와 성령님의 역사로 움직이기 시작했습니다. 유대인들은 복음과의 관계에서는 하나님과 원수가 되었습니다. 이방인의 구원을 위하여 하나님께서 그렇게 정하셨기 때문입니다. 그렇다고 하나님께서 이스라엘을 아예 버리신 것은 아니었습니다. 본문 28절을 보세요.

"복음으로 하면 그들이 너희로 말미암아 원수 된 자요 택하심으로 하면 조상들로 말미암아 사랑을 입은 자라."

그들이 비록 복음을 거부했고 메시아를 죽임으로 복음과 원수 된 관계에 있었지만, 그것은 이방인의 구원을 위하여 그렇게 사용된 것이기에 여전히 그들은 조상들로 인해 사랑을 입은 자들입니다. 절대로 하나님께서 포기한 자들이 아닙니다. 하나님께서는 그들을 끝까지 사랑하시고 그들이 회복되기를 원하십니다. 이제는 29-30절을 보시기 바랍니다.

> "하나님의 은사와 부르심에는 후회하심이 없느니라 너희가 전에는 하나님께 순종하지 아니하더니 이스라엘이 순종하지 아니함으로 이제 긍휼을 입었는지라."

사도 바울이 복음으로 동족 유대인의 마음을 두드렸지만, 대부분 마음을 열지 않았습니다. 그 결과 복음이 이방인에게로 갔습니다. 그러나 이방인에게 전하면서 사도 바울은 계속 눈물을 흘립니다. 왜냐하면 이방인은 구원을 받는데, 막상 선민인 동족 유대인들은 구원을 받지 못하기 때문입니다. 그렇게 되자 바울은 마음에 근심이 깊어졌습니다. 그러다가 문득 하나님의 신비를 깨닫게 된 것입니다. 그것은 하나님을 모르는 이방인들을 구원하시기 위한 하나님의 섭리였습니다. 이렇게 볼 때 하나님의 사랑이 얼마나 귀합니까? 하나님은 자기 자식을 죽이면서까지 남의 자식을 사랑하는 분이십니다. 31-32절을 보십시오. 이방인 그리스도인들에게 하시는 말씀입니다.

> "이와 같이 이 사람들이 순종하지 아니하니 이는 너희에게 베푸시는 긍휼로 이제 그들도 긍휼을 얻게 하려 하심이라 하나님이 모든 사람을 순종하지 아니하는 가운데 가두어 두심은 모든 사람에게 긍휼을 베풀려 하심이로다."

우선 쉽게 생각할 때 구원의 완성은 여러분만의 구원이 아닙니다. 여러분을 구원하신 것은 여러분의 가정 전체를 구원하라고 하신 뜻입니다. 또한 여러분 주변에 예수님을 믿지 않는 가족이 있다고 생각해 봅시다. 하나님께서 왜 나를 택해 그 가족에게 가게 하셨습니까? "주 예수님을 믿으세요. 당신과 당신의 가정이 구원을 받게 될 것입니다"(행 16:31)라고 증거하기 위해서입니다. 그런 사명 때문입니다. 왜 대한민국 전체에 엄청난 복을 주셨습니까? '가서 모든 민족을 제자 삼으라'는 것입니다(마 28:18-20).

성도 여러분!

하나님께서는 왜 선민 유대인들을 불순종 가운데 가두어 두셨습니까? 모든 이방인들이 돌아오기를 바라셨기 때문입니다. 그뿐만 아니라 마지막 때에는 믿는 이방인들을 통해 선민 이스라엘이 돌아오기를 원하시는 것입니다. 마지막 때에 하나님의 지혜와 능력에 의해 원가지인 이스라엘이 이방인보다 더 자기 감람나무에 잘 접붙임을 받게 될 줄로 믿습니다.

마태복음 23장 39절을 보면 예수님께서는 십자가를 앞두고 이런 말씀을 하셨습니다.

> "내가 너희에게 이르노니 이제부터 너희는 찬송하리로다 주의 이름으로 오시는 이여 할 때까지 나를 보지 못하리라 하시니라."

여러분, 예수님이 이때 이 말씀을 누구에게 하신 것입니까? 로마 군인들에게 하신 것입니까? 헬라 사람들입니까? 아닙니다. 분명히 자기를 십자가로 이끄는 유대인들을 향해 말씀하셨습니다. 예수님은 유대인이셨고, 유대인인 자기 백성들에게 이 말씀을 하신 것입니다.

그런데 이 말씀은 '절망'과 '소망'이 함께 교차하는 말씀이요, 그 내용에서 구속사에 마지막으로 일어날 일에 대한 엄청난 계시임을 알아야 하겠습니다. "너희는 이제부터 나를 더 이상 못 볼 것이다", 이는 어떻게 보면 엄청난 심판의 말씀 같아 보입니다. "너희가 앞으로 '찬송하리로다 주의 이름으로 오시는 이여' 할 때까지는 나를 못 볼 것이다" 하셨기 때문이었습니다. 언뜻 보면 절망의 선언 같습니다. 그러나 깊게 생각해보면 이것은 축복의 선언이기도 합니다. 왜냐하면 너희들이 "앞으로 '찬송하리로다 주의 이름으로 오시는 이여' 하면, 내가 이곳으로 다시 와서 너희의 경배를 받을 것이다"라는 뜻이기 때문입니다.

그런데 보시기 바랍니다. 오늘날 저 이스라엘 땅에서 약 2만여 명의 유대인들이 실제로 "찬송하리로다 주의 이름으로 오시는 이여" 하고 있습니다. 이것은 무엇을 의미합니까? 이 예수님의 예언이 이루어질 때가 되어 하나님께서는 1967년 6월 요르단이 먼저 일으킨 6일 전쟁을 통해 이스라엘로 하여금 예루살렘과 유대와 사마리아를 다시 찾게 하셨습니다. 또한 그 이후 2천여 년간 기독교인들이 준 상처로 인해 예수님을 영접할 것 같지 않았던 유대인들이 계속하여 예수님을 영접하고 있습니다. 지금 그 숫자는 이만여 명 정도에 이르고 있습니다.

성도 여러분! 이제 머지않아 왕 중의 왕, 주의 주이신 예수님께서 신랑으로 오실 때 신부는 누구이겠습니까? 로마 가톨릭 교회일까요? 루터교인일까요? 그리고 정교회 교인일까요? 감리교인일까요? 장로교회 교인일까요? 모두 아닙니다. 오직 '예수님 안에서 한 사람을 이룬 유대인과 이방인'인 것입니다(엡 2:15). 다시 오실 신랑이요, 만왕의 왕이신 예수님은 유대인이나 이방인이나 관계없이 예수님을 믿고 사랑하는 사람들, 복음을 전하는 사람들, 제자를 만드는 사람들, 작은 이들의 빛이 되는 사람들, 기도하는 사람들, 예배하는 사람들과 함께하실 것입니다. 이 땅 위에 마침내 이루어질 새 예루살렘에서 영광과 찬송을 받으실 것입니다.

종교개혁 하면 보통 16세기의 '인간의 공로가 있어야 하나님 앞에 의롭다 함을 얻는다'는 것을 '오직 믿음으로 의롭다 함을 얻는 것'으로의 개혁을 생각합니다. 그리고 제2의 종교개혁은 20세기 초에 이르러 일어난 성직자 중심의 교회 운영에서 평신도 중심의 교회 운영으로의 개혁이었습니다. 또한 제3의 종교개혁이 일어나야 하는데 그것이 바로 '반유대주의 신학'에서 '이스라엘 회복 중심의 신학'으로의 개혁인 것입니다.

사랑하는 성도 여러분!

우리가 2012년 종교개혁 주일을 맞이하여 성경을 통해 '하나님의 눈동자 이스라엘'을 재발견하여 신앙이 근본적으로 새롭게 바뀌기를 바랍니다. 그래서 우리 모두 예루살렘의 평화를 위해 기도하며 사랑하는 사람들에게 주어지는 참된 평강과 형통을 누리며 살아가기를 바랍니다. 동시에 다음 세대들에게도 '쉐마 이스라엘'의 민족인 이스라엘을 사랑하는 길을 가르쳐줌으로 함께 평강과 형통을 누리도록 인도할 수 있기를 바랍니다.

(2012년 10월 28일)

이스라엘이 약속의 땅에 정착할 때까지

브래드 TV 개국 1주년 감사예배

"내가 그들을 그들의 땅에 심으리니 그들이 내가 준 땅에서 다시 뽑히지 아니하리라 네 하나님 여호와의 말씀이니라"(아모스 9:15).

아모스 마지막 장, 마지막 절의 이 말씀, 여기서 하나님께서는 마지막 때에 이스라엘의 회복이 '그들의 땅'에서 이루어질 것에 대해 말씀하고 계십니다. 거기다가 하나님께서는 그들이 그 땅에서 다시 뽑히지 않을 것을 약속하십니다. 약 2,600여 년 전에 주어진 이 약속은 오늘날 아랍 국가들의 점점 강해지는 힘이나 이스라엘을 파멸시키려는 결의로 인해, 영향을 받거나 변형되지 않을 것입니다. 오히려 여러 가지 문제들과 이스라엘에 대한 극렬한 반대 세력의 존재가

왜 하나님께서 멀리 앞을 내다보시면서 이스라엘 땅에 대한 이스라엘의 절대적 권리를 처음부터 힘주어 강조하셨는지 이해할 수 있도록 하고 있습니다.

구약성경의 많은 곳에서 하나님께서는 이 땅은 아브라함과 이삭과 야곱, 그리고 그 후손인 이스라엘 백성에게 주신 땅이요, 심지어 그 땅을 '내 땅'(My Land)이라고까지 선포하십니다(겔 38:16; 욜 3:2). 즉 "그 땅을 당신 소유의 땅이요, 다만 그 거주권을 이스라엘에게 주신다"라고 선포하고 있습니다. 그리고 에스겔 20장 6절을 보면, 그 땅은 '모든 땅 가운데서 가장 아름다운 땅'이라고 하셨습니다.

> "그날에 내가 내 손을 들어 그들에게 맹세하기를 애굽 땅에서 인도하여 내어 그들을 위하여 찾아 두었던 땅 곧 젖과 꿀이 흐르는 땅이요 모든 땅 중의 아름다운 곳에 이르게 하리라 하고."

그러면 하나님께서는 왜 그분의 말씀 가운데서 우리나라 강원도 땅만한 이 작은 땅의 소유권에 대해 그렇게 자주 강조하시면서 언급하실까요?(창 17:7-8, 26:3-4; 35:11-12; 시 105:7, 8-11; 렘 30:3; 겔 36:17, 24, 38:16; 욜 3:21 등) 무엇보다 가장 중요한 이유는 하나님께서는 언약을 지키시는 분이고 그것을 온 세상이 알기를 원하시기 때문입니다. 아울러 신명기에서 하나님께서 모세를 통해 말씀하신 하나의 중요한 원칙이 있기 때문입니다.

> "지극히 높으신 자가 민족들에게 기업을 주실 때에, 인종을 나누실 때에 이스라엘 자손의 수효대로 백성들의 경계를 정하셨도다"(신 32:8).

그렇습니다. 하나님께서는 각 민족이 계획 없이 아무 곳에서나 살도록 하지 않으셨습니다. 각 종족별로 살 장소를 정해주셨습니다.

그러면 하나님께서는 각 민족이 거할 곳을 정해주실 때, 어디에서부터 시작하셨을까요? 여기에 대해 모세는 받은 계시에 근거하여 '이스라엘에게 주신 땅'을 시작하셨다고 말하고 있습니다. 즉 먼저 이스라엘 몫의 땅을 정하셨고 그러고 나서 이스라엘과 관련지어 다른 민족과 땅을 나누셨다는 것입니다. 그리고 이스라엘에게 주어진 땅의 면적은 하나님께서 생각하시는 이스라엘의 인구가 궁극적으로 어느 정도가 될 것인가에 따라 결정되었습니다. 신약에서도 사도 바울이 아덴 사람들에게 행한 그의 설교를 통해 이와 같은 하나님의 뜻을 확인하고 있습니다.

"인류의 모든 족속을 한 혈통으로 만드사 온 땅에 살게 하시고 그들의 연대를 정하시며 거주의 한계를 한정하셨으니"(행 17:26).

우리는 이 말씀을 통해 하나님께서 각 민족이 어디에서 살 것인지 뿐만 아니라, 언제 거기에서 살 것인지도 결정하셨음을 알 수 있습니다. 그러면서 하나님께서는 다른 민족에 대한 당신의 계획이 시작되는 곳은 '이스라엘과 그 이스라엘에게 주신 땅에서부터'라고 선언하십니다. 그래서 에스겔 38장 12절을 보면 그 약속의 땅을 '세상의 중앙'(the center of the Land)이라고 지칭하십니다. 세상의 기준이 이스라엘 백성이 머무는 그 약속의 땅이라고 하십니다.

이것이 암시하는 것을 이해하기 위해 일상생활에서의 간단한 비유를 한 가지 예를 들어 봅니다. 우리가 아침에 와이셔츠를 입는다고 생각해 봅니다. 와이셔츠 단추가 몇 개인가요? 여덟 개입니다. 그러면 우리가 그 와이셔츠를 제대로 입으려면, 단추를 어떻게 끼워야 할까요? 물론 첫 번째 단추를 첫 번째 구멍에 끼워야 합니다. 그런데 만약 실수로 첫 번째 단추를 두 번째 구멍에 끼우면 그 결과가 어떻게 될까요? 그다음부터 아무리 차례로 끼운다고 해도 마지막에 가서는 하나의 단추가 남게 될 것 아닙니까?

이와 비슷한 예를 지구상에 있는 나라와 민족들에게 적용해 보겠습니다. 만약 이 지구상에서 하나님의 선민인 이스라엘이 제자리를 찾지 못한다면 지구상에 있는 여타의 나라들과 민족들도 무엇인가 좋지 않은 결과들로 이어지게 되는 것입니다. 다시 말하면 모든 나라와 민족들이 결코 평화롭게 지내지 못할 것입니다. 따라서 "이스라엘이 약속의 땅에서 평화롭게 정착해야만 한다"는 하나님의 말씀은 다른 모든 나라, 모든 민족들에게 실제적이며 핵심적인 적응을 요구하고 있습니다.

이러한 이유 때문에 이스라엘을 위한 하나님의 계획을 생각할 때, 다른 나라 사람으로서, '우리와는 관계 없다'는 식으로 한 걸음 물러나 "이스라엘의 운명은 우리와는 아무 상관이 없다"라고 말할 수 없다는 것입니다. 왜냐하면 다른 모든 나라의 운명은 이스라엘이 자기 땅에서 제자리를 잡는 것에 달려 있기 때문입니다. 즉 이스라엘이 하나님께서 주신 그들의 땅에서 완전한 기업을 찾을 때까지 다른 국가들은 절대로 하나님께서 그들을 위해 예비하신 축복을 제대로 누릴 수 없기 때문입니다.

역사적으로 볼 때 이스라엘 회복의 과정은 계속 심각한 혼란과 고난을 동반하고 있습니다. 사실 1948년을 전후하여 이스라엘이 국가로서 수립되는 기간 동안 수많은 유대인들이 예루살렘에서 큰 고난과 위험과 절망을 겪었습니다. 그들이 어떤 특별한 죄를 지은 것이 아니었습니다. 당시 예루살렘에 살던 사람들은 유대인이건 아랍인이건, 모든 사람들이 고난을 당했습니다. 그들은 1948년 5월 14일, 유엔으로부터 독립국가 인준을 받았습니다. 그러나 이틀 후인 5월 16일 아랍연합군의 침공으로 제1차 중동전쟁(독립전쟁)을 치렀습니다. 그 후 1956년 10월에는 이집트 대통령 낫세르의 국제수도인 수에즈운하의 국유화선언으로 인한 제2차 중동전쟁(시나이 전쟁)을 치렀습니다. 그 후 1967년 6월 5일에는 '6일 전쟁'이라고 불리는 제3차 중동전쟁을 치렀습니다. 그 후 1973년 10월 6일에는 '욤 키푸르(대속죄일) 전쟁'이라고 불리는 제4차 중동전쟁을 치렀습니다. 그리고 2009년 9월에는 두 차례에 걸친 팔레스타인 무장 봉기인 '인티파다'(intifada)를 비롯한 끊임없는 하마스, 파타, 헤즈볼라, 무슬림형제단의 연대, 알 카에다, I.S. 등의 테러 조직을 통해 무섭고 집요한 공격을 끊임없이 받았습니다. 지금도 계속 이어지고 있습니다. 지난 70여 년간 이스라엘의 역사는 그처럼 쉴 새 없는 지독한 고난의 연속이었습니다.

그런데 우리가 믿는 사람으로서 유의할 것은 이러한 모든 일련의 고난의 사건들에 대한 성경적 의미를 파악하는 일입니다. 그것은 성경 속에 계시된 하나님의 구속사의 계획에 비추어볼 때, 그 모든 과정을 통해 하나님께서 이 땅 위의 역사 속에서 이스라엘을 제자리에 두시고, 당신과 올바른 관계를 회복시키기 위해 무한한 지혜를 통해 역사해 오셨다는 것입니다.

마지막 시대에 이스라엘을 사랑하여 이 자리에 모이신 여러분! 하나님께서 지난날에 이어 오늘도 이스라엘과 중동 땅에서 행하고 계시는 이 모든 일에는 그와 같은 하나님의 분명한 목적이 있는 것입니다. 틀림없이 앞으로도 많은 고통과 변화가 있을 것입니다. 아니 오히려 지난날보다 더 많은 혼란과 고통, 급변이 있을 것이 예상됩니다. 두려운 마음이 들지 않습니까? 그러나 두려워하지 마시기 바랍니다. 하나님께서는 지난날에 이어, 지금도, 앞으로도 그 모든 과정에서 성경에 계시된 예언의 말씀을 통해 나타내신 대로, 그분의 영원한 목적을 그 약속의 땅을 중심으로 지속적으로 이루어가고 계시기 때문입니다. 이러한 성경적 확신이 있기 때문에 혼돈의 와중에서도 경건한 유대인이나 신실한 그리스도인들은 근본적으로 흔들리지 않을 수 있는 것입니다.

동역자 여러분, 우리가 지금 참으로 복잡한 세계 정세 속에서 때로 혼돈과 불안을 느끼지만, 한 가지 분명한 사실이 있다고 믿습니다. 그것은 우리 하나님께서는 지금 이때에 이스라엘과 다른 모든 나라에 대해 성경을 통해 말씀하신 예비된 계획을 이루어 가신다는 것입니다. 만약 우리가 공통적인 하나님의 뜻이 어떤 것인가 하는 문제에 부딪혔을 때, 우리가 내려야 할 결정은 결코 우리의 피부 색깔이나 우리의 종교에 따라 다를 수 없다고 봅니다. 즉 우리가 유대인이건, 아랍인이건, 또는 아시아인이건, 아프리카인이건, 기타 어느 나라 사람이든 간에 우리 모두는 하나님의 분명한 뜻에 대항하는 어떤 계획이나 편견도 받아들여서는 안 될 것입니다. 오직 하나님께서 현재적으로 이루시고자 하는 일을 찾아내고 또한 감당해야 합니다. 물론 하나님의 계획의 자세한 내용은 우리 개개인마다 다른 것처럼 나라와 민족마다 다를 수밖에 없습니다.

따라서 세계적으로 볼 때, 각 나라, 각 민족에게 모두 동일한 역할이 주어진 것은 아닙니다. 앞에서 말씀드린 것처럼 하나님께서는 각 나라, 각 민족에게 구체적인 장소와 사명을 주셨습니다. 그러나 우리가 또한 반드시 기억할 것이 있습니다. 그것은 이스라엘이 약속의 땅에 완전히 정착되면서, 모든 나라가 주어진 자기의 장소를 찾게 되고, 주어진 사명을 이루어낼 때 비로소 이 세상에 화해와 평화가 도래하게 될 것이라는 사실입니다.

저는 개인적으로 우리가 매주일 신앙을 고백하는 '사도신경'에 최소한 두 가지가 보완되어야 한다고 생각합니다. 하나는 서두에 "전능하사 천지를 만드신 하나님 아버지를 믿사오며"가 "전능하사 천지를 창조하시고, 그리고 이스라엘을 선택하신 아브라함과 이삭과 야곱의 하나님 아버지를 믿사오며"로 보완되어야 한다고 생각합니다.

또 하나는 마지막 부분에 "전능하신 하나님 우편에 앉아 계시다가" 다음에, "마지막 시대에 약속대로 이스라엘을 회복시키시어 그리스도 예수 안에서 유대인과 이방인 한 새 사람을 이루어 재림을 준비케 하신 후, 저리로서 산 자와 죽은 자를 심판하러 오시리라"로 보완되어야 한다고 생각합니다. 그럴 때 비로소 메시아닉 유대인도 함께 고백할 수 있는 온전한 신앙고백이 되리라고 믿습니다.

구속사적으로 마지막 시대를 맞이하여 김종철 감독께서는 이러한 이스라엘 회복을 통한 하나님의 마지막 계획을 1994년에 홀연히 깨닫게 되었습니다. 이로써 2009년에 방송작가 일을 내려놓았습니다. 자신이 가진 재능, 경험, 은사 등으로 이스라엘의 회복 사역에 구체적으로 참여하게 되었습니다. 그렇게 하는 중에 한 메시아닉 쥬를 다룬 다큐멘터리 영화 "회복"을 제작했습니다.

이어서 팔레스타인 그리스도인들의 삶을 다룬 영화 "용서", 이어서 이스라엘의 성전 복원 프로젝트를 다룬 영화 "제3성전"을 제작하여 역시 엄청난 반향을 일으켰습니다. 최근까지 이스라엘을 40여 회 내왕했고, 일 년 전에는 하나님의 섭리 가운데 한국에서는 최초로 '이스라엘 회복 전문 인터넷 방송'인 '브래드 TV'를 개국하였습니다. 지난 일 년간 스태프와 함께 하나님의 시간표인 이스라엘의 회복, 축복과 저주의 통로인 이스라엘과 그 이스라엘을 마지막 시대에 정착시키시는 아브라함과 이삭과 야곱의 하나님을 널리 전파하는 일에 쉬지 않고 기도하며 최선의 노력을 다했습니다. 그로서 국내와 세계 170여 개국에 있는 한국의 그리스도인들에게 헌신을 기울였습니다. 엄청난 영향이 우리나라와 전 세계에 미쳤습니다. 하나님의 은혜로 오프라인 시대였다면 100년 정도 소요되어야 가능한 분량의 사역을 감당하였다고 생각합니다. 이 시간 이 소중한 이 시대의 하나님의 사역에 귀하게, 치열하게 헌신한 김종철 감독과 그 가족, 그리고 함께 헌신적으로 수고한 스태프들에게 감사와 격려를 보냅니다.

브래드 TV의 사역, 이 일은 지금 이 시대에 가장 중요하고 필요한 일들 중의 하나입니다. 그리고 하나님께서 직접 이끄시는 일들입니다. 이 일들이 중단되지 않도록, 더욱 여러분의 기도와 관심과 격려, 물질적인 지원을 부탁드립니다. 특별히 기도해 주실 것은 교회를 담임하는 목회자들이 브래드 TV를 통해서 이스라엘의 회복에 대한 눈과 귀와 마음이 점점 열릴 수 있기를 바랍니다. 그래서 내년 2주년에는 더욱 우리 한국교회와 세계교회 가운데 더욱 이스라엘을 사랑하고 축복하며 맞이하게 되기를 바랍니다.

마지막으로 저는 이 시간 마지막 시대에 이스라엘을 사랑하고 이스라엘의 회복을 위해 기도하고 헌신하고 있는 여러분 모두에게 이사야 40장 9-10절을 하나님의 축복으로 선포합니다.

"아름다운 소식을 시온에 전하는 자여 너는 높은 산에 오르라 아름다운 소식을 예루살렘에 전하는 자여 너는 힘써 소리를 높이라 두려워하지 말고 소리를 높여 유다의 성읍들에게 이르기를 너희의 하나님을 보라 하라 보라 주 여호와께서 장차 강한 자로 임하실 것이요 친히 그의 팔로 다스리실 것이라 보라 상급이 그에게 있고 보응이 그의 앞에 있으며." 아멘!

(2015년 8월 13일)

이스라엘을 위한 파수꾼

브래드 TV 개국 3주년 감사예배

"에브라임 산 위에서 파수꾼이 외치는 날이 있을 것이라 이르기를 너희는 일어나라 우리가 시온에 올라가서 우리 하나님 여호와께로 나아가자 하리라 여호와께서 이와 같이 말씀하시니라 너희는 여러 민족의 앞에 서서 야곱을 위하여 기뻐 외치라 너희는 전파하며 찬양하며 말하라 여호와여 주의 백성 이스라엘의 남은 자를 구원하소서 하라"(예레미야 31:6-7).

본인은 1988년 6월 첫째 주일에 부임해 작년 12월 18일에 시무하던 교회에서 약 29년의 목회를 마치고 은퇴했습니다. 지난 세월을 뒤돌아보면 여러 가지로 부끄러운 것들이 많이 있습니다. 그런 중에도 가만히 생각해 보면 다음 세 가지에는 제대로 미쳐서 목회하다가 은혜 중 은퇴한 것이 아닌가 생각해 봅니다.

첫째로 '교회 일'에 미쳤던 것 같습니다. 월요일에도, 공휴일에도 특별한 일이 없으면 교회에 나가 이런 일, 저런 일을 합니다. 휴가도 거의 안 가고 독서하고 연구하고, 새로운 일을 계획합니다. 그러다 보니 "교회 일에 미친 목사"라는 말을 들은 것 같습니다.

둘째로 '목적'에 미쳤던 것 같습니다. 1998년 전후로 미국의 릭 워렌 목사의 《새들백교회 이야기》를 읽고는 완전히 거기에 빠졌습니다. 그래서 그 내용을 시무하던 교회에 벤치마킹해서 '목적이 이끄는 교회'(Purpose driven church)로 재편해 가는 목회를 하다 보니, 그런 소리를 들은 것 같습니다.

셋째로 '이스라엘'에 미친 목사였습니다. 2010년 4월 하순을 기점으로 '이스라엘의 회복'을 깨닫고 거기에 집중하다 보니 그런 소리를 들었고, 지금 은퇴 이후에도 듣고 있습니다. 그럴 수밖에 없는 것 같습니다. 왜냐하면 은퇴 이후에도 계속 거기에 대해 연구하고 내달 9월 초부터는 '이·한 성경각성회'(Awake Bible Israel Korea)까지 만들어 사택에서 모임을 진행할 준비를 하고 있기 때문입니다. 사실 재임 시에 7년간 이런저런 이스라엘 관계행사나 컨퍼런스를 시무하던 교회에서 유치한 바 있습니다. 그래서 국내외적으로 유명한 신학자, 선교사, 목회자, 전문가들이 많이 다녀가기도 했습니다.

2014년 6월에는 주한 이스라엘 대사관의 부대사가, 작년 말에는 은퇴 한 달을 앞두고 어제 브래드쇼에 출연한 하임 호센 주한 이스라엘 대사까지 다녀갔습니다. 본인이 브래드쇼에 출연한 일을 인연으로 2015년에는 캄보디아에 가서 한국의 선교사들에게 이스라엘 회복 세미나를 통해 성경의 메시지를 나누기도 했습니다. 내년 초에는 이스라엘 건국 70주년을 기념해서 회복과 관련된 32개의 질문과 거기에 대한 대답의 형식으로 책이 나올 예정입니다. 제목은 《하나님이 자기 백성을 버리시겠느냐?》입니다.

작년 말인가에는 W.B.C.대회(세계야구선수권대회)가 우리나라에서 열린 바 있었습니다. 제가 특별히 이스라엘과 우리나라가 대결하는 경기에 큰 관심을 가지고 TV 중계를 시청했습니다. 그런 중에 저도 모르게 우리나라가 아닌 이스라엘을 열심히 응원하고 있는 저를 발견하고 깜짝 놀라고 말았습니다. 제 생애에 처음 있는 일이었습니다. 우리나라가 다른 나라와 운동 시합하는데 다른 나라를 응원한 일은 말입니다. 하여간 그날 경기 결과는 어떻게 되었을까요? 이겼습니다. 어느 나라가요? 이스라엘이요! 이 정도면 이스라엘에 완전히 미친 목사라고 할 수 있지 않을까요?

오늘 이 시간 이 자리에 함께 모인 이스라엘 사역 동역자 여러분, 그러면 왜 제가 그렇게까지 이스라엘에 미친, 아니 도취된 목사가 되었을까요? 결국 다름이 아닌 줄 압니다. '예수 날 사랑하심'이 기록되어 있는 이 성경에 함께 쓰여 있는 "그리하여 온 이스라엘이 구원을 받으리라", "내 백성을 위로하라" 등의 예언의 말씀에 사로잡혀 있기 때문입니다. 그래서 제가 지난 8년간을 걸어왔고, 지금도 이 길을 걸어가고 있는 것입니다.

오늘 본문 말씀을 제가 히브리어 직역성경으로 읽겠습니다.

"에프라임 산에서 파수꾼이 외치는 날이 있다. 일어나라 우리가 찌온으로 올라가자. 우리 하나님 야훼께로. 이는 야훼께서 이렇게 말씀하셨기 때문이다. 야아콥을 위하여 기뻐 외치라. 그 나라들 앞에서 소리 높여라. 외쳐 찬양하며 말하라. 야훼시여 당신의 백성을 구원하십시오. 이스라엘의 남은 자를"(렘 31:6-7).

위의 말씀은 오늘날을 예언하고 있습니다. 거두절미하고, 그리스도인들이 이스라엘의 편이 되어 깨어 일어나, 선민 이스라엘과 더불어 좋은 날들을 함께 기뻐하고, 테러 공격을 받거나 하면 이스라엘과 함께 우는 날을 예언하고 있습니다. 특별히 2010년 전후해서, 세계 여러 곳에서, 한국에서도 앞서서 이스라엘을 위한 파수꾼의 선봉이 되었던 온누리교회에 이어, 이 교회, 저 교회에서 이스라엘을 위한 기도 모임, 섬김과 전도 모임이 생겨나고 있습니다. 제가 섬겼던 영세교회도 재임 시절인 2012년에 이스라엘선교회가 조직되어, 구체적으로 기도하고 활동하고 있습니다. 그렇게 시작하였습니다. 이를테면 이런 것들이 깨어나는 것입니다. 본문에서의 '파수꾼'이란 바로 이런 그리스도인들을 의미하기 때문입니다. 그런데 성경에서는 파수꾼을 가리키는 단어로 주로 '쇼므림'을 사용하고 있습니다. 현대 히브리어에서도 마찬가지입니다.

그러나 성경은 오늘 서두에서 봉독한 부분에서만 파수꾼에 '노쯔림'이라는 단어를 사용하고 있습니다. 그런데 메시아닉 쥬인 도론 슈나이더가 지은 책 《이제 이스라엘을 위로하라》를 보면, 이 단어 '노쯔림'은 현대 히브리에서는 '그리스도인'을 의미한다고 말합니다. 그러면 왜 여기서 선지자 예레미야는 파수꾼이라는 말을 할 때, 일반적인 단어 '쇼므림' 대신 '노쯔림'이라는, 성경 상에서 단 한 번밖에 사용되지 않은 단어를 사용했을까요?

슈나이더에 따르면 하나님께서는 틀림없이 그 단어를 통해 '이방 그리스도인'을 지칭하고자 의도하신 것이라고 말합니다. 즉 그리스도인이 하나님의 눈동자 이스라엘(슥 2:8)을 위해, 이스라엘을 보호하는 벽의 틈을 막아 서는 이스라엘의 파수꾼(겔 22:30)이 되어야 함을 나타내시기 위해서라고 말하고 있습니다. 그런데 하나님께서 이렇게 직접적으로 그리스도인들을 이스라엘의 파수꾼으로 선언하신 다음, 그들이 하나님에 의해서 열방을 위해 대속적 민족이 되었던 이스라엘을 어떻게 지켜야 하는지에 대해 세 가지 임무를 주시는 것을 봅니다. 물론 그것은 우리들이 군사적으로 참여하며, 직접 보초를 서는 등의 뜻은 아닙니다. 그러면 우리가 이스라엘을 위한 노쯔림으로서의 파수꾼이 된다는 뜻은 무엇인가요?

그것은 한마디로 이스라엘 나라 밖에 있는 이방교회로서, "야훼 하나님께서 마지막 날에 그의 백성 이스라엘의 남은 자를 모두 구원하신다"는 사실을 선포하고 찬양하며 말하는 것을 의미합니다. 그렇게 함으로써 마지막 시대에 예수님을 하나님의 백성 이스라엘을 위해 보호하는 벽의 틈을 막아 설 수 있게 된다는 것입니다. 그런데 사실 이러한 면에 있어 현재 이스라엘의 국가적인 홍보활동은 그 소리가 충분하게 크지 않습니다. 그보다 더욱 문제가 되는 것은, 이스라엘 정부 자신이 그것이 얼마나 중요한지에 대한 인식 자체가 매우 부족하다는 사실입니다. 그래서 우리가 늘 지켜보는 대로 끊임없이 팔레스타인 과격파들에 의해 테러를 당합니다. 하마스, 헤즈볼라들에 의해 끊임없이 미사일 공격을 받고 있습니다. 그런데 거기에 대해 이스라엘이 조심스럽게, 최소한의 대응이라도 하면 예외 없이 어떤 일이 일어납니까?

세계 대부분의 언론, 유엔까지도 '이스라엘은 무자비한 군사독재 국가'라는 식의 비난을 퍼붓게 마련입니다. 이란을 비롯한 극단적 이슬람 국가들은 오늘도 "우리의 제일 목표는 저 이스라엘 나라를 지중해에 빠뜨리는 것이요, 세계 지도에서 없애버리는 것"이라고 공공연하게 선언하고 있습니다. '이스라엘 패싱', 아니 아예 'No Israel'이 목표입니다.

우리나라는 어떻습니까? 예외가 아닙니다. 사회는 말할 것도 없고, 교회 안에서도 마찬가지입니다. 대부분의 교인들은 물론 많은 목회자들이 정도의 차이일 뿐 거의 다 반유대주의 성향을 가지고 목회하고 있습니다. 심지어 신학대학원의 저명한 구약학 교수들 중에서도 무조건 이스라엘을 비난하고, 팔레스타인을 옹호합니다. 2,000년 교회사의 초기부터 형성되어 온 뿌리 깊은 반유대주의, 대체주의 신학의 영향인 것입니다.

저 자신도 깨닫기 전에는 온건한 반유대주의자였고, 부드러운 대체신학의 추종자 중의 한 사람이었습니다. 그러나 2010년 4월 하순 이후 예언의 말씀을 깨닫고, 오늘날 이스라엘의 회복은 예언의 성취임을 홀연히 깨닫고, 성경을 보는 눈이 근본적으로 달라지고, 목회의 방향이 완전히 전환되었습니다. 저의 목회의 마감과 은퇴 이후, 더 나아가 주님 앞에 가기까지는, 부족하지만 최선을 다해 이스라엘을 위한 노쯔림으로 살아가야겠다고 계속 다짐하고 부족하나마 실천해가고 있습니다.

그렇습니다. 이스라엘 사역 동역자 여러분, 이제부터 우리는 날마다 이스라엘을 위해 적극적으로 나서는, 이스라엘을 위한 선한 대변인, 지혜로운 변호사가 될 필요가 있습니다. 그러한 사명이 있고 거기에 대한 신성한 의무와 책임이 있습니다. 교회 안에서부터, 가정에서, 학교에서, 대학에서, 일터에서, 그리고 이스라엘에 대한 지식이 부족하여 이스라엘에 대해 근거 없는 혐오감과 반감을 갖고 있는 곳, 그 어디서나 우리는 그래야 할 것입니다.

메시아닉 쥬이며 국제 기독 대사관 예루살렘의 국제 연설가이며 연락장교인 도론 슈나이더는 《이스라엘을 위로하라》(Israel, mehr als man denkt)는 자신의 책에서 이렇게 호소하고 있습니다.

"이스라엘은 우리가 생각하는 그 이상이다. 이 마지막 시대에는 이방인들의 이스라엘에 대한 깊은 이해가 절실하다."

물론 우리는 시편 121편 4절에 나오는 대로, "이스라엘을 지키시는 이는 졸지도 아니하시고 주무시지도 아니하시는 야웨 하나님"이신 줄로 믿습니다. 특히 마지막 시대에는 그 하나님께서 더욱 선민 이스라엘을 육적으로 회복시키시고 지키시는 것을 믿습니다. 그러나 동시에 그 하나님께서는 우리 이방교회가 그 일을 위해 오늘의 노쯔림이 되어서 계속적으로 기도하고 노력하기를 간절히 소원하신다는 것도 깨달아야 할 것입니다.

이러한 하나님의 뜻과 소원 가운데서 하나님께서는 3년 전에 "회복"과 "용서"라는 다큐멘터리 영화로 이스라엘 회복 운동의 선봉에 서서 수고하는 김종철 감독을 강권하시어, 이 땅 위에 브래드 TV를 개국케 하신 줄로 믿습니다. 즉 당신의 시간표에 따라 아들 예수님의 재림에 앞서 이루어질 "이스라엘의 회복"과 "유대인과 이방인 한 새 사람", 특별히 이스라엘의 회복역사를 위한 많은 노쯔림을 만드시기 위해 이 일을 시작하신 줄로 믿습니다.

돌이켜 보면 지난 3년간 충성스럽고 지혜롭고 열정적인 김 감독을 중심으로 마지막 시대의 이 거룩한 비전을 위해 고락을 함께 하는 스태프들이 이 일을 하면서 많은 칭찬과 격려도 받았지만 공격과 협박도 많이 받은 것이 엄연한 사실입니다. 그래서 얼마나 힘들고 낙심될 때가 많았겠습니까? 그러나 마지막 시대에 아브라함과 이삭과 야곱의 하나님께서 자신들을 이 시대에 '이스라엘을 위한 파수꾼', 즉 '노쯔림'으로 부르신 것을 새롭게 기억하고, 묵묵히 쉬지 않고 최선의 노력을 다하며 달려왔습니다.

그래서 "브래드"(brad)라는 이름대로, 우선 예수님을 믿는 그리스도인들에게 바르게, 또한 빠르게 예루살렘과 이스라엘에 이르는 데 장애가 되는 오해와 편견을 제거하는 일에 큰 수고를 감당했습니다.

성경에 분명히 계시된 이스라엘의 회복에 대해 바른 이해와 견해를 가지도록, 그래서 많은 그리스도인들로 하여금 이스라엘을 위한 노쯔림으로 살아가는 동기를 부여하는 데 크게 기여했습니다. 짧다면 짧고, 길다면 길었던 지난 3년간 국내외의 수많은 그리스도인들, 평신도들, 목회자들, 선교사들, 신학자들에게 성경, 시대, 예수님의 재림에 대한 바른 시각을 갖고, 각각의 위치에서 신실한 이스라엘을 위한 오늘의 노쯔림으로 살아가도록 큰 도전과 깊은 영향을 끼쳤다고 믿습니다. 어떤 의미에서 500년 전 마틴 루터의 종교개혁에 버금가는, 아니 그 이상의 중대한 일을 예레미야 31장 6절에 나오는 노쯔림의 소명을, 지난 3년간 변함없이 감당한 김 감독과 스태프진에게 위로와 격려의 박수를 보냅니다.

어느 단체건 가장 중요한 것은 'know how' 이전에 'know why'입니다. 즉 "어떻게 그 일을 하느냐?" 이전에 "왜, 그 일을 하느냐?"가 더욱 중요하다는 것입니다. 사실 그것이 확실하다면 방법은 자연히 따라나오게 되어 있습니다. "뜻이 있는 곳에 길이 있다"라고 하지 않습니까? 제가 어느 책에서 '승리'의 비결로 '4V'를 이야기하는 것을 보았습니다. Vision, Venture, Vitality, Victory입니다. 즉 비전, 모험, 활력, 승리인데, 연결하면 이런 내용입니다. "어느 사람이 비전을 가지고 모험을 하면, 어려움도 있지만 결국 활기를 얻고 승리하게 된다"는 뜻입니다. 또한 저는 '3M'이라는 설명도 들어보았습니다.

"사람은 더 많은 물질(materials)과 더 나은 방법(method)을 구하지만, 하나님은 사람(man)을 찾으신다"(Men seek for more materials and better method, but God seeks for man).

저는 이런 4V, 3M이 오늘 개국 3주년을 맞이하는 브래드 TV와 김종철 감독 내외와 함께한 스태프진 여러분에게 해당된다고 생각하고 있습니다. 과연 하나님께서는 지난 3년 이전부터 기독교는 왕성한 듯하지만, 실상은 대체신학의 깊은 늪에 빠져 '노쯔림'의 비전에 전혀 감각이 없는 한국의 교계를 각성케 하시기 위해, 한 사람 김종철 감독을 찾아내어 이 일을 시작하게 하셨다고 믿고 있습니다. 그래서 주님께서 다시 오실 때까지 근본적으로 별로 수정할 것이 없어 보이는 비전선언문(사명선언문, 목적선언문)을 가지고, 모험을 시작하게 하셨습니다. 그래서 지난 3년을 거기에 따라 이끌려 왔습니다. 그러면서 지난 3년간 엄청난 시련과 도전, 위기와 모험도 많았지만 놀라운 활력을 얻었고, 결국 지금 승리를 거두고 있는 것입니다.

한번 지난 3년을 뒤돌아보시기 바랍니다. 브래드 TV는 'Passing Israel'(이스라엘 건너뛰기), 나아가 'Nothing Israel'(이스라엘 무시하기), 'Goddamn Israel'(이스라엘 저주하기) 하는 악한 영적 조류에 저항해 왔습니다. 그래서 그와는 정반대로, 'Israel something'(무엇인가 의미 있는 이스라엘), 'Blessing Israel'(이스라엘 축복하기), 'Israel First'(이스라엘 먼저)가 하나님의 선하시고 기뻐하시고 온전하신 뜻이며, 마지막 시대의 마지막 비전이라고 외치며, 거기에 이끌려 지난 3년을 쉼 없이 달려왔습니다. 그 이상도 그 이하도 아니었습니다. 지난 3년간 이러한 비전선언문에 이끌려 '예루살렘으로 가는 길'을 평탄하게 만드는 사역의 최선봉에 서서 수고한 김종철 감독과 스태프진입니다.

이 시간 마음으로는 하나님께 영광 돌리며, 저들에게 힘찬 박수로 그간의 수고와 헌신에 감사와 위로, 칭찬과 격려의 박수를 보내주시기 바랍니다. 나아가 이후에 더욱 격렬해질 반 유대주의와 대체신학의 견고한 저항 속에서 하나님의 인도하심을 구하면서 각처에서 기도하고 응원하게 될 많은 동역자들로 인해 전진하는 브래드 TV가 될 것입니다. 정말로 우리는 마지막 시대, 마지막 비전인 '노쯔림'의 비전의 최선봉에 서서 분투하는 브래드 TV를 위해 계속 기도하고 격려하며 물질적인 지원도 아끼지 말아야 하겠습니다. 아울러 우리 또한 각자의 위치에서 이스라엘을 위한 파수꾼, 노쯔림의 사명과 역할의 한 축을 날마다 삶의 현장에서 성실과 열정으로 감당해야 할 것입니다. 그럴 때 우리는 이사야 40장 10절에 약속된 이스라엘을 위한 파수꾼에게 주시는 특별한 위로와 축복을 함께 받아 누리게 될 것입니다.

> "보라 주 여호와께서 장차 강한 자로 임하실 것이요 친히 그의 팔로 다스리실 것이라 보라 상급이 그에게 있고 보응이 그의 앞에 있으며."

아멘!

(2017년 8월 10일)

취하게 하는 잔, 무거운 돌이 된 예루살렘

IMN 신년 감사 및 사역자 헌신 예배

"이스라엘에 관한 여호와의 경고의 말씀이라 여호와 곧 하늘을 펴시며 땅의 터를 세우시며 사람 안에 심령을 지으신 이가 이르시되 보라 내가 예루살렘으로 그 사면 모든 민족에게 취하게 하는 잔이 되게 할 것이라 예루살렘이 에워싸일 때에 유다에까지 이르리라 그날에는 내가 예루살렘을 모든 민족에게 무거운 돌이 되게 하리니 그것을 드는 모든 자는 크게 상할 것이라 천하만국이 그것을 치려고 모이리라"(스가랴 12:1-3).

이사야 46장 9절 하반절에서 10절을 보면 하나님께서 이렇게 말씀하고 계십니다.

"나는 하나님이라 나 외에 다른 이가 없느니라 나는 하나님이라 나

같은 이가 없느니라 내가 시초부터 종말을 알리며 아직 이루지 아니한 일을 옛적부터 보이고 이르기를 나의 뜻이 설 것이니 내가 나의 모든 기뻐하는 것을 이루리라."

그리고 아모스 3장 7절을 보면 이런 말씀이 나옵니다.

"주 여호와께서는 자기의 비밀을 그 종 선지자들에게 보이지 아니하시고는 결코 행하심이 없으시리라"

선지자들이 종종 '선견자'(삼상 9:9)라고 불릴 때는 '예측'(prediction)과의 연결을 강조할 때였습니다. 구약시대에 보면 사람들이 일상적인 탐구로 알 수 없는 일을 알기 원할 때, 본능적으로 선견자에게로 가곤 했습니다. 예를 들면 사무엘상 9장에 나오는 사울의 사환의 경우를 봅니다.

"보소서 이 성읍에 하나님의 사람이 있는데 존경을 받는 사람이라 그가 말한 것은 반드시 다 응하나니 그리로 가사이다"(삼상 9:6).

사울 왕의 사환이 사울 왕에게 선견자 사무엘의 이야기를 한 것입니다. 유사한 방식으로 예수님께서도 자주 제자들에게 말씀하셨습니다. 가령 마태복음 24장 25절을 보면 "보라 내가 너희에게 미리 말하였노라" 하셨습니다. 보다 충격적인 것은 요한복음 13장 19절에서는 이렇게까지 말씀하십니다.

"지금부터 일이 일어나기 전에 미리 너희에게 일러 둠은 일이 일어날 때에 '내가 그인 줄'(I am He) 너희가 믿게 하려 함이로라."

이상에서 제가 소개한 말씀들은 성경에서 일부입니다만 우리에게 예언에 대해 다음 두 가지 사실을 가르쳐주고 있습니다.

첫째, 역사적인 성취가 예언의 최종적인 해석자라는 것입니다. 그 예언이 참으로 무엇을 의미하는지 우리가 확실하게 알 수 있는 때는 그 일이 실제로 역사 속에서 일어날 때 바로 그때부터라는 것입니다.

둘째, 모든 예언의 성취는 "하나님이 바로 그분"이시라는 것, 즉 '내가 그'(I am He)라는 것의 정당함을 입증하는 데에 근본 의미가 있다는 것입니다.

그렇습니다. 예언의 성취는 결코 우리가 옳았다거나 우리의 도표가 다른 사람들의 것보다 더 정확했다는 것을 입증하는 데에 의미가 있는 것이 아닙니다. 다만 성경을 통한 예언의 성취는 "하나님만이 미래를 아시며, 그분만이 그 일이 있기 전에 이미 진리를 말씀하셨음"을 입증하는 데에 근본적인 뜻이 있습니다.

1948년 이스라엘 독립 이후, 1967년 6일 전쟁을 통한 예루살렘 탈환 이후, 2017년 12월 6일의 미국 트럼프 대통령의 예루살렘의 수도 선언 이후에, 우리는 더욱더 하나님께서 처음부터 종말을 미리 선견자들을 통해 말씀하신다는 것을 깨닫게 됩니다.

"나는 하나님이라 나 외에 다른 이가 없느니라 나는 하나님이라 나 같은 이가 없느니라 내가 시초부터 종말을 알리며 아직 이루지 아니한 일을 옛적부터 보이고 이르기를 나의 뜻이 설 것이니 내가 나의 모든 기뻐하는 것을 이루리라"

(사 46:9-10).

"주 여호와께서는 자기의 비밀을 그 종 선지자들에게 보이지 아니하시고는 결코 행하심이 없으시리라"(암 3:7).

작년 말 트럼프 미국 대통령이 드디어 '예루살렘을 이스라엘의 수도'로 공식 선포했습니다. 그로 인해 온 세계가 들끓었습니다. 시간이 갈수록 더해가고 있습니다. 이 선언은 외형상으로 보면 현재의 이스라엘과 미국의 워싱턴 정가 이외에는 찬성하고 지지하는 나라와 세력은 거의 없습니다. 반(反)트럼프 대표언론으로 알려진 CNN과 전 세계의 거의 모든 언론은 한결같이 트럼프의 그 선언, 결정을 맹렬하게 비난했습니다. 더구나 하마스는 트럼프가 "지옥의 문을 열었다"라고 했고, 대부분의 이슬람 국가들은 '트럼프는 사탄의 하수인'이라고 증오했습니다. 우리나라의 주요 일간지들을 비롯한 주요 매스컴들도 강한 비난을 쏟아냈습니다. 심지어 모 기독교 계통 발행 일간지마저도 "트럼프, 중동의 화약고에 불을 붙이다"라고 제목을 붙일 정도입니다. 하여간 세계의 거의 모든 언론매체가 트럼프가 '비이성적이요, 미치광이'라는 논조입니다.

철회를 위한 UN결의안, UN안보리 이사회에서 미국은 물론 거부권을 행사했지만 서방인 영국과 프랑스마저도 찬성 편에 선 바 있습니다. UN 전체 회의에서도 대부분의 나라가 찬성표를 던졌는데, 우리나라도 찬성표를 던졌습니다. 저는 반대표는 아니더라도 기권표라도 던졌더라면 하고 개인적으로 소원했지만 그렇게 되었습니다. 너무 안타까운 일입니다. 그래도 기독교인 인구가 20%라는 우리나라까지도 찬성표를 던졌으니 말입니다. 사실 이와 관련하여 가장 심각한 문제는 무엇입니까? 대부분의 기독교인들마저도 트럼프 대통령의 이번 선언에 대해 회의적이고, 심지어는 그를 '트러블 메이커', '미친 사람의 결정' 등의 부정적인 반응을 보이고 있는 점입니다. 그러면 왜 이런 일이 일어나고 있을까요? 사실 이 성경을 진실로 기록된 계시의 말씀으로 믿고, 하나님께서 이스라엘의 선민 됨을 포기하지 않으심을 믿는다면, 이번 선언을 '당연한 선언'으로 받아들일 것입니다.

그러면 왜 이번 선언으로 온 세계가 이처럼 들끓고 있는 것입니까? 왜 이렇게 반발하고 증오하는 일이 일어나고 있는 것입니까? 그것은 다름이 아닙니다. 성경에 기록된 마지막 시대의 예언이 이미 성취되고 있기 때문입니다. 가령 시편 2편 1절의 실천입니다.

"어찌하여 이방 나라들이 분노하며 민족들이 헛된 일을 꾸미는가?"

특별히 스가랴를 통해 오늘날의 현상을 우리가 절실하게 이해할 수 있게 됩니다.

"보라 내가 예루살렘으로 그 사면 모든 민족에게 취하게 하는 잔이 되게 할 것이라 예루살렘이 에워싸일 때에 유다에까지 이르리라"(슥 12:2).

"그날에는 내가 예루살렘을 모든 민족에게 무거운 돌이 되게 하리니 그것을 드는 모든 자는 크게 상할 것이라 천하만국이 그것을 치려고 모이리라"(슥 12:3).

그래도 약 10여 년 전만 해도 세계는 이스라엘을 우호적인 국가로 인식했고, 유럽은 더할 나위가 없었습니다. 사실 이전부터 계속 집요하게 예루살렘을 이스라엘의 수도로 인정하는 데 가장 반대하는 국가들은 당연히 대부분의 이슬람 국가들이었습니다. 그래서 그들이 영적으로 볼 때 큰 골칫덩어리들 중의 하나였습니다. 그러나 지금은 어떻습니까? 유럽을 비롯하여 거의 온 세계는 이스라엘이 아니라 이슬람 편에 서 있는 신기한(?) 모습을 보이고 있습니다. 이것은 그동안 세계의 언론들을 필두로 오바마와 심지어 유엔까지 일방적으로 팔레스타인을 지지하고, 지속적으로 공격하고 선동해왔기 때문입니다.

이번 트럼프 대통령의 '예루살렘은 이스라엘의 수도' 선언에 우리는 지금 모든 민족, 천하만국이 이스라엘을 반대하는 모습을 두 눈으로 똑똑히 보고 있습니다. 이는 오늘 본문의 스가랴의 예언이 기록된 지 2,500여 년 만에 성취되는 현장을 우리가 두 눈으로 똑똑히 보고 있는 것입니다. 그래서 이제 스가랴의 예언대로 예루살렘은 모든 민족을 '취하게 하는 잔'이요, '들기에는 무거운 돌'이 되었습니다. 그리고 아직 성취되지 않은 예언은 '천하만국이 예루살렘을 치려고 모이는 것'이 될 것입니다.

"그들의 살이 썩으며 그들의 눈동자가 눈구멍 속에서 썩으며 그들의 혀가 입 속에서 썩을 것이요 그날에 여호와께서 그들을 크게 요란하게 하시리니 피차 손으로 붙잡으며 피차 손을 들어 칠 것이며"(슥 14:12-13).

돌아보면 작년 2017년은 하나님의 구속사에서 마지막 시대에 또한 번의 전환점을 이루는 해였다고 생각합니다. 영국의 외무장관 밸푸어(James Balfour)가 "앞으로 팔레스타인 땅에 이스라엘 민족의 나라가 세워지게 될 것이다"라고 선언한 지 100주년이 되는 해였습니다(1917년).

그리고 이스라엘 건국 UN 181조 결의안이 통과된 70주년의 해였습니다(1947년 11월 29일). 또한 예루살렘을 탈환한 지 50주년이 되는 해였습니다(1967년 6월 7일). 사실 예루살렘 탈환은 예수님께서 이미 2,000년 전에 십자가 사건을 앞두고 제자들에게 종말을 예언하시면서 말씀하신 바였습니다.

"그들이 칼날에 죽임을 당하며 모든 이방에 사로잡혀 가겠고 예루살렘은 이방인의 때가 차기까지 이방인들에게 밟히리라"(눅 21:24).

예수님께서는 예루살렘이 곧 이방인에게 짓밟히는 날이 오고, 기간은 좀 길지만, 때가 되면 벗어남을 바라보시며 예언하셨다고 믿습니다. 오늘날 그대로 이루어진 것입니다. 스가랴 선지자도 8장에서 이 사실을 예언한 바 있습니다.

"만군의 여호와가 이같이 말하노라 보라, 내가 내 백성을 해가 뜨는 땅과 해가 지는 땅에서부터 구원하여 내고 인도하여다가 예루살렘 가운데에 거주하게 하리니"(슥 8:7-8).

"그 성읍 거리에 소년과 소녀들이 가득하여 거기서 뛰놀리라"(슥 8:5).

오늘날 우리가 예루살렘에 가면 실제로 그러한 광경을 어렵지 않게 목도할 수 있을 것입니다. 할렐루야! 하나님께 영광 돌립니다. 그렇습니다. 오늘 우리는 스가랴의 예언이 성취되고, 그렇게 하시는 분께서 이스라엘의 하나님이시라는 사실을 구체적으로 확증받는 시간을 살아가고 있습니다.

그러면 동역자 여러분! 앞으로 우리에게 남은 예언들은 어떤 것들이 있을까요? 최소한 다음 네 가지가 남아 있습니다.

첫째, 나라가 나뉠 것입니다: 이른바 '두 국가 해법'입니다.

"여호와의 날이 이르리라 그날에 네 재물이 약탈되어 네 가운데에서 나누이리라"(슥 14:1).

둘째, 천하만국이 예루살렘을 치려고 몰려들 것입니다.

"천하 만국이 그것을 치려고 모이리라"(슥 12:3).

"내가 이방 나라들을 모아 예루살렘과 싸우게 하리니"(슥 14:2).

셋째, 아마겟돈 전쟁입니다.

"온 천하 왕들에게 가서 하나님 곧 전능하신 이의 큰 날에 있을 전쟁을 위하여 그들을 모으더라…세 영이 히브리어로 아마겟돈이라 하는 곳으로 왕들을 모으더라"(계 16:14-16).

넷째, 이방 나라들을 치시고 재림하실 것입니다.

"그때에 여호와께서 나가사 그 이방 나라들을 치시되 이왕의 전쟁 날에 싸운 것같이 하시리라 그날에 그의 발이 예루살렘 앞 곧 동쪽 감람산에 서실 것이요"(슥 14:3-4).

"또 내가 하늘이 열린 것을 보니 보라 백마와 그것을 탄 자가 있으니…하늘에 있는 군대들이 희고 깨끗한 세마포 옷을 입고 백마를 타고 그를 따르더라 그의 입에서 예리한 검이 나오니 그것으로 만국을 치겠고…"(계 19:11-15).

에스겔 38장 1-6절도 아마겟돈 전쟁을 의미할 수 있습니다. 여기를 보면 곡과 함께 이스라엘을 대적한 나라들이 등장합니다. 역사적 전천년설, 문자적 천년왕국을 성경 그대로 믿는다면 여기에 등장하는 나라들은 오늘의 다음 나라들을 의미한다고 볼 수 있습니다.

곡(2절)-러시아, 메섹(3절)-모스크바, 두발(3절)-토볼스크, 바사(6절)-이란, 도갈마(6절)-터키와 아르메니아를 의미한다고 보고 있습니다. 지금 러시아, 이런, 터키가 이스라엘과 미국을 적대하는 연대가 이루어지는 것에 전율이 느껴지지 않습니까?

오늘 KIBI 기도 제목에서 이런 기도 소식을 보았습니다. 지난 2일 이스라엘의회(크네세트)는 예루살렘의 일부를 분할해 팔레스타인 등 외국에 양도하려면 의회 전체 120석 중에 3분의 2인 80석 이상의 찬성이 있어야 한다는 개정안을 64대 52로 통과시켰습니다. 기존법은 의회 과반수(61석)만 찬성하면 예루살렘 내의 지역을 팔레스타인에 이양할 수 있었습니다. 또한 이번 개정안은 이스라엘 정부가 예루살렘 영토선을 재설정하는 권한을 부여했습니다. 이 법안으로 이스라엘 정부는 앞으로 예루살렘을 더욱 확장시키고 발전시킬 수 있게 되었습니다. 이것은 시편 102편 13절, 16절의 성취라고 믿습니다.

"여호와께서 시온을 건설하시고 그의 영광 중에 나타나셨음이라."

세상이 무엇이라고 하든지 상관없이 "세상은 성경에 계시된 예언대로 흘러가고 있다"는 사실을 이번 트럼프 대통령의 "예루살렘은 이스라엘의 수도다"라는 전격적인 선언으로 더욱 깨닫게 됩니다. 찬송가 70장 2절 가사 그대로임을 느끼게 됩니다.

**이방이 떠들고 나라들 모여서 진동하나
우리 주 목소리 한 번만 발하면
천하에 모든 것 망하겠네 아멘!**

스가랴 14장 16절에는 이렇게 예언되어 있습니다.

"예루살렘을 치러 왔던 이방 나라들 중에 남은 자가 해마다 올라와서 그 왕 만군의 여호와께 경배하며 초막절을 지킬 것이라." 아멘.

이 예언도 때가 되면 반드시 이루어질 것입니다. 왜냐하면 약속에 신실하신 아브라함과 이삭과 야곱의 하나님께서 선민과 우리 이방인에게 약속하셨기 때문입니다.

따라서 이스라엘 독립 70주년의 해, 벽두에 IMN 신년 감사예배로 이 자리에 모이신 이스라엘 회복 사역자 여러분! 우리 모두 이 시간 아브라함과 이삭과 야곱의 하나님 앞에서 새롭게 다짐할 수 있기를 바랍니다. 어떻게 다짐해야 할까요?

"예루살렘을 천년왕국의 수도로 온전히 준비하시기 위해 열심히 일하시는 하나님의 뜻에 따라 유대인과 이방인의 왕이요, 구주이신 예수님 안에서 우리 함께 더욱 연합하여 사역하겠습니다."

이렇게 다짐, 또 다짐하실 수 있기를 바랍니다. 만약 우리부터 그렇게 순종해 나간다면, 그 결과는 어떤 것일까요? 우리의 삶은 신실하시며 약속을 지키시며 거부할 수 없는 강한 힘을 가지신 하나님의 성품을 더욱 닮아가게 될 것입니다.

세상의 난리와 거기에 대한 왜곡된 보도 속에서도 예수님의 평안을 누리고, 증거하며, 날마다 승리하게 될 것입니다. 찬송가 70장 4절의 고백이 금년도에 날마다 우리의 삶과 사역의 고백이 되기를 축원합니다.

> 높으신 하나님 우리를 구하니 할렐루야
> 괴롬이 심하고 환난이 극하나
> 피난처 되시는 주 하나님 아멘!

(2018년 1월 8일)

이스라엘을 시기 나게 하는 사역

IMN, KIBI, CWMI, Brad TV 신년 연합기도회

"그러므로 내가 말하노니 그들이 넘어지기까지 실족하였느냐 그럴 수 없느니라 그들이 넘어짐으로 구원이 이방인에게 이르러 이스라엘로 시기나게 함이니라 그들의 넘어짐이 세상의 풍성함이 되며 그들의 실패가 이방인의 풍성함이 되거든 하물며 그들의 충만함이리요 내가 이방인인 너희에게 말하노라 내가 이방인의 사도인 만큼 내 직분을 영광스럽게 여기노니 이는 혹 내 골육을 아무쪼록 시기하게 하여 그들 중에서 얼마를 구원하려 함이라 그들을 버리는 것이 세상의 화목이 되거든 그 받아들이는 것이 죽은 자 가운데서 살아나는 것이 아니면 무엇이리요"(로마서 11:11-15).

지난 2016년 말로 저의 40년 목회가 부족했지만 은혜 중 마쳤습니다. 마지막 목회는 은퇴 7년을 앞두고 '이스라엘의 회복의 비밀'을 깨달은 교회에서 29년간 했습니다. 그 교회 부임 전에는 서울 공릉동에서 5년 5개월간 개척목회를 힘들게 했는데, 나중에 돌아보니 너무 미숙했습니다. 특히 목회 중 하나가 잘못한 교인들을 말씀으로 책망하는 식이었는데, 효과가 없었습니다. 오히려 그 심령들이 더 강퍅해지고, 잘하던 교인들까지 의기소침해졌습니다. 실패한 것입니다. 기도하는 중 잘못한 것을 깨달았지만 이미 거기에서의 목회는 끝나고, 마지막 목회했던 교회에 부임하게 되었습니다. 그 교회에서는 완전히 전략을 바꾸었습니다. 잘못하는 교인들은 일단 지켜보고, 일단 잘하는 성도들을 적절하게 칭찬하는 방법을 사용했습니다. 그랬더니 그 성도들은 더욱 충성하게 되고, 잘못하던 교인들도 시샘하여 그때부터 잘하게 되었습니다.

오늘 본문은 이방인의 사도인 바울의 특이한 전략이요 간증이라 하겠습니다. 하나님께서 자신을 선민이며 동족인 이스라엘(유대)의 얼마간의 사람들, 다른 말로 하면 '남은 자들'(the remnant)을 형성하기 위해 이방인의 사도로 삼으셨다고 말합니다. 즉 사도 바울이 이방인의 사도가 되어 열심히 그들에게 복음을 전하면 많은 이방인들이 믿고 기뻐하고 복을 누리며 살게 됩니다. 그러면 동족 유대인들 중에서 얼마간이라도 그 마음에 시기가 일어나서 예수님을 믿을 것을 내다보기에 그런 우회적인 방법을 사용하는 간증이라 하겠습니다.

오늘 밤 2019년 새해 벽두, 이 자리에는 하나님의 특별한 부르심으로 마지막 시대, 마지막 비전인 '이스라엘의 회복' 사역의 부르심에 따라 여러 기관의 책임자들과 동역자들이 한마음으로 모였습니다. 특별히 "성령님의 하나 되게 하신 것을 힘써 지키라"(엡 4:3하)라는 주님의 음성에 따라 모였습니다. 모여서 함께 찬양하고 말씀 듣고 기도하며 교제하며 다짐하고 함께 한 해를 새출발하게 되었습니다. 할렐루야! 이 자리는 너무 축복된 자리가 아닙니까?

그러면 우리가 하나님께서 '이스라엘 회복'과 '한 새 사람'(엡 2:15)의 역사를 이루어 가심이 더욱 이스라엘 땅과 열방 속에서 선명히 나타나는 이때에 어떤 마음과 자세로 이 거룩한 사역에 참여해야 할까요?

첫째, 이전에 하나님을 모르던 이방인으로서, 하나님께서 축복의 통로로 선택하신 이스라엘(유대인; 창 12:1-3) 앞에서 교만하지 말아야 하겠습니다.

"하나님이 원가지들도 아끼지 아니하셨은즉 너도 아끼지 아니하시리라"(롬 11:21).

보십시오. 원가지들도 필요하면 아끼지 아니하시고 끊어버리십니다. 왜냐하면 돌감람나무 가지를 원감람나무에 접붙이기 위해서는 원감람나무 가지 하나를 꺾어야 했습니다. 그런데 꺾이는 가지는 믿지 아니하므로 꺾인다고 말씀하고 있습니다. 신앙의 열매를 맺지 아니하면 원감람나무 가지라도 잘라내고 다른 가지 하나를 붙여 열매 맺게 하시는 하나님이기에, 접붙인 가지 정도야 말라 버리면 가차없이 잘라버릴 것이니 조심하라는 것입니다.

여러분, 이스라엘의 실패가 단순히 이스라엘의 잘못 때문입니까? 아닙니다. 그것은 영적인 문제로서 그 깊은 이유는 본문 11절 중반절에 나옵니다.

"그들이 넘어짐으로 구원이 이방인에게 이르러."

물론 이스라엘이 잘못한 것은 객관적 사실입니다. 그러나 단순히 그것만은 아닙니다. 어떤 의미에서 그들은 우리 이방인들이 구원을 얻게 하기 위해 희생된 것입니다. 어떤 의미에서 온 인류의 구원의 희생양이 되신 예수님의 그림자 역할을 했다고 보아야 할 것입니다. 즉 예수님께서 온 인류를 구원하시기 위해 하나님의 어린양이 되셨는데(요 1:36), 이스라엘은 이방인들이 그 예수님을 믿게 하기 위해 희생양이 된 것이라고 하겠습니다.

따라서 우리는 이방인으로서 "이스라엘이 학살을 당하고 전 세계로 흩어져 방황하게 된 것은 그들이 메시아를 죽였기 때문이다"라고 말해서는 안 되겠습니다. 그렇게 무지하고 오만하게 함부로 말해서는 안 됩니다. 그런 말은 이스라엘 사람들이 예수님을 믿고 나서 회개할 때에 쓰는 말이기 때문입니다. 따라서 우리 이방인들로서는 오히려 "우리가 예수님을 믿도록 하기 위해 이스라엘 백성들이 대신 희생을 당했다"라고 말해야 합니다. 고맙게, 그리고 미안하게 생각해야 합니다.

한번 냉정하게 생각해 봅시다. 사실 600만 명이 가스실에서 학살당할 만큼의 죄가 어디 있단 말입니까? 2천 년 동안 전 세계에 흩어져 방황하며 고난을 당해야 할 만큼 큰 죄가 어디 있습니까? 그들이 이런 큰 고난을 당해야 할 이유가 어디 있습니까? 이것을 무엇으로 설명할 수 있겠습니까? 그것은 오직 하나, 이방인의 충만한 숫자가 아직 채워지지 않았기 때문입니다. 저들은 지금 예수님을 믿는 이방인의 충만한 숫자가 채워지기까지 기다리고 있는 것입니다.

> "형제들아 너희가 스스로 지혜 있다 하면서 이 신비를 너희가 모르기를 내가 원하지 아니하노니 이 신비는 이방인의 충만한 수가 들어오기까지 이스라엘의 더러는 우둔하게 된 것이라 그리하여 온 이스라엘이 구원을 받으리라"(롬 11:25-26 상).

이방인들이 돌아오고 이스라엘이 돌아오면 역사가 완성됩니다. 오늘도 이방인의 충만한 숫자가 돌아오기까지 이스라엘은 우리를 대신하여 고통을 겪으면서 기다리고 있습니다. 이것이 이스라엘입니다. 따라서 저는 여러분이 이스라엘을 많은 나라 중의 한 나라로 여기지 않기를 원합니다. 이스라엘과 전 세계 모든 민족을 1대1로 보아야 합니다. 이스라엘 민족은 인류의 구원을 위해 하나님께서 남겨두신 '마지막 카드'라는 것을 잊지 마시기 바랍니다. 로마서 11장 20-21절을 보십시오.

> "옳도다 그들은 믿지 아니하므로 꺾이고 너는 믿으므로 섰느니라 높은 마음을 품지 말고 도리어 두려워하라 하나님이 원 가지들도 아끼지 아니하셨은즉 너도 아끼지 아니하시리라"

바로 이러한 자세가 유대인 회복 사역을 감당하는 우리들을 통해 유대인들이 예수님에 대해 관심을 가지게 하는 출발점이 될 것입니다.

둘째, 메시아닉 유대인들과 '한 새 사람'을 이루어가는 일에 최선을 다해야 합니다.

"그는 우리의 화평이신지라 둘로 하나를 만드사 원수 된 것 곧 중간에 막힌 담을 자기 육체로 허시고 법조문으로 된 계명의 율법을 폐하셨으니 이는 이 둘로 자기 안에서 한 새 사람을 지어 화평하게 하시고 또 십자가로 이 둘을 한 몸으로 하나님과 화목하게 하려 하심이라"(엡 2:14-16).

오늘 본문 앞 로마서 10장 19절을 보면 바울은 이렇게 말합니다.

"내가 백성 아닌 자로써 너희를 시기하게 하며 미련한 백성으로써 너희를 노엽게 하리라."

이것은 바울이 신명기 32장 21절에 나오는 모세의 노래를 복음을 받아들이지 않은 대부분의 이스라엘 백성들에게 적용시키면서 로마서에서 처음으로 유대인들이 바울의 사역의 결과로 많은 이방인들이 복음을 받고 믿고 기뻐할 때에 시기하고 분노하게 되고, 그 결과 그중의 일부라도 믿게 될 것을 바라보는 구절입니다.

그런데 여기서 우리가 주목할 점이 있습니다. 바울이 '백성이 아닌 자'라고 언급하면서 항상 복수로 사용했던 '이방인들', 즉 '열방'을 염두에 두지 않고 있다는 점입니다. 바로 앞의 구절을 볼 때 여기서 바울이 말하는 '백성 아닌 자'는 하나님의 말씀에 의해 함께 지음을 받은 유대인과 이방인으로 구성된 '하나님의 새로운 백성'을 의미합니다. 즉, 그가 로마서 10장 19절에서 '이 백성 아닌 자'를 '미련한 백성'이라고 말할 때, 그것은 이방인만 묘사하는 것이 아닙니다. 사도가 전하는 복음을 듣고 믿어 이스라엘이라는 참감람나무 가지에서 믿지 않으므로 잘라져 나간 유대인 가지에 대신 접목된 이방 그리스도인들과 함께 국가적인 배교 가운데서도 하나님께서 긍휼로 남겨두신 이스라엘의 '남은 자'까지 포함되는 것입니다.

따라서 여기서 이스라엘을 시기 나게 하는 공동체는 단순히 이방인 신자들로만 구성된 그런 이방인 일색의 교회가 아닙니다. 하나님의 사전인 성경에 따라서, 바울의 사도행전에도 그런 존재는 없습니다. 대신 다만 복음으로써 부름 받아 아무것도 없는 상태에서 창조된 원래 선민 유대교의 일부와 믿음으로 함께 아브라함의 후손이 된 이방인으로 구성된 하나님의 종말론적인 백성만이 존재하는 것입니다. 그러면 바울이 자기가 이방인의 사도로서 이방인에게 전하여, 유대인의 시기를 일어나게 해서 믿게 한다는 말은 무슨 뜻입니까? 이스라엘의 남은 자로서의 이스라엘 사람들과 이스라엘 민족의 대속적 고난으로 믿게 된 이방인들이 서로 간에 복음 안에서 연합의 역사를 잘 이룰 때, 유대인에게 시기가 일어나 그중의 일부가 믿게 된다는 것입니다.

그래서 사도 바울은 본문 앞 4-5절에서도 엘리야 시대에 모든 이스라엘이 배교한 것 같은 상황 속에서도 바알 앞에 무릎을 꿇지 않은 남은 자 7천 명이 있었음을 언급합니다. 물론 하나님께서는 그 이전에도 그 이후에도 예루살렘 멸망 후에도 지금까지도 남은 자들을 이스라엘 가운데 두십니다. 그리고 그 남은 자가 결국은 로마서 11장 25절에 나오는 바 '온 이스라엘'(파스 이스라엘, All Israel), 즉 '국가적 이스라엘'이 구원받는 역사의 촉매제가 되는 것입니다. 즉 하나님께서 엘리야 시대를 전후하여 궁휼히 여기심으로 남겨놓으신 소수의 남은 자들이 메시아를 영접한 이방인 그리스도인들과 연합하여 종말론적 하나님의 백성이 됨으로 마지막에는 수많은 유대인들이 시기를 일으키게 되어, 결국 국가적 이스라엘의 회복을 이루게 되는 촉진제가 된다는 것입니다.

그러므로 이스라엘 회복 사역에 동참하는 기독교회와 기관이나 단체는 근본적으로 메시아닉 쥬들과 교회들과 연대를 이루면서 감당해 나가야만 합니다. 구체적으로는 현재 이스라엘에 있는 3만 5천의 메시아닉 쥬들과 300여 개의 메시아닉 공동체와 긴밀한 연합을 이루며, 감당해 나가기에 최선을 다해야 할 것입니다.

마지막으로, 하나님께서 기뻐하시는 이스라엘 회복 사역을 위해서는 결국 이스라엘 사역 단체들 간의 은혜로운 연합의 역사가 있어야 합니다.

에베소서 4장 2-3절을 보시기 바랍니다.

"모든 겸손과 온유로 하고 오래 참음으로 사랑 가운데서 서로 용납하고 평안의 매는 줄로 성령이 하나 되게 하신 것을 힘써 지키라."

이 말씀을 보면 우리 인간들이 하나 되게 하는 것이 아님을 봅니다. 아니, 그것은 불가능한 일입니다. 스가랴 4장 6절을 보십시오.

"이는 힘으로 되지 아니하며 능력으로 되지 아니하고 오직 나의 영으로 되느니라."

여기서 우리는 무엇을 깨닫습니까? 성령님께서 그리스도 예수를 통해 하나 되게 하신 것을 우리들은 항상 순종함으로 지켜 나가는 것뿐이라는 사실을 알게 됩니다. 깊이 따지고 보면 오늘날 전 세계가 서로 미워하고 증오하고 전쟁과 테러가 끊임이 없는 것은 선민 유대인과 이방 민족이 서로 화해하지 못했기 때문이라고 할 수 있습니다. 그러면 왜 이미 예수님께서 십자가에서 화해의 근거를 마련하셨는데, 이 세상은 이렇게 점점 더 싸움터가 되고 있습니까? 그 원인을 깊이 살펴보면 먼저 유대인이 전한 복음을 받고 그리스도의 몸된 교회의 한 지체가 된 우리 이방 교회 성도들에게 있습니다. 즉 우리들이 먼저 자신들과의 관계에서 서로 화해하고 하나를 이루고, 나아가 메시아닉 쥬와 화해하여 하나를 이루어 메시아를 거부하는 정통 유대인들도 시기가 나서 그중 일부라도 믿게 해야 하는데, 전혀 그렇지 못하기 때문입니다.

다시 말하면 서로 간에 교만과 욕심, 허영과 다툼 때문에 우리 내부에서부터 서로 분리하고 분쟁하고 세속적인 경쟁을 하기 때문에, 언감생심 메시아닉 쥬들과는 전혀 화목의 관계를 이루지 못하고 있습니다. 그래서 유대인들을 거의 감동시키지 못하는 것입니다.

사랑하고 존경하는 이스라엘 사역 동역자 여러분! 오늘날 교회 가운데 하나님 아버지의 얼굴과 그 은총이 우리로부터 돌이켜지는 근본원인이 무엇이라고 생각하십니까? 하나님께서 결코 당신의 약속을 철회하신 것도, 변심하신 것도 아닙니다. 또한 우리가 믿는다고 하면서도 그 강조점을 달리하고, 다양한 기름 부음 안에서 행하는 것 그 자체만도 아닙니다. 다만 우리들이 무슨 사역을 할 때, 상대편이나 다른 사람들이 유대인이나 이방인의 구주이시며 머리로 계시는 예수 그리스도 안에서 한 피 받아 한 몸을 이루어가는 관계라는 '지체의식'의 결핍과 '연합의 자세'의 부족 때문이라고 생각합니다.

공식선교 140여 년의 역사를 지닌 우리 한국교회는 지금 어떻습니까? 물론 모이기를 힘쓰는 것, 모여서 뜨겁게 기도하고 찬양하는 것, 정성껏 헌금하는 것, 열심히 교회 안과 밖에서 봉사하는 것, 활기차게 국내외 전도하고 선교하는 것 등은 아직까지도 우리의 장점이요, 강점일 수는 있습니다.

그러나 우리에게는 한 가지 치명적인 문제, 고질적인 문제가 있습니다. 그것은 이웃 간의 문제입니다. 다른 말로 하면 공동체 안에서의 지체의식의 심각한 결여가 문제입니다. 즉 서로 간에 불화하고 자신이 더 잘났다고 하며 남을 무시하는 교만과 우월감이 매우 심합니다. 심지어 교인 간에, 교회 간에, 교단 간에, 교회와 선교단체 간에, 선교단체 사이에 이런 고질적인 문제가 심각합니다. 이런 이유로 우리가 유대인 전도를 한다고 할지라도 그들이 우리가 전하는 예수님을 받아들이지 않고 거부합니다. 왜냐하면 우리가 예수님을 서로 사랑하는 가운데 잘 믿고 정말 잘 되어야 하는데, 오히려 정반대이기 때문입니다. 거기다가 그들은 역사적으로 우리 기독교회로부터 받은 고난과 핍박 때문에 사실은 처음부터 교회와 복음에 대해 마음을 닫아걸고 있습니다.

따라서 우리가 진정으로 이방인들로서 대속적 민족이 되어 2천 년간 전 세계를 유리방황하다가, 지금은 고토에 돌아온 유대인들에게 예수님을 전하여 구원을 받게 하며 유대인으로서의 바른 정체성을 가지게 하려면, 먼저 우리들의 내부에서부터 마음자세와 태도가 달라져야 할 것입니다. 즉 우리 내부에서부터 먼저 '이스라엘의 회복'이라는 마지막 시대, 최고의 비전 앞에서 성령님의 하나 되게 하신 것을 힘써 지키고(엡 4:3), 남을 나보다 낫게 여기고 서로 협력하면서(빌 2:3-4) 메시아닉 교회와 그 지체들과 교제와 연합을 이루는 데 집중해야 할 것입니다. 그렇게만 한다면 굳게 닫혔던 유대인들, 심지어는 정통 유대인들까지라도, 2천 년 전에 자기 땅에 오셨고 때가 되면 다시 예루살렘으로 오실 메시아, 그 예수님을 영접하는 역사가 활발하게 일어나게 될 줄로 믿습니다.

사랑하고 존경하는 이스라엘 선교동역자 여러분!
금년은 3.1운동 100주년 기념의 해입니다. 일제의 압제가 날로 심해가던 그때에 기독교 인구가 1%가 채 안 되었습니다. 그러나 진실한 믿음과 섬김의 리더십으로 교회를 넘어 사회에까지 선한 영향을 끼쳤습니다. 그래서 3.1운동도 주도했고, 결국 그것이 기폭제가 되어 26년 후인 1945년에 8.15해방을 맞이하였습니다. 그 3.1운동 전후해서 우리 믿음의 선조들이 발휘한 것이 바로 그리스도의 연합의 정신이었습니다. 독립선언서에 서명한 33인의 명단을 보면 기독교인이 16명으로 거의 절반을 차지합니다. 그리고 천도교, 불교, 유교, 좌파, 우파 등이 한데 모여 있었습니다. 그래서 사실 연합하기가 녹록지 않았습니다. 그러한 상황에서 그때 우리 믿음의 선조들이 기독교의 연합 정신을 발휘한 덕분에 그 출발이 비교적 순조로웠습니다.

그때 당시 이런 일이 있었다고 합니다. 최남선 선생 주도로 독립선언서가 다 작성되고 마지막으로 33인의 서명자의 이름을 쓰는데,

어떤 순서로 쓰느냐의 문제만 남겨 두었습니다. 그런데 여기서 큰 난관에 봉착하게 됩니다. 각 종파별로 어떤 종파를 먼저 쓰느냐, 특히 누구의 이름을 제일 앞에 쓰느냐의 문제로 여러 시간을 걸쳐 격론이 벌어집니다. 나중에는 분위기가 험악해지기까지 했습니다. 잘못하면 3.1만세운동 자체가 깨어질 판이었습니다. 절체절명의 위기가 닥쳤습니다.

바로 그때 남감 이승훈 장로가 좌중에서 벌떡 일어나서 외칩니다. "아니, 이거 왜들 이래? 이거는 죽는 순서야. 손병희부터 먼저 써!" 순간 좌중이 쥐죽은 듯 고요해졌습니다. 그렇게 해서 이름 쓰는 순서가 깨끗이 정리가 되고, 3.1운동이 차질없이 진행되었다고 합니다.

3.1운동 100주년의 해 벽두에 '이스라엘 회복 사역의 부흥'을 위해 이 저녁 이 자리에 모인 동역자 여러분! 우리 믿음의 선조들이 가졌던 주 안에서의 연합 정신을 우리가 다시 한 번 본받아 금년도에 우리로부터 진정한 부흥의 불길이 타오르기를 기도합니다.

물론 다같이 이스라엘의 회복 사역을 하고 있습니다. 그러나 내적으로 보면 그 안에서 역할과 임무는 다 다릅니다. 따라서 물론 획일적으로 하나를 이룰 수는 없습니다. 그러나 또한 우리가 궁극적으로 이르고자 하는 목표는 '이스라엘의 회복'이요, '주 안에서 유대인과 이방인이 한 새 사람을 이루는 일'이요, '온 이스라엘의 구원'입니다. 따라서 우리 모두 오늘날 한국교회 내의 현실에서 나타나는 세속적인 경쟁의식과 거기에 따른 싸움을 지양해야 할 것입니다. 다만 100년 전, 우리 대한민국의 믿음의 선조들이 가진 '성령님 안에서의 연합 정신'을 본받아 사역하기를 바랍니다. 즉 "남을 나보다 낫게 여기고"(빌 2:3하), "성령님의 하나 되게 하신 것을 힘써 지키므로"(엡 4:3

하), 우리 모두 이 뜻깊은 금년 새해에 '이스라엘로 시기 나는' 사역 (롬 11:11, 14)에 함께 매진할 수 있기를 바랍니다.

시편 133편의 축복이 금년에 먼저 우리 가운데 가득하기를 축원합니다.

"보라 형제가 연합하여 동거함이 어찌 그리 선하고 아름다운고 머리에 있는 보배로운 기름이 수염 곧 아론의 수염에 흘러서 그의 옷깃까지 내림 같고 헐몬의 이슬이 시온의 산들에 내림 같도다 거기서 여호와께서 복을 명령하셨나니 곧 영생이로다."

(2019년 1월 7일)

예언적 성령님과 "먼저는 유대인에게"

IMN 샤부옷 개회예배

"베드로가 열한 사도와 함께 서서 소리를 높여 이르되 유대인들과 예루살렘에 사는 모든 사람들아 이 일을 너희로 알게 할 것이니 내 말에 귀를 기울이라 때가 제삼 시니 너희 생각과 같이 이 사람들이 취한 것이 아니라 이는 곧 선지자 요엘을 통하여 말씀하신 것이니 일렀으되 하나님이 말씀하시기를 말세에 내가 내 영을 모든 육체에 부어 주리니 너희의 자녀들은 예언할 것이요 너희의 젊은이들은 환상을 보고 너희의 늙은이들은 꿈을 꾸리라 그 때에 내가 내 영을 내 남종과 여종들에게 부어 주리니 그들이 예언할 것이요"(사도행전 2:14-18).

"내가 복음을 부끄러워하지 아니하노니 이 복음은 모든 믿는 자에게 구원을 주시는 하나님의 능력이 됨이라 먼저는 유대인에게요 그리고 헬라인에게로다"(로마서 1:16).

제가 1980년대 서울 공릉동에서 개척 목회할 때입니다. 어느 주일에 유치부에 축도하러 갔을 때 유치부 여자아이가 뛰어나오면서 "야, 예수님 오셨다" 하며 저의 품에 안겼습니다. 그래서 제가 매우 당황한 일이 있었습니다. 그런데 그뿐이 아니었습니다. 지난 2017년 말에 29년간 목회하고 은퇴한 교회에 부임하여 초기 시절의 어느 주일 아침이었습니다. 교회 마당을 지나가는데 어느 유치부 남자아이가 자기 친구들에게 저를 가리키며, "야, 저기 하나님 오신다" 하면서 제게로 달려왔습니다. 그때 제가 또 당황한 기억이 있습니다.

그러한 일들로 인해 저는 반성을 많이 했습니다.

'아니, 내가 도대체 어떻게 처신했길래, 아이들이 나를 예수님이다, 하나님이다 생각하도록 만들었는가.'

그래서 반성도 하며 처신하는 일에도 좀 더 신경을 쓰며 지냈습니다. 즉 매사에 조심조심하여 아이들과 교인들이 목사인 나를 신격화하지 않도록 매우 조심하여 목회하다가 마쳤습니다. 그나마 다행이었습니다. 왜냐하면 목회 중에 제게 "야, 여기 성령님 오셨다" 하고 달려온 유치부 아이는 없었기 때문이었습니다. 아마 성령님은 그만큼 더 어린아이들은 물론이고 어른들에게도 이해하기 어려운 개념이어서 그런 것 같다는 생각이 들었습니다.

그러나 여러분, 어떻습니까? 여러분 가운데 짜장면 좋아하시는 분들 계시지요? 그러면 그 짜장면 맛을 완전하게 설명하실 수 있는 분들 손들어 보실래요? 아마 어려우실 겁니다. 왜냐하면 짜장면 맛을 우리가 잘 느끼기는 하지만, 그 맛을 누구나 공감할 수 있도록 완전하게 설명하는 것은 매우 어렵기 때문입니다. 그와 비슷한 줄 압니다.

우리가 성령님의 존재와 역사를 체험하며 살고 있지만, 그것을 인간의 말로 완전히 설명할 수는 없습니다. 그러나 성령님께서는 분명히 존재하시고 놀라운 역사를 우리 가운데서 행하고 계시는 것은 엄연한 사실입니다. 그것은 마치 우리가 보통 때에는 거의 의식하지 못하고 살고 있지만 실제로는 진행되고 있는 이런 일과 같다고 하겠습니다. 가령 우리가 평소에 늘 공기 안에서 살고, 우리 안에 공기가 있어서 살아가고 있고, 이로 인해 때로는 놀라운 일이 일어나는 것과 비슷하다고 하겠습니다.

그렇습니다. 우리는 지금도 성령님 안에서 살아가고 있고, 내 안에 성령님께서 항상 내주하여 역사하고 계십니다. 그 사실은 가령 고린도전서 12장 3절에서 찾을 수 있습니다.

> "그러므로 내가 너희에게 알리노니 하나님의 영으로 말하는 자는 누구든지 예수를 저주할 자라 하지 아니하고 또 성령으로 아니하고는 누구든지 예수를 주시라 할 수 없느니라." 아멘!

그러니 우리 중에 누가 "나는 하나님과 예수님은 믿지만 성령님하고는 별로 관계가 없다"라고 말하는 분이 안 계시지 않습니까? 또 보세요. 고린도전서 6장 19절 상반절입니다.

> "너희 몸은 너희가 하나님께로부터 받은 바 너희 가운데 계신 성령의 전인 줄을 알지 못하느냐."

따라서 성령님께서는 지금 이 시간에도 이미 우리 각 개인의 심령 속에 내주해 계십니다. 동시에 오늘 이 시간 이 자리, 2020년

IMN 오순절 집회 두 번째 시간으로 모인 우리 가운데 충만하게 임재해 계시는 줄로 믿습니다.

오늘은 오래간만에 하나님의 절기 중 봄의 절기인 오순절이 부활절과 함께 주후 4세기부터 콘스탄티누스에 의해 인위적으로 정해진 날짜가 일치하는 연도의 날입니다. 돌아보면 2013년에는 기독교의 부활절이 본래적인 유월절보다 두 달이나 빨랐습니다. 엄격하게 따지면 그 말은 무엇을 의미합니까? 그해에는 유월절을 원래 '여귀신 숭배일'(Easter day)을 대체하여 부활절로 지키는 기독교에서는 예수님께서 돌아가시기 두 달 전에 부활절을 지키고 넘어갔다는 기막힌 말입니다. 대체신학에 근거하면 그런 기막힌 일도 있음을 깨달아야 합니다.

하여간 오늘은 대체신학에 의한 성령강림절과 이스라엘의 절기요 하나님의 절기 중 하나인 샤부옷(오순절, Pentecost)의 날짜가 일치하는 날입니다. 그래서 IMN이 지난 월요일 저녁의 1차 집회에 이어서, 오늘 이 시간 2차 집회를 갖는 의미 있는 날입니다. 코로나19의 위험 속에서 이렇게 다 같이 마스크를 쓰고 모이는 집회이기에 역설적으로 더욱 감회가 깊다고 생각합니다. 이 오순절, 샤부옷은 다른 절기에 비해 별명이 많습니다. 칠칠절, 맥추절, 두 번째 초실절 등입니다. 그만큼 절기 중에서도 중요성을 가지고 있고, 다양한 면을 가졌다는 것을 알 수 있습니다.

무엇보다도 3,500여 년 전에 시내산에서 시작되고 2,000여 년 전의 예루살렘 마가 다락방에서 첫 열매를 맺은 오순절 때문에 이 땅 위의 첫 교회가 탄생하였고, 이어서 지상의 교회들이 여기저기서 생겨나게 되었습니다. 그런데도 지금 대부분의 교회들이 이상하게 날짜가 맞지 않는 성탄절, 부활절 등은 열심히 지키면서도, 정작 성령 강림절에는 '성(聖)' 자도, 오순절의 '오(五)' 자도 꺼내지 않고 지나가고 있습니다. 이러한 현상은 역설적인 의미에서 참 기적 중의 하나가 아닌가 싶습니다.

그런데 이런 상황 속에서도 IMN에서는 이렇게 진지하게 정성껏 오순절 집회를 준비하고 진행하니 얼마나 다행스럽고 감사한 일인지 모릅니다. 받은 자료를 보니 지난 월요일 저녁에는 변순복 교수께서 "토라를 받은 날; 하나님의 영이 임하신 날"이라는 주제로 오순절의 기초, 뿌리를 설명했습니다. 이어지는 오늘은 잠시 후 엄민용 목사께서 "절기의 신약적 적용과 종말론적 열매"라는 주제로 구체적인 면을 강의해 주시니 얼마나 기쁜지 모릅니다. 이렇게 해서 성경에 나오는 오순절, 성령 강림, 성령의 역사를 좌우로 치우치지 않고 바르게 제대로 공부하는 계기가 되니, 참 감사합니다.

하나님께서 오순절에 시내산에서 '토라'를 주신 정확한 날짜에 대해 성경에 정확하게 못 박지는 않았습니다. 그러나 그런 중에도 성경에서 대략적인 근거는 발견할 수 있습니다. 출애굽기 19장 1절을 보시기 바랍니다.

"이스라엘 자손이 애굽 땅을 떠난 지 삼 개월이 되던 날 그들이 시내 광야에 이르니라."

그리고 19장 16-20절을 읽으면 그 사실이 드러납니다.

"셋째 날 아침에 우레와 번개와 빽빽한 구름이 산 위에 있고 나팔 소리가 매우 크게 들리니 진중에 있는 모든 백성이 다 떨더라"(16절).

"여호와께서 시내 산 곧 그 산 꼭대기에 강림하시고 모세를 그리로 부르시니 모세가 올라가매"(20절).

출애굽 이후 이 말씀대로 이스라엘 온 백성은 하나님께서 친히 산꼭대기 위에 내려오시는 것을 두 눈으로 똑똑히 보았습니다. 십계명을 주시는 하나님의 음성을 귀로 분명히 들었습니다. 모세와 아론, 나답과 아비후, 그리고 70인의 장로는 산 위에 올라가 하나님을 뵙게 됩니다. 그 앞에서 먹고 마셨다고 기록하고 있습니다. 모세와 여호수아는 하나님 앞에 더 가까이 나아가서 구름 속으로 들어가 40일 동안 성막에 관한 자세한 말씀을 들었습니다.

이것은 마치 사도행전 2장에서 기록하는 오순절 성령 강림의 현장을 떠올리게 합니다. 보세요! 급하고 강한 바람소리, 불의 혀와 같이 임하신 성령님, 120명 제자들의 성령님 체험, 새로운 언어, 하나님의 말씀의 권능의 역사, 오순절을 맞아 각국에서 모여들어 말씀을 듣는 수많은 디아스포라 이스라엘 백성들 등. 이런 모습은 무엇을 의미합니까? 하나님의 시내산 강림 현상과 오버랩된다고 생각이 안 드십니까?

실제로 시내산에서 받은 토라와 주 예수님의 은혜, 그리고 오순절 성령님 강림의 상관관계를 사도 바울은 그의 서신에서 특히 로마서 8장의 두 곳에서 잘 풀어내고 있습니다. 먼저 1-2절입니다.

"그러므로 이제 그리스도 예수 안에 있는 자에게는 결코 정죄함이 없나니 이는 그리스도 예수 안에 있는 생명의 성령의 법이 죄와 사망의 법에서 너를 해방하였음이라."

그리고 11절입니다.

"예수를 죽은 자 가운데서 살리신 이의 영이 너희 안에 거하시면 그리스도 예수를 죽은 자 가운데서 살리신 이가 너희 안에 거하시는 그의 영으로 말미암아 너희 죽을 몸도 살리시리라." 아멘!

이러한 동일한 계시의 빛이 아직도 여전히 예수님을 거부하는 대부분의 유대인들 속에 비치기를 기도하는 우리가 되어야 할 줄로 믿습니다.

이렇게 볼 때, 오순절 사건에서 3,500여 년 전의 시내산의 하나님의 강림 사건은 뿌리요 시작이고, 2,000여 년 전의 예루살렘의 성령 강림 사건은 그 꽃이요 열매라고 보아야 할 것입니다. 그래서 구약과 신약의 두 사건은 분리되는 사건이 아닙니다. 예수님 안에서 하나님에 의해 자연스럽게 이어지는 한 흐름의 구속사적인 사건의 대표적인 두 장면이라 하겠습니다.

그런데 우리가 성경을 자세히 연구해 보면 성경은 기본적으로 거의 모두 '예언적인 책'임을 발견하게 됩니다. 가령 이사야 46장 10절을 통해 하나님께서는 선민 이스라엘과 교회에 대해 말씀하십니다.

"내가 시초부터 종말을 알리며 아직 이루지 아니한 일을 옛적부터 보이고 이르기를 나의 뜻이 설 것이니 내가 나의 모든 기뻐하는 것을 이루리라 하였노라."

그렇습니다. 사실 구약의 예언서만 아니라 토라와 성문서도 예언적인 성격의 책입니다. 신약성경의 경우도 마찬가지입니다. 요한계시록만 아니라, 사복음서, 사도행전, 모든 서신서들도 사실은 예언적인 성격을 가진 책들입니다. 그리고 우리가 성경을 자세히 연구해 보면 구약의 예언자들과 신약의 교회를 가장 직접적이고 즉각적으로 연결해주는 고리는 무엇보다도 성령님(하나님의 영)의 '예언적 능력'(Prophecy Power)이라는 것을 알 수 있습니다. 그 대표적인 경우가 요엘 2장입니다.

오늘 본문을 보시기 바랍니다. 일부만 읽었지만 요엘 2장이 사도행전 2장의 오순절에 있었던 교회의 탄생에서 분명하게 구체적으로 인용되고 있지 않습니까? 실제로 그날의 성령 충만의 역사는 다른 것이 아니었습니다. 부분적으로 이루어지고 일시적으로 이루어지던 구약시대의 예언자들의 사역이 하나님의 약속대로 교회에 의해 온전하게, 즉 공동체 전체의 사역으로, 항시적인 사역으로 연결되고 계승된 것을 보여주는 사건이었습니다. 최초로 그 사실을 극명하게 보여준 획기적인 사건이었습니다.

이렇게 해서 신약시대의 교회는 유대인들은 물론 이방인들도 함께 모두 '예언적 성령님'(Prophecy Holy Spirit)을 받게 되었습니다. 할렐루야! 그래서 구약시대에는 제사장, 선지자, 왕 등 기름 부음 받은 자들에 의해 일시적으로만 이루어졌던 성령님의 예언적 능력이 신약시대 성령 강림 사건 이후에는 교회의 모든 지체들에 의해 이루어지게 되었습니다. 예수님을 진실로 믿는 자들이라면, 언제 어디서나 온

전한 예언자적 사명을 가지고 섬길 수 있는 특권이 주어지게 되었습니다.

그러므로 구약시대나 예수님 재세 시대에 비해 지금 성령님 시대가 가장 좋은 복된 시대입니다. 왜 그럴까요? 좀 기계적인 구분이기는 합니다만 다음과 같은 이유 때문입니다. 구약시대가 '하나님께서 우리 위에 계시는'(God over us) 시대이고, 예수님 재세 시대는 '하나님께서 우리와 함께 계시는'(God with us) 시대이고, 성령시대는 '하나님께서 우리 안에 계시는'(God in us) 시대이기 때문입니다. 할렐루야! 그러나 그러한 큰 복은 그만큼 우리가 예언자적 삶, 구체적으로 말하면 언제나 복음 증거적 삶을 살아내야 하는 큰 책임을 동반한다는 사실을 늘 잊지 말아야 합니다.

그런데 크게 보아서 선교에는 어떤 종류가 있을까요? 보통은 국내선교와 해외선교로 나눕니다. 그러나 정작 성경상으로는 그렇지 않습니다. 성경에서 선교는 단 두 가지, '유대인 선교'와 '이방인 선교'입니다. 사실 깊이 생각하면 사도행전 1장 8절의 선교명령에 나오는 예루살렘과 온 유대와 사마리아는 크게 보면 이스라엘이고, 땅 끝은 이방 세계입니다. 그런데 로마서 1장 16절 하반절을 보면 하나님의 선교 원칙, 선교 우선순위, 선교 절차가 나옵니다.

"내가 복음을 부끄러워하지 아니하노니 이 복음은 모든 믿는 자에게 구원을 주시는 하나님의 능력이 됨이라 먼저는 유대인에게요 그리고 헬라인에게로다" (롬 1:16).

우리가 이 말씀을 해석할 때 주의해야 할 동사가 있습니다. '이 복음은…이다'에서 '…이다'(영어: is, 헬라어: 에스틴)입니다. 이 헬라어 '에스틴'은 현재적인, 지속적인 행동을 강조하는 동사입니다. 그런데 이 에스틴은 '복음은 하나님의 능력'이라는 부분만 아니라, '복음이 먼저는 유대인에게', '그다음에는 헬라인에게' 전해져야 한다는 것까지 지배하는 동사입니다. 따라서 '복음이 먼저 유대인에게' 전해져야 한다는 것은, 바울 당시만을 가리키는 시간적, 역사적 개념이 아닙니다. '항상 그래야 하는' 원칙적이고 절차적인 개념입니다.

사실 이러한 개념은 로마서는 물론 '성령행전'이라고 불리는 사도행전의 큰 흐름이기도 합니다. 가령 사도 바울은 분명히 이방인의 사도로 부르심을 받았습니다. 그런데 이방 지역을 다니며 복음을 전할 때, 계속 동족인 유대인의 반대와 핍박을 받으면서도 바울이 계속 시도한 일이 있었습니다. 그것은 놀랍게도 이방인들에게 복음을 전하기 전에 먼저 반드시 유대인에게 전한 일이었습니다. 동족인 그들 대다수가 복음을 듣든지, 안 듣든지 상관없이 말입니다. 그것이 사도행전 후반부에 생생하게 나타나고 있습니다.

살라미에서(13:5), 비시디아 안디옥에서(13:14), 이고니온에서(14:1), 빌립보에서(16:13), 데살로니가에서(17:1), 베뢰아에서(17:10), 아덴에서(17:17), 고린도에서(18:5), 에베소에서(18:19), 로마에서(28:17), 예외없이 '먼저 유대인에게' 복음을 증거했습니다. 예외 없이 말입니다.

보세요! 분명히 바울은 이방인의 사도였습니다. 그런데 유대인들에게 계속 집요한 방해와 핍박을 받으면서도 그렇게 '먼저는 유대인에게'로 나아갔습니다. 그것은 단순히 바울이 자기 의지로 그렇게 계획하고 시도한 것이 아니었습니다. 다만 바울의 배후에서 성령님께서 그렇게 의도하시고 강권하셨기 때문입니다. 복음은 모든 믿는 자들에게 구원을 주시는 하나님의 능력인데, 먼저는 유대인에게 전해야 한다는 하나님의 원칙이요, 성령님의 강권이었기 때문입니다. 사도행전이 28장까지 있지만, 만약 29장이 있었다면, 그의 소원대로 서바나(스페인)에 가서 복음을 전했더라도 안식일에는 먼저 그곳에 있는 회당에 가서 유대인들에게 복음을 전했을 것입니다. 성령님의 강권하심에 따라 하나님의 원칙, 절차대로 반드시 그렇게 했을 것입니다.

이러한 불변의 원칙은 지금 21세기 구속사의 마지막 시대에는 더욱더 명심해야 할 요소입니다. 그런데 유대인 전도에 특별히 좋은 때가 따로 있는 것은 아니겠지만, 어떻게 보면 (통계적으로 보면) 가장 좋은 때는 욤 키푸르(대속죄일)와 함께 지금과 같은 '오순절 기간'이라고 생각됩니다. 왜냐하면 이 오순절 기간에는 종교적인 유대인들이 특히 '룻기'를 낭독하고 묵상하고 적용하기 힘쓰는데, 그 이유는 그 룻기의 내용 때문이라고 합니다.

유대인 시어머니 나오미와 이방인(모압인) 자부 룻의 구체적으로 아름다운 이야기가 보리 추수 계절인 오순절을 배경으로 펼쳐지기 때문입니다. 특히 모압의 자부 룻이 비참한 신세가 된 유대인 시모 나오미를 지극 정성으로 섬깁니다. 마침내 자기 나라의 신을 떠나 나오미의 하나님, 언약의 하나님을 섬기기로 다짐하고 시모의 나라의 고향 베들레헴으로 들어왔습니다. 결국 나오미의 중재로 유대인 유력자, 그 가문의 기업을 무를 자인 보아스와 만나서 결혼하게 됩니다. 결국 이스라엘의 위대한 왕이요, 아브라함에 이어 메시아의 계보를 이어가는 다윗 왕의 증조모가 됩니다. 그래서 유대인들은 특히 오순절이 되면 룻기를 읽게 되고, 이방인 룻 때문에 위대한 다윗 왕이 태어날 수 있었다고 이방인들에게 마음이 조금 열리게 됩니다. 그래서 오순절이 되면 정통 유대인들이라도 그때만은 이방인들에게 평소보다 호의를 가지고 관대함을 보인다고 합니다.

따라서 우리가 진정으로 "먼저는 유대인에게" 하는 하나님의 선교 원칙을 따를 마음이 있다면, IMN도 한 가지라도 구체적인 결단을 준비해야 할 필요가 있지 않을까 생각합니다. 예를 들면 내년에는 오순절을 앞두고 '나오미와 룻' 뮤지컬을 미리부터 철저히 준비하고 정성껏 연습하고 제작을 마칩니다. 그리고 한 달 전쯤 서울에 있는 이스라엘 대사관의 대사를 비롯한 직원들과 가족들, 한국에 머물고 있는 유대인들을 미리 초대합니다. 그래서 정해진 공연을 하고, 환영 리셉션도 하고, 적당한 선물도 준비하여 감사하고 위로하고 격려합니다. 그렇게 내년 오순절을 미리 계획하고 준비하고 실행하면 어떻겠느냐 하는 제안입니다. 만약 그렇게 진행한다면 분명히 이곳에 나와 있는 많은 유대인들에게 큰 영적 사건이 일어나리라고 생각합니다. 즉 그동안 역사적으로 유럽의 교회로부터 받은 고난과 핍박의 상처로 인해 자기 땅에 오셨고 또한 앞으로 예루살렘으로 다시 오실 예수님께 대한 비늘이 벗겨지며, 많은 유대인들이 영접하는 사건이 일어나리라는 예상입니다.

IMN 동역자 여러분!

그 누구도 예상치 못하던 코로나19의 엄청난 쓰나미 속에서 오늘 이렇게 2020년 오순절을 맞이하게 되었습니다. 3,500여 년 전 시내산 위에 강림하시고 2,000년 전에 예루살렘 120명의 문도가 모인 곳에 충만하게 강림하신 그 예언적 성령님께서 오늘 우리 가운데도 충만히 임재하심을 믿습니다. 믿고 이 시간도 성경적으로 풀어지는 오순절의 의미와 적용의 말씀을 듣고, "먼저는 유대인과 이스라엘을 위해" 간절히, 그리고 뜨겁게 중보적 기도를 드리는 자리가 되기를 바랍니다. 그리고 나아가 만나는 사람들 한 사람, 한 사람에게 우리 속에서 능력으로 역사하시는 예언적 성령님을 따라 힘을 다하여 예수님을 증거하는 하루하루가 되기를 축원합니다.

(2020년 5월 30일)

하누카와 마지막 때

2020년(유대력 5781년) 하누카 8일째 예배
IMN. 브래드TV 주최

"그때에 사람들이 너희를 환난에 넘겨 주겠으며 너희를 죽이리니 너희가 내 이름 때문에 모든 민족에게 미움을 받으리라 그때에 많은 사람이 실족하게 되어 서로 잡아 주고 서로 미워하겠으며 거짓 선지자가 많이 일어나 많은 사람을 미혹하겠으며 불법이 성하므로 많은 사람의 사랑이 식어지리라 그러나 끝까지 견디는 자는 구원을 얻으리라"(마태복음 24:9-12).

"성도들의 인내가 여기 있나니 그들은 하나님의 계명과 예수에 대한 믿음을 지키는 자니라."(요한계시록 14:12).

주후 1세기의 유대 역사가 요세푸스(Flavius Josephus)의 기록을 보

면 수전절, 즉 하누카에 대해 이렇게 언급하고 있습니다.

> 유다와 그의 백성들은 8일 동안 성전에서 다시 제사를 드리게 된 것을 마음껏 즐거워하였다. 유대인들은 많은 값비싼 제물로 하나님께 제사를 드렸으며, 찬양과 악기로 하나님께 감사드리며 기뻐하였다. 유대인들은 오랜 시간이 흐른 후에야 비로소 그들 고유의 제사를 드릴 권리를 되찾은 것과 자신들의 전통이 부활된 것을 매우 기뻐하였다. 그리고 후손들이 성전의 제사가 회복된 것을 축하하도록 하는 법을 제정하였다. 그 이후로 현재까지 이 축제는 지켜져 왔으며 이를 '빛의 축제'라 명명하였다.

여기서 우리가 분명히 알아야 할 사실 하나 있습니다. 그것은 하누카, 즉 수전절을 근본적으로 본격적으로 빛과 연결시키고, 더구나 자기 자신과 연결시킨 분은 '오직 예수님'이시라는 사실입니다. 요한복음 8장 12절을 봅니다.

> "예수께서 또 말씀하여 이르시되 나는 세상의 빛이니 나를 따르는 자는 어둠에 다니지 아니하고 생명의 빛을 얻으리라."

그때로부터 200년 전에 유대의 민병대가 헬라 제국 군대와의 전투에서 역사적인 승리를 거두며 성전을 탈환했습니다. 그런데 큰 문제가 발생했습니다. 그 성전의 거대한 일곱 개 메노라의 촛대를 밝힐, 율법이 정한 순결한 기름(출 27:20-21)이 하루치밖에 남아 있지 않았습니다. 그런데 놀랍게도 그 메노라는 율법이 정한 대로의 기름을 만드는 데 필요한 칠 일을 넘어, 팔 일 동안이나 빛을 발하는 기적적인 사건이 일어났습니다. "나는 세상의 빛이니" 하신 예수님의 말씀은 바로 그런 역사적이고 기적적인 사건을 기념하는 하누카를 배경으로 하신 말씀입니다. 또한 놀랍게도 요한복음 8장에서부터 12장까지가 빛의 절기라 불리는 그 수전절을 배경으로 선포하신 말씀의 기록입니다. 10장 22-23절에서 그 사실이 확인됩니다.

"예루살렘에 수전절이 이르니 때는 겨울이라 예수께서 성전 안 솔로몬 행각에서 거니시니."

이렇게 볼 때 하누카는 대부분의 사람들이 아는 것 이상으로 보다 더 성경적인 절기 중의 하나에 속한다고 하겠습니다.

그런데 여기서 우리가 주의할 점이 있습니다. 그것은 하누카가 '빛의 축제', '빛의 절기'라고 불린다는 사실 때문에, 그 결과 현상, 즉 기적의 외형과 축제성에만 집중하고, 그 과정과 그 역사의 교훈은 간과하고 지나가기 쉽다는 점입니다. 앞에서 언급한 예수님의 말씀을 다시 들어봅니다.

"나는 세상의 빛이니 나를 따르는 자는 어둠에 다니지 아니하고 생명의 빛을 얻으리라."

이 말씀을 부정적으로 보면 "나는 세상의 빛이므로, 나를 거부하는 자는 인간의 원래의 운명대로 어둠 속에 거하게 되고, 심판 위에 심판을 면하지 못할 것이다"라는 경고의 말씀이기도 한 것 아닙니까? 따라서 우리가 하누카 하면 '빛의 절기, 빛의 축제'이면서도 동시에 "마지막 때를 위한 경고의 절기"이기도 하다는 사실을 잊지 말아야 합니다.

여러분, 그때 마음속으로 제자들의 반응은 어떠했을까요? '아니, 다니엘 선지자가 미리 예언하여 정확하게 200년 전에 그대로 일어났던, 그 엄청난 사건이 또다시 앞으로 일어날 것이라니!'라고 생각하며 깊은 두려움에 싸였을 것입니다. 그런데 예수님께서는 본문 20-21절을 보면 한술 더 떠서 그들에게 이렇게 경고까지 하십니다.

"너희가 도망하는 일이 겨울에나 안식일에 되지 않도록 기도하라"(20절).

여기서 우리는 하누카 절기가 '겨울'에 제정되었으며, 당시 많은 유대인들이 처음에는 '안식일'에 헬라 제국의 안티오커스 4세의 군대와 맞서 싸우는 것을 거절하고 그대로 죽었다는 사실을 기억할 필요가 있습니다. 그러면 제자들이 이때 왜 '하누카의 사건들이 머지않아, 그리고 역사의 종말에 다시 일어날 것처럼 말씀하신다'고 느꼈는지 아시겠습니까? 다름이 아닙니다. 그때 예수님께서 말씀하시는 모습과 내용 속에서 이렇게 느꼈을 것이라고 생각됩니다.

"너희가 '하누카'의 역사를 제대로 이해하지 못한다면, 마지막 때에 대해서도 제대로 알지 못해 화를 당할 것이다."

《블러드문》,《하나님의 달력》으로 유명한 메시아닉 쥬 학자 마크 빌츠 목사님은 가끔 교인들에게 이런 질문을 한다고 합니다. "안티오커스 에피파네스의 '하누카'와 에스더서에 나오는 '부림'(Purim) 사이에 어떤 차이가 있는지 아십니까?"

'바사의 하만'은 당시 유대인들이 바사 제국에 순종하느냐에 관계없이 무조건 유대 민족을 완전히 몰살시키려고 했습니다. 즉 무조건 유대인 전체를 '진멸'시키려는 것이 그의 계획이었습니다. 물론 그런 하만의 악한 계획은 분명히 사탄의 화신의 모습이었습니다.

한편 '헬라의 안티오커스'는 어떠했습니까? 그도 하만과 같이 아주 악했습니다. 그런데 그는 하만과는 다른 방법인 '동화'(同化)정책을 펼쳤습니다. 그래서 문자적으로는 모든 유대인들을 학살하기 원한 것은 아니었습니다. 물론 그도 동화되지 않으려는 유대인들을 죽이기는 했습니다. 그러나 그럼에도 불구하고 그의 궁극목표는 '진멸'(extermination)이 아니라, '동화'(assimilation)였습니다.

그러면 안티오커스는 하만보다는 덜 사악했던 것일까요? 악하기는 했지만, 사탄의 화신까지는 아니라고 할 수 있을까요? 결코 아닙니다. 둘 다 동일한 인격체인 사탄의 화신인 것은 엄연한 사실입니다. 다만 안티오커스는 제거 작전의 전략만 '동화'로 삼은 것뿐입니다.

따라서 유대인, 더구나 유대인의 메시아 때문에 지난날 우상숭배를 하던 데서 함께 아브라함의 후손 된 우리도, 물리적 핍박과 함께 '영적인 동화'에도 주의해야 합니다. 오히려 마지막 때에는 안티오커스의 동화의 미혹에 더욱 주의를 기울이며 살아가야 할 것입니다.

오늘 마태복음 본문 24장을 보면 예수님께서 제자들과 후에 따라올 믿는 자들에게 "동화에 미혹되지 말라"는 경고를 문자적으로만도 세 차례나 하시는 것을 봅니다.

"예수께서 대답하여 이르시되 너희가 사람의 미혹을 받지 않도록 주의하라 많은 사람이 내 이름으로 와서 이르되 나는 그리스도라 하여 많은 사람을 미혹하리라"(4-5절).

"거짓 선지자가 많이 일어나 많은 사람을 미혹하겠으며"(11절).

"거짓 그리스도들과 거짓 선지자들이 일어나 큰 표적과 기사를 보여 할 수만 있으면 택하신 자들도 미혹하리라"(24절).

여기서 '미혹하다'의 원어적인 뜻은 무엇일까요? 4절의 미혹은 '플라네'로서 '정통이나 신앙에서 이탈하는 것'을 가리킵니다. 11절과 24절의 미혹은 '플라나오'로 '플라네'에서 유래한 단어입니다. 그 뜻은 "안전, 진리, 도덕에서부터 방황하다, 헤매다, 속다, 죄를 짓다, 넋을 잃다"입니다. 요한계시록 20장 3절에도 사용되는 '미혹하다'입니다.

"무저갱에 던져 넣어 잠그고 그 위에 인봉하여 천 년이 차도록 다시는 만국을 미혹하지 못하게 하였는데 그 후에는 반드시 잠깐 놓이리라."

그렇습니다. 앞으로 시간이 가면 갈수록 더욱 많은 사람들이 거짓 선지자들, 거짓 그리스도들, 특별히 적그리스도에 의해 '미혹', 즉 '플라나오'를 당하게 될 것입니다. 아니 이미 수많은 사람들이 적그리스도에게 속아 넘어가고 있지 않습니까? 우선 외형적으로 가장 심각한 것은 세계적으로 볼 때 많은 기독교인들이 '이슬람'에 동화되어 가고 있는 현상입니다. 그래서 알라의 신이 성경이 계시하는 하나님과 동일하다고 믿는, '크리슬람'(크리스천과 이슬람의 합성신조어)이 되어 가고 있습니다. 무엇보다도 이슬람의 알라에게는 '아들'이 없습니다.

그렇다면 어떻게 예수님을 믿는 사람들이 이슬람과 동일하다고 생각할 수 있겠습니까? 더불어 지금 수많은 그리스도인이 동성애주의, 공산주의, 세계 단일종교, 세계정부 등에 동화되어 가고 있습니다.

대부분의 교회들이 성경의 진리에서 너무 이탈하여 타협적 기독교가 되고 있다는 심각한 문제를 안고 있습니다. 가장 보편적인 것은 '진정한 은혜의 계시'에서 멀어졌습니다. 본의든 결과적이든 값싼 은혜, 또는 '거짓 은혜의 교훈'으로 교인들을 속여왔습니다. '예수님으로 인해 과거, 현재, 미래의 모든 죄를 용서받았으므로, 죄짓는 것에 대해 너무 신경쓸 것 없다'는 식으로 가르쳐 왔습니다. 그러다 보니 이런저런 우상, 거짓 신들에게 절하는 데 별 문제의식을 느끼지 못하고 있습니다. 왜 그렇게 되었을까요? 필요할 때마다 주머니에서 예수님을 꺼내서 사용하면 되기 때문입니다.

그러면 왜 이런 무서운 '동화현상', '미혹당하는 현상'이 일어나는 것입니까? 거짓 그리스도, 거짓 선지자들에게 미혹되었기 때문입니다. 참으로 심각한 문제가 아닐 수 없습니다. 그것은 대부분의 주류 교회들이 "유대인은 예수님을 죽인 민족이기에 하나님께서 버리시고 대신 교회를 새 선민으로 삼으시고, 구약의 토라는 옛것이므로 폐지하시고 예수님의 새 계명으로 대신하시게 되었다"라고 가르치고 있습니다. 대체주의 교리입니다. 또 일부 유대인 신학자와 기독교 신학자들 중에는 "이방인은 예수님으로 구원받고, 유대인은 모세의 율법으로 구원받기에, 유대인에게는 예수님이 필요없다"는 '이중 언약교리'를 가르치고 있습니다.

생각하면 이 얼마나 기가 막힌, 동화되어버린 교리입니까? 성경을 다 보고 살펴보아도 사도 바울이, 더구나 예수님께서 이스라엘, 교회, 토라, 사랑의 새 계명, 복음에 대해 그렇게 이해하시고 말씀하셨다는 근거는 찾아볼 수 없습니다.

그런데 왜 그런 교리들의 변질의 역사가 일어났습니까? 그것은 주로 주후 2세기에 대부분의 교부들이 적그리스도에게 미혹되어, 헬라주의적 플라톤 철학에 동화되어 그렇게 완전히 잘못된, 유대성을 제거한 '진리를 상관하지 않는' 성경 해석을 하기 시작하는 가운데서 일어난 일일 뿐입니다. 데살로니가후서 2장 7-9절을 보면 그러한 일이 마지막 때에는 더욱 극성을 부릴 것을 이미 2,000년 전에 경고하고 주의할 것을 당부하였습니다.

> "불법의 비밀이 이미 활동하였으나 지금은 그것을 막는 자가 있어 그중에서 옮겨질 때까지 하리라 그때에 불법한 자가 나타나리니 주 예수께서 그 입의 기운으로 그를 죽이시고 강림하여 나타나심으로 폐하시리라 악한 자의 나타남은 사탄의 활동을 따라 모든 능력과 표적과 거짓 기적과."

여기서 '악한 자'라는 헬라어는 '법이 결여된', 또는 '무법한'이라는 '아노모스'에서 나온 단어입니다. 그러므로 여기서 '악한 자'란 또한 '불법의 사람'을 의미하는 말입니다. 그러면 여기서 바울이 말하는 '법'은 무엇을 의미합니까? 그 당시 로마제국이나 이집트, 헬라의 법, 지금의 대한민국의 법을 말하는 것이 아닙니다. "모세의 율법인 토라에 계시된, 선민으로서 살아가는 방법에 대한 하나님의 계명"을 말합니다. 그래서 사도 바울은 2,000년 후에 불법한 자가 나타나 모세의 율법에 계시된 하나님의 계명에 반대하고 왜곡 해석하여 거짓 진리를 믿도록, 진리를 사랑하지 않는 사람들을 속일 것이라고 경고한 것입니다. 데살로니가후서 2장 10-12절에 분명하게 나와 있습니다.

> "불의의 모든 속임으로 멸망하는 자들에게 있으리니 이는 그들이 진리의 사랑을 받지 아니하여 구원함을 받지 못함이라 이러므로 하나님이 미혹의 역사를 그들에게 보내사 거짓 것을 믿게 하심은 진리를 믿지 않고 불의를 좋아하는 모든 자들로 하여금 심판을 받게 하려 하심이라."

마태복음 24장 12절을 다시 보시기 바랍니다.

> "불법이 성하므로 많은 사람의 사랑이 식어지리라."

하나님의 법에 대한 사랑이 식어져 거짓 진리, 동화된 진리를 믿게 된다는 말씀입니다. 이것이 바로 지금, 코로나19 이후 처음으로 맞이하는 하누카에 유대인들과 우리에게 주시는 준엄한 경고의 말씀이라고 생각합니다. 그렇다면 지금 우리는 과연 이런 말씀 앞에서 얼마나 두렵고 떨리는 마음을 가지고 있습니까? 마태복음 24장 24절 말씀을 다시 보시기 바랍니다.

> "거짓 그리스도들과 거짓 선지자들이 일어나 큰 표적과 기사를 보여 할 수만 있으면 택하신 자들도 미혹하리라."

생각하면 바로 지금 여기에 있는 저나 여러분 한 사람, 한 사람에게도 주시는 말씀일진대, 사실 얼마나 두려운 말씀입니까? 왜냐하면 이 말씀은 예수님께서 200년 전의 수전절 사건과 연관하여 주후 70년의 예루살렘의 멸망과 함께 재림으로 이루어지는 역사의 종말을 언급하시며, 1차적으로는 제자들에게, 2차적으로는 21세기를 살아가는 우리에게도 주시는 '준엄한 경고'이기 때문입니다.

예루살렘을 사랑하는 동역자 여러분!

금년 1월 20일에 코로나19가 터진 지 이제 거의 11개월이 됩니다. 작년 하누카, 성탄절과 금년의 하누카, 성탄절은 분위기가 어떻게 다릅니까? 많이 다른 정도가 아니지요? 천지 차이라고 해도 그렇게 틀린 말은 아니지요? 우선 모든 나라, 모든 민족, 유대인이나 이방인, 남녀노소, 빈부귀천, 유무식 등에 관계없이 다 마스크를 쓰고 있지 않습니까? 거의 모든 것이 정지되고 문이 닫히고 무너져 버렸습니다. 모두가 '죽는다'고 비명을 지릅니다. 끝없는 공포와 불안이 사람들의 가슴마다 가득합니다.

비신자들마저도 "세상의 마지막이 온 것이 아닌가?" 하며 불안과 공포에 사로잡혀 있는 것 같습니다. 또한 많은 그리스도인들도 마태복음 24장 21절에 나오는 예수님의 말씀처럼 "창세로부터 지금까지 없었던, 앞으로도 없을 그런 큰 환난"을 당하는 것 같다고도 말합니다. 또한 어떤 그리스도인들은 코로나19는 요한계시록 6장 7-8절의 '넷째 인의 재앙'이라고도 말하고 있습니다.

금년 중반부터 일부 의료전문가들의 입에서 참으로 두려운 말이 나오기 시작했습니다.

"이제 '포스트 코로나'(Post Corona)라는 말은 없다."

무슨 말입니까? 이제는 인류가 이 코로나19를 완전히 극복하고 난 이후의 삶을 전망하는 것이 거의 불가능하다고 판단하기 때문이라는 것입니다. 왜냐하면 우선 코로나19를 완전히 극복하는 것 자체가 거의 불가능해 보인다는 판단 때문입니다. 그런데 실제로 대중들의 마음속에 이심전심으로 "인류에게는 이제 더 이상 'Post'라는 말 다음에 붙일 단어를 찾을 수 없다"는 공포가 가슴, 가슴마다 몰려드는 것처럼 보입니다. 왜냐하면 사람들이 아무리 연구해 보아도, 우리가 인간적인 생각으로 아무리 기도해보아도 우리 인간세계에서는 그 어떤 해결책(solution)도 찾을 수 없고 답도 구할 수가 없기 때문입니다.

그러나 여러분, 인간의 끝은 하나님의 시작이 아닙니까? 인간의 어두움 후에는 하나님의 빛이 오는 것 아닙니까? 즉 인간세계에서는 코로나19 이후의 대안을 찾을 수 없지만, 이 히브리 개념 속에 계시된 하나님의 말씀에는 그 답이 계시되어 있지 않을까요? 네, 당연히 계시되어 있습니다. 그것도 아주 서두에서 발견할 수 있습니다. '최초의 복음'이라고 불리는 창세기 3장 15절 가운데 나타납니다. 즉 하나님께서 아담과 하와의 범죄 후에 뱀의 모습으로 나타난 사탄에게 심판을 선언하시는 말씀 가운데 그 놀라운 복음이 계시됩니다.

금년에 성경 앱 '유버전'에서 전 세계에서 가장 많이 읽힌 성경구절은 "두려워하지 말라"로 시작되는 이사야 41장 10절이라고 합니다. 그런데 근본적으로 그 인류의 실존적 두려움을 극복하기 위해서는 먼저 창세기 3장 15절을 '아멘'으로 받아들여야 합니다.

"내가 너로 여자와 원수가 되게 하고 네 후손도 여자의 후손과 원수가 되게 하리니 여자의 후손은 네 머리를 상하게 할 것이요 너는 그의

발꿈치를 상하게 할 것이니라."

여기서 '여자의 후손'은 후에 오실 '메시아'를 가리킵니다. 이렇게 하나님께서는 아담과 하와가 타락한 직후에 (아니 이미 타락을 미리 내다보셨기에 창세 전에) 영원한 멸망에 처한 인류를 구원하여 하나님의 왕국에서 축복되게 살아가도록 하시기 위해 '메시아를 통한 구원계획'을 계시하신 것입니다.

할렐루야! 그런데 이것은 창세기 3장 15절에서 시작되어 요한계시록까지 이어지는 성경 전체를 관통하는 구속사의 핵심 계시입니다.

"여자가 아들을 낳으니 이는 장차 철장으로 만국을 다스릴 남자라 그 아이를 하나님 앞과 그 보좌 앞으로 올려가더라"(계 12:5).

"용이 여자에게 분노하여 돌아가서 그 여자의 남은 자손 곧 하나님의 계명을 지키며 예수의 증거를 가진 자들과 더불어 싸우려고 바다 모래 위에 서 있더라"(계 12:17).

바로 이런 성경적 근거에서 코로나19의 대재앙을 맞이한 이때에도 우리는 'Post'라는 단어 다음에 붙이고, 새출발 겸 마지막 출발을 시도할 수 있는 유일한 어구를 발견할 수 있게 됩니다. 무슨 말일까요? 'Post Lapsarian', 즉 '타락 이후의'입니다. 무슨 뜻인가요? 비록 온 세계와 함께 우리에게도 모든 것이 중단되고 닫히고 무너졌을지라도, 21세기의 바벨탑이 무너졌을지라도 'Post' 다음에 붙일 말을 거기서 발견하게 된다는 것입니다. 즉 거기서 '최초의 복음' 때문에 우리는 이후에도 'Post Lapsarian' 즉 '타락 이후에'라는 해결책을 가지고 예수님을 믿음으로 다시 새출발할 수 있는 마지막 기회를 얻게 되었다는 것입니다. 할렐루야!

이스라엘을 사랑하는 여러분! 우리는 지금 제3차 대유행 속에 들어섰는데, 오늘의 이 코로나 상황을 우선 어떻게 이해해야 하겠습니까? 마태복음 24장, 25장에 나타나는 종말적인 징조들과 함께 예수님께서 이미 2,000년 전에 감람산에서 예루살렘 성전을 바라보시며 하누카 사건과 연결시키며 예언하시고 경고하신 마지막 때의 현상 중의 하나라는 것을 깊이 깨닫고 대처해야 할 것입니다.

미국의 '엔 타임 미니스트리'(end time ministry) 대표 어빈 벡스터(Irvin Baxter) 목사님이 지난 11월 4일에 주님의 품에 안겼습니다. 브래드 TV의 "지금은 마지막 때"라는 프로그램을 통해 이 시대와 마지막 때에 대해 자세하고 명확하게 설명해 주었습니다. 그러면서 시청자들에게 "하나님의 말씀 안에서 거룩하게 살아야 한다"는 것을 강조했습니다. 브래드 TV에 "지금 우리는 마지막 때에 살고 있는가?"라는 타이틀 하에 14가지 키워드로 듣는 강의가 있습니다. 그 14가지 키워드를 소개할 텐데, 아마 여러분은 그것만 들으셔도 '아, 지금이 마지막 때구나. 내가 주의 말씀대로 바르게 살아야 하겠구나'라고 다짐하게 되리라 생각합니다. 한번 들어보시기 바랍니다.

(1) 성경 속의 미국
　　성경 속에서 발견된 미국의 실체와 그 미래
(2) 신세계 질서와 세계 정복
　　우리가 모르는 신세계 질서와 세계정부의 모든 것

(3) 성경에 계시된 이슬람

　　테러를 감행했던 무슬림의 정체와 사건

(4) 제3차 세계대전, 적그리스도의 등장

　　적그리스도, 세계 정부와 제3차 대전의 관계

(5) 이스라엘, 하나님의 주신 운명

　　성경으로 본 이스라엘 탄생으로부터 현재까지의 역사

(6) 이스라엘, 하나님의 시간표

　　이스라엘을 향한 하나님의 예정하심과 예언의 실현

(7) 다시 태어난 로마제국

　　로마제국의 성경 속에 이루어질 말세의 예언들

(8) 적그리스도와 거짓 선지자

　　예수님 재림 직전 세계정부를 다스릴 두 명의 예언자

(9) 짐승의 표 666

　　요한계시록 13장 불길한 조짐의 예언

(10) 단일 세계 종교 Part 1

　　고르바초프와 바티칸의 비밀스런 계획

(11) 단일 세계 종교 Part 2

　　마지막 때에 하나된 세계정부와 종교

(12) 일곱 나팔

　　요한계시록의 일곱 천사와 일곱 나팔 그리고 아마겟돈

(13) 재림

　　예수님의 재림과 요한계시록에 예언된 하나님의 계획

(14) 하나님 나라

　　성경 속에서 말하는 하나님의 천년왕국

지난 11월 말 같은 노회의 기도 많이 하는 어느 은퇴 목사님이 제가 이스라엘 회복 운동을 하는 것을 생각하며 기도하는 중에 쓴 시 한 편을 보내주었습니다.

나는 마지막 꿈을 꿉니다.
부흥입니다.
하지만 이 부흥은 이전과 다릅니다.
이 부흥은 교회 성장으로 이어지지 않을 것입니다.
왜냐하면 추수의 계절이기 때문입니다.
봄에 씨를 뿌리는 부흥과
가을에 열매를 거두는 부흥은 전혀 다릅니다.

봄은 잎이 무성해지는 계절로 이어지나
가을은 혹독한 겨울로 향하기 때문입니다.

열매를 거두기 전, 마지막 햇살을 쏟아
포도알을 영글어가게 만드는 바로 그 부흥입니다.

추수가 끝나면
추수꾼과 함께 모든 결실들이 곳간으로 들어가고
앙상한 가지와 늑대들만이 남아
혹독한 겨울을 이겨가야 합니다.

교회성장은 더 이상 우리의 목표가 아닙니다.

익어가는 완성의 계절이 다가옴을,
그 시간도 아주 짧게 잠시 지나가는 시간이니,
그 시간을 미리 준비하는 만반의 준비를 갖춥시다!!
무슨 준비냐구요?
바로 기름 준비입니다(마 25:4, 13).

그러면 그 기름 준비는 근본적으로 무엇을 의미할까요?

"이 천국 복음이 모든 민족에게 증언되기 위하여 온 세상에 전파되리니 그제야 끝이 오리라"(마 24:14).

"무화과나무의 비유를 배우라 그 가지가 연하여지고 잎사귀를 내면 여름이 가까운 줄을 아나니 이와 같이 너희도 이 모든 일을 보거든 인자가 가까이 곧 문 앞에 이른 줄 알라"(마 24:32-33).

이 말씀들이 우리의 기름 준비와 무슨 상관이 있을까요? 마지막 때의 기름 준비의 적극적인 면을 말씀하시는 것입니다. 즉 마지막 때가 되었음을 믿는다면 거짓 그리스도들, 거짓 선지자들에게 미혹되지 않고, 오직 열방의 구원과 온 이스라엘의 구원을 이루시는 예수님만 메시아로, 즉 그리스도로 믿고 의지하며 살아야 합니다. 나아가 사랑의 마음으로 먼저는 유대인에게, 그리고 유대인에게 힘써 모든 믿는 자에게 구원을 주시는 하나님의 능력인 복음을 증거해야 합니다(롬 1:16). 그러면서 어떠한 종말의 징조가 나타난다 하더라도 예수님만 바라보고 흔들리지 말고, 마지막까지 견뎌 구원을 받아야 할 것입니다.

무화과나무로 비유되는 이스라엘을 사랑하는 여러분! '타락 이후의', 'Post Lapsarian' 시대에 진입해서 처음으로 맞이하는 하누카 마지막 날 저녁입니다. 결국은 '나 하나'가 가장 중요합니다.

조동하 시인의 "나 하나가 꽃피어"의 시처럼, 작자 미상의 "당신에게 달린 일"이라는 시의 "한 자루의 촛불이 어두움을 몰아낼 수 있다"는 시구처럼, 결국은 '나 하나'에게 달려 있습니다. 결국 나 하나가 마지막 때에 주시는 그 말씀에 날마다 얼마나 순종하여 살아가느냐에 달려 있습니다. 그런 다음에야 "우리 작은 불을 켜서 험한 바다 비추세, 물에 빠져 헤매는 이 건져내어 살리세"(찬송 510장 후렴)의 역사가 따라올 것입니다.

코로나 팬데믹이 터진 이후 처음으로 맞이하는 하누카 마지막 날 저녁에 여기에 모인 우리 각자에게 주님께서 주시는 말씀입니다.

"불법이 성하므로 많은 사람의 사랑이 식어지리라 그러나 끝까지 견디는 자는 구원을 얻으리라"(마 24:12-13).

"성도들의 인내가 여기 있나니 그들은 하나님의 계명과 예수에 대한 믿음을 지키는 자니라"(계 14:12) 아멘!

설교기도

아브라함과 이삭과 야곱의 하나님 아버지, 코로나19 팬데믹 이후 처음으로 맞이하는 이 하누카 절기에, 이렇게 IMN과 브래드 TV가 중심이 되어, 예루살렘을 사랑하는 대한민국의 그리스도인이 한마음이 되어, 5781 하누카 8일 연속예배를 마지막 날까지 잘 드리도록 인도해주심을 깊이 감사드립니다.

지난 8일 동안 각 처에서 드려진 찬양, 회개와 중보의 기도, 예물과 헌신을 아버지께서 기쁘게 받으셨고, 주님의 사자들을 통해 유대성이 회복된 복음으로, 하누카의 배경과 그 종말론적 교훈을 깊이 있게 깨우쳐 주심을 감사드립니다.

아버지 하나님, 이번 하누카 기간에 저희가 받은 모든 말씀을 통해 이제 우리는 더 이상 '포스트 코로나'(Post Corona)라는 말은 쓸 수 없고, 다만 '포스트 랩서리언'(Post Lapsarian)이라는 말, 즉 '타락 이후의'라는 말밖에 사용할 수 없는 '마지막 때'로 이미 진입한 사실을 날마다 깨닫고 살아가게 하여 주시옵소서. 날마다 하나님의 계명인 십계명 앞에서 철저히 회개하고 유대인의 왕이시고 또한 이방인의 구주이신 예수님, 여자의 후손이신 예수님을 유대인들이 시기가 날 정도로 제대로 믿으며 살아가게 하시옵소서. 열방 선교와 함께 이제는 유대인 선교를 위해서도 최선을 다하며 살아가게 하시옵소서.

그래서 적그리스도, 거짓 선지자들에게 미혹되지 아니하고 유대인과 한 새 사람을 이루어 다시 오실 왕 예수님을 맞이하는 데 앞장서는 신부가 되게 하시사, 마지막까지 견뎌 온전한 구원을 받아 누리게 하시옵소서. 이 모든 말씀을 하누카의 머리가 되시는 예수님의 이름으로 기도드리옵나이다. 아멘!

(2020년 12월 18일)

각 장의 요약

■ **제1장 바울은 예수를 어떻게 생각했는가?**

　초기 그리스도인들과 바울의 예수 이해를 위해서는 바울 이전의 예루살렘 및 팔레스타인 내 유대 그리스도인들 그룹에 대한 기록들보다는 초기 바울서신들의 기록부터 살펴보아야 한다. 왜냐하면 현존하는 기독교의 기록 중에 가장 빠른 것이 초기 바울서신(갈라디아서, 로마서, 고린도전·후서, 데살로니가전서, 빌립보서, 빌레몬서)이기 때문이다(이 서신들은 저자 문제에도 이의 없음). 기록 연대는 주후 50-60년경이다.

　우리는 거기서 바울이 회심하고 본격적으로 활동하기 20-30년 전에 존재했던 초기 예루살렘과 팔레스타인 내의 유대 그리스도인들 그룹의 '예수 섬김'의 모습, 활동, 그리고 공동의 신앙 전승(이후에 바울의 그리스도인 집단에 공유된 전승)을 명확하게, 그리고 구체적으로 찾아볼 수 있다. 이것이 왜 중요한 의미를 가질까? 바울은 철저한 유대인으로서 극적으로 회심하여 이방인의 사도로 부름 받아, 이전에는 극심하게 반대하고 배척했던 초기 예루살렘 교회의 '예수 섬김'의 전승을 받아들이고, 나아가 이방인들에게 맞게 재구성했기 때문이다. 그러나 그럼에도 불구하고 그 이어받은 '그리스도-섬김' 전승의 근본은 그대로 유지하고, 소중히 여기고, 이방인 그리스도인 집단에도 강조했기 때문이다.

따라서 우리는 초기 바울서신을 통해 바울과 바울의 그리스도인 그룹들이 유대인의 사도인 베드로, 야고보(주의 형제), 요한(세베대), 그리고 예루살렘과 유대 그리스도인 그룹과 함께 예수를 어떻게 생각하고, 어떻게 섬기고, 어떻게 경배했는지를 찾아내야 한다. 그것을 위해서 우리는 철저한 유대교의 바리새인이었던 바울로 하여금 그렇게 '예수 경배'의 사람으로 빚어준 세 가지 요소, 유대인으로서의 바울, 회심자로서의 바울, 이방인의 사도(선교사)로서의 바울을 먼저 살펴보아야 한다.

그런 과정에서 우리는 바울이 유대교인들은 물론 예수를 믿는 유대 그리스도인들의 경우라도 "이방인들도 온전한 구원을 받으려면 믿음만으로는 안 되고, 할례, 음식물 규정 등 토라가 명하는 사항들을 준수해야 한다"는 주장에 단호하게 대응하면서, "구원은 이방인이건 유대인이건 예수를 믿는 믿음으로만 가능하다"라고 설파했다. 그러나 동시에 유대인에게나 이방인에게나 하나님의 구속사에서 "선민으로서의 유대인의 지위는 과거나 현재나 미래에나 변함이 없음"도 역설하였다.

그리고 허타도는 여기서 오직 '야훼만이 하나님이시기에' 그에게만 경배해야 한다는 유대교의 철저한 분위기 속에서 살아왔던 예수의 열두 사도들을 비롯해, 예수를 따르던 초기의 유대인 신자들이 야훼와 함께 '예수'도 나란히 경배의 대상으로 삼은 특이한 현상[처음에는 '이위일체적'(binitarian)이라는 말을 사용했으나, 후에는 '삼위일체'와의 혼돈을 피하기 위해 '이중적'(dyadic)이라는 용어를 사용함]이 일어났다는 것을 언급했다. 그것은 주후 30년부터 170년 사이에 빠르게, 폭발하듯이 일어난 전례가 없는 매우 특이한 영적 운동이었다고 말했다. 아울러 그런 초기 기독교의 그런 예수 섬김 운동에 대한 해석은 부세트나 불트만 같은 급진적인 자유주의적 신학자들의 해석과는 전혀 같지 않다. 즉 "바울의 기독교는 유대교의 감시와 통제가 거의 힘을 미치지 못하는 팔레스타인 밖의 이방 지역에서 왕성한 이방 종교의 영향을 받아, 예수를 '하나님의 아들'이나, '주'로 받아들인 것이기에, 성경 자체가 신화로 가득하다. 그래서 합리적인 진리와 교훈 중심으로 '비신화화'(독: Entmythogisierung)되어야 한다"는 잘못된 해석과는 완전히 다르다. 그리고 예수가 그리스도로, 하나님의 아들로, 주로 고백된 것은 700여 년에 걸친 신학화 작업의 소산이기에, 기독교는 계시의 종교가 아니고 예수도 유일한 구주일 수가 없다는 주장은 완전히 틀린 주장이다.

물론 이렇게 초기 교회가 신속하게 그리고 폭발적으로 예수를 야훼 하나님과 함께 나란히 경배의 대상으로 삼는 고백을 하게 된 것은 물론 절대로 바울의 머리에서 이루어진 생각의 소산이 아니라 다음 두 가지 중요한 요소에 의해서 이루어진 것이다.

첫째는 다메섹 도상에서의 '부활하신 예수와의 만남'(행 9:1-22)이다. 아마 그 직전에 구약성경에 나타난 이스라엘의 역사를 통해서 예수께서 메시아이심을 증거함으로 돌에 맞아 죽어 가면서도 성령 충만했던 스데반의 최후의 모습에 충격을 받은 것으로 보인다(편저자 주).

둘째는 자기가 회심 이전에 이단 사상이라고 멸하려 했던, 그러나 회심 이후에는 그대로 받아들인 예루살렘 교회의 '예수의 죽음과 부활에 대한 전승'(고전 11:23-26, 15:1-8; 롬 4:25; 갈 2:20 등)에서 촉발되고 형성되었을 것이다. 비록 바울이 철저한 유대인으로서 예수를 만나 회심하였지만, 동시에 '이방인의 사도'라는 위치 때문에 전해 받은 예수에 대한 전승을 일부분 재구성해 전하기는 했지만, 근본적으로는 큰 차이를 보이지 않았다. 물론 바울의 초기 서신에는 유대인이나 헬라인이나 상관없이 구원을 위해서는 토라 준수가 아니라 그리스도를 믿는 믿음이 절대 필요함이 기본적으로 강조되고 있다. 그러면서도 동시에 아브라함에게 주어진 약속, 언약, 모세를 통해 토라를 주신 목적, 그리고 다른 유대인 특유의 개념 범주들이 모두 계속하여 결정적인 의미와 중요성을 갖고 있음이 강조되고 있다.

이상과 같은 허타도의 초기 바울서신을 통한 예수에 대한 고백의 기록 배경과 문맥 속에서 우리는 바울이 로마서 서두에서 언급한 "먼저는 유대인에게"라고 언급한 말의 주석적, 주해적 의미가 '역사적' 의미가 아니라, '원칙적' 의미라는 암시 내지 예시를 받게 된다고 생각하게 된다.

■ 제2장 바울은 왜 로마 교회에 그런 편지를 썼을까?

바울은 당시 복잡한 상황에 처해 있던 로마 교회에 편지를 쓰고 있다. 주후 1세기 로마의 기독교는 유대적 특성을 지니고 있었으며, 유대인과 유대교에 대한 압도적인 부정적 평가의 정황에서 발생했다. 유대인들은 로마 정부 아래서 수차례에 걸쳐 고난을 겪었다. 49년에 유대인들에 대한 로마에서의 추방은 절정이었다. 유대인들의 추방 이후에 이방 그리스도인들은 새로운 조직 구조를 형성하게 되었다. 그것은 기독교가 시작되는 데 모태가 되었던 유대교 회당과

거리를 두게 된 일이었다. 54년에 새로운 황제에 의해 추방령이 취소되어 다시 로마로 돌아온 유대 그리스도인들은 이미 이방인 그리스도인들에 의해 장악된 가정교회에서의 리더십 위치의 상실을 경험하게 되었다. 이에 그들은 더욱 전통적, 유대적 신앙과 관습에 좀더 집착을 하게 되었다.

이에 바울은 로마서를 통해 가정교회 내에서의 인종 간의 갈등에 기초를 두고 있는 파당주의를 경고하며, 예수 안에서 로마 그리스도인들 간의 연합을 증진시키려는 시도를 단행했다. 그 일을 위해 바울은 로마 교회의 이방 멤버들에게 그리스도 안에 있는 유대 형제와 자매들을 멸시하지 말라고 권면한다. 동시에 유대 그리스도인들에게는 이방 그리스도인들을 제한시키지 않는 방법으로 주를 섬길 수 있는 자유를 허용하라고 권면한다. 이것은 로마서가 목회적 목적에서 기록된 것을 보여주는 한 예다.

또한 로마서 9-11장은 이스라엘에 대한 이방인의 구원사적 빚짐, 이스라엘에 대한 언약의 신실성을 강조한다. 또한 로마서 4장에서 믿음으로 의롭게 된 아브라함이 모든 믿는 자(유대인과 이방인)의 원형으로 제시된다. 이는 유대인과 이방인의 구별 없이, 토라의 행함이 아닌 믿음을 통한 아브라함의 언약 백성인 아브라함의 씨가 되는 복음 제시는 이방인 그리스도인과 유대 그리스도인의 연합이 강조되는 도구다. 이상은 로마서가 변증적 목적을 가지고 기록된 것을 보여주는 예라 하겠다.

한편 11장 24절의 "네가 원 돌감람나무에서 찍힘을 받고 본성을 거슬러 좋은 감람나무에 접붙임을 받았으니 원 가지인 이 사람들이야 얼마나 더 자기 감람나무에 접붙이심을 받으랴" 등의 말씀은

1장 16절의 "내가 복음을 부끄러워하지 아니하노니 이 복음은 모든 믿는 자에게 구원을 주시는 하나님의 능력이 됨이라 먼저는 유대인에게요 그리고 헬라인에게로다"라는 말씀과 함께 로마서가 선교적 목적을 가지고 기록된 것을 보여주는 예들이다.

그런데 바울이 그 자신과 로마 교회의 역사적 정황과 관련하여 로마서를 기록한 이러한 목회적, 변증적, 선교적 목적은 로마서 안에서 서로 연결되어 있다. 이러한 목적에서 쓰여진 이 박사학위 논문의 해당 부분은 본 편저 《"먼저는 유대인에게", 어떻게 생각하는가?》의 전개에 기본 배경을 마련해 준다고 생각한다.

■ **제3장 "먼저는 유대인에게"의 성경적 기반은 어떤 것인가?**

이 세상에는 바울 때부터 지금까지 구원받아야 할 민족들이 수없이 많은데, 바울은 구원받아야 할 민족을 간단하게 두 민족으로 압축해 놓았다. '유대인과 이방인'으로. 이는 도저히 이해되지 않는, 전례가 없는 일이 아닌가? 다시 말하면 유대인과 헬라인으로 대표되는 이방인으로 구분한 것이다.

바로 여기서 바울은 복음 전도를 포함해 모든 특권과 책임 면에서 '유대인이 먼저'라는 뜻으로 "먼저는 유대인에게"라는 표현을 사용했다. 특별히 바울이 로마서에서 언급한 이 말의 뜻은 '역사적' 개념이 아니라 '원칙적' 개념이다. 구체적으로 복음 전도 면에 있어서 항상 유대인에게 먼저 가야 한다는 것이다. 오늘 우리 이방인의 입장에서 보면 복음은 1세기에만 아니라, 지금 21세기에도 항상 먼저 유대인에게 전파되어야 한다는 뜻이다. 왜 그럴까? 먼저는 그것이 유대인을 선민으로 선택하시어, 세계 복음화를 이루시기 위한 변함없는 하나님의 전략이기 때문이다. '먼저'의 헬라어 '프로톤'은 순차적인 순서라기보다는 '우선순위'를 나타낸다. 역사가이기도 하고 제3자이기도 한 이방인 누가가 기록한 사도행전 13장에서 28장까지를 살펴보면 바울은 항상 "먼저는 유대인에게" 갔다(그들이 복음을 듣든지, 안 듣든지).

또 하나의 이유는 하나님께서는 선민 유대인들을 영적으로 질투하도록 메시아의 몸을 이룬 이방인들을 부르시기 때문이다(롬 11:1). 결국 그러한 질투는 궁극적으로 로마서 11장 25-26절에 나와 있는 것처럼 '온 이스라엘'을 예수께로 이끌게 할 것이다. 누구도 온 이스라엘의 구원과 메시아의 재림 사이의 분명한 관계를 피할 수 없다. 이것은 어쩌면 하나의 신비라고 말할 수밖에 없겠지만, 그 둘은 서로 연결되어 있다. 이것은 왜 바울이 이방인의 사도라는 역할을 기꺼이 수용했는지를 이해하게 할 수 있다고 생각한다. 또한 베드로는 성령 강림 후에 선포한 두 번째 설교에서 이스라엘과 열방의 구원이 '만물의 회복'(세상을 고침; 행 3:21)으로 이끌 것이라고 예견했다.

이러한 "먼저는 유대인에게"에 대한 성경적 기반에 근거하여 1884년에 미국에서 '선민선교회'가 창립되어, 지금까지 꾸준히 '목적'에 따라 활기차게 활동해 오고 있다.

■ 제4장 "먼저는 유대인에게"를 주석가들은 어떻게 해석했는가?

여기서 '먼저는'의 헬라어 '프로톤'은 '첫째'라는 의미 외에 '시간, 장소, 순서, 그리고 중요성 등에서의 처음'이라는 의미를 포함한다. 따라서 이 구절을 지상명령에 적용한다면, 복음이 어디서든, 그리고 어떤 의미에서든지 지역교회에서부터 나와서 '유대인에게로 먼저 가야 한다'는 것이다. 이것은 방법(TV, 노방전도, 문서사역, 대규모 전도, 방문전도 등)에 상관없이 복음 전도를 위한 '성경적 절차'이다.

대부분의 믿는 자들과 지역 교회들은 지상명령에 주로 재정적 후원을 통해 참여하고 있는데, 이것도 유대인에게 먼저 들어가는 것이 필요하다. 이것은 개별적인 신자들은 물론이고, 지역 교회의 재정적인 선교 지원에 대해서도 그렇게 해야 한다는 것을 의미한다(롬 15:25-27). 지역 교회에서 진리인 것은 현장의 선교사에게도 진리다. 즉 그는 어느 곳에서 선교 사역을 하더라도 먼저 복음을 가지고 현장에 있는 유대인에게 다가가야 한다. 특정한 지역으로의 부르심에 상관없이 그의 의무는 먼저 유대인을 찾아 그들에게 복음을 전하는 것이다(만약 선교 지역 주변에 유대인이 없는 경우에는 유대인 선교를 위한 기도와 재정적인 후원의 방법 등으로). 이미 명령이 있는 것에는 특별한 설명이 필요하지 않다. 많은 선교사들이 이것에 반대할지 모르지만, 다행히 바울 안에 나타난 성경적 사례가 있다. 비록 그가 유대인을 위한 부르심을 받지 않았지만 다음과 같이 말한다.

"내가 이방인인 너희에게 말하노라 내가 이방인의 사도인 만큼 내 직분을 영광스럽게 여기노니 이는 혹 내 골육을 아무쪼록 시기하게 하여 그들 중에서 얼마를 구원하려 함이라"(롬 11:13-14).

■ 제5장 로마서에서 "먼저는 유대인에게"가 어떻게 전개되고 있는가?

이방인의 믿음은 처음 유대인에게 속하는 복음에 의지하고 있다. 사도 바울은 이방인에게 아브라함과 그의 믿음을 되돌아볼 뿐만 아니라, 예루살렘에서 있었던 초대 유대 신자들의 믿음과 그들에 대한 자신들의 빚을 인정하라(롬 15:25-27)고 말했다. 그는 또한 세상을 위한 하나님의 구원 계획의 정점(claimax)을 이룰 '온 이스라엘의 구원'(the Salvation of all Israel)을 요청하기를 요구한다. 그 어간에 그는 이방 신자들이 "먼저는 유대인에게", 부활하신 메시아에 대한 증거들을 계속 추적할 수 있는 모든 길에 참여하라고 분명하게 부탁한다.

■ 제6장 사도행전에는 "먼저는 유대인에게"가 어떻게 나타나고 있는가?

사도행전 28장 17절 이하를 보면, 사도 바울은 죄수의 처지여서 전도 여정에서 늘 하던 대로 먼저 로마에 있는 회당에 가서 유대인에게 복음을 전할 수 없었기에, 그곳의 유대 지도자들을 감옥으로 청하여 복음을 전한 기록이 나온다. 사도행전의 모든 곳에서 보면 바울이 분명히 이방인의 사도로서 나중에는 이방인에게로 나갔지만, 항상 처음에는 유대인에게 먼저 가서 복음을 전했다. 그들이 복음을 받아들이든지, 거부하든지에 상관없이 말이다

왜 그랬을까? 그것은 바로 로마서 1장 16절의 "먼저는 유대인에게"의 교리적 선언 때문이었다. 그래서 복음 전파자들은 언제나 어느 곳으로 가든지, 어떤 수단으로 행하든지, 먼저는 유대인에게로

가야 했다.

■ **제7장 선교적 측면에서 "먼저는 유대인에게"를 어떻게 적용해야 하는가?**

19세기 말에 들어와서 헝가리계 유대인인 랍비 레오폴드 호프만 콘이 뉴욕에서 처음으로 복음을 듣고, 예수를 영접하였다. 그 후에 그의 주도로 설립된 '선민선교회'(1884년, 처음에는 '유대인 선교를 위한 미국위원회'로 출발)에 의해 본격적으로 유대인 선교가 전개되었다. 목적은 하나님의 선택을 받은 전 세계의 유대인들에게 복음을 전하는 것으로, 두 갈래의 접근을 시도한다. 첫째는 유대인 전도에 대한 확고한 헌신이며, 둘째는 교회에 속한 사람들도 그와 같이 준비시키는 것이다.

선민선교회는 '새천년'(2000년)을 맞이하여 두 번의 컨퍼런스를 개최했다. 첫 번째는 유대인이 가장 많이 사는 뉴욕의 갈보리 침례교회에서 3일간 치러졌다. 두 번째는 플로리다 남부에서 같은 해에 열렸다. 두 번의 컨퍼런스는 이미 "먼저는 유대인에게"에 대해 바른 해석을 하고 적용하고 있는 메시아닉 쥬들과 기독교 지도자들에게는 큰 감동과 도전의 기회가 되었다. 그러나 '신학적인 논란거리'로서의 유대인 선교를 다룬 그 두 번의 컨퍼런스는 기독교와 유대교 사회의 일부에서 '정치적으로 부적절한 것'으로 여겨지는 다른 주제들과 마찬가지로 논란이 되었다. 이 문제의 전체에 대한 요약은 다음과 같다.

"모든 세대에 교회는 복음을 온 세상에 전해야 하지만, '먼저는 유대인에게, 그리고 이방인에게'라는 특별한 순서에 따라야 한다. 그리고 이 순서는 세대를 이어서 끊임없이 반복되어야 한다."

■ 제8장 전도적 측면에서 "먼저는 유대인에게"를 어떻게 적용해야 하는가?

여기서는 구체적으로 유대인 한 사람 한 사람에게 전도하기 위해서는 어떻게 해야 할지를 유명한 메시아닉 전도자 중의 한 사람인 야곱 담카니의 간증집 《WHY ME?》의 후기를 통해 알아본다.

그는 종교적인 유대인 가정에서 태어나 오랫동안 영육간에 방황하다가 미국에서 살면서, 그를 위해 오랫동안 기도하던 한 이방 그리스도인을 통해, 예수님을 만나 메시아로 영접하였다. 담카니는 그 간증집의 후기에서 왜 "먼저는 유대인에게" 예수님께서 메시아이신가를 구약성경(타나크)과 신약성경을 통해 차근차근 설명하여 종래 영접하기에 이르도록 이끌고 있다. 그뿐만 아니라 그 이후에 어떻게 살아가야 할지를 구체적으로 소개하고 있다.

다음으로는 이방 기독교인들에게 "먼저 유대인에게" 접근해야 할 필요를 역시 구약성경과 신약성경을 통해 구체적으로 설명하고 있다. 즉 하나님께서는 지금 약속대로 이스라엘 나라와 유대 민족을 육적으로 회복시키고 계시지만, 영적으로는 아직 그 속에 생기가 없는 상태이기에 영적으로 빚을 지고 있는 기독교인들이 예수님을 잘 믿고 사랑으로 잘 섬겨, 그들도 자기 땅에 오신 예수님을 영접하여 구원받게 할 것(온전한 유대인이 되게 할 것)을 요청한다. 나아가 그렇게 전도받아 믿은 유대인이 또 다른 유대인에게 예수님을 전하는 길에 나서도록 돕는, 이스라엘 역사상 가장 중요한 이 순간에 이루어지는 하나님의 뜻에 참여하기를 호소하고 있다.

■ **제9장 "먼저는 유대인에게"를 어떻게 설교해야 하는가?**

1. 이스라엘이 경배할 때까지(행 3:19-21)

　구약과 신약성경에는 이스라엘 땅의 황폐가 끝나 예루살렘이 이방인들로부터 정치적으로 해방되면, 충만한 수의 이방인들이 구원을 받을 것이라 예언하고 있다. 이어서 충만한 수의 유대인들도 구원을 받게 되고, 유대인과 이방인이 예수님 안에서 '한 새 사람'(ONE NEW MAN)을 이루게 된다. 그러면 예수님께서 약속대로 예루살렘으로 재림하실 때가 가까이 온 것이라고 말한다. 그런데 바로 지금 그러한 일들이 실제적으로 중동에 위치한 약속의 땅 이스라엘에서 일어나고 있다.

　따라서 우리는 각자의 은사로, 또한 연합하여 '온 이스라엘'이 예수님께 경배할 때까지 그리스도의 몸 안에서 유대인과 이방인의 하나 됨을 위해, 그리고 예수님께서 이루시는 일을 위해 우리 속에서 능력을 행하시는 이의 역사를 따라 힘을 다하여 수고해야 할 것이다.

2. 이스라엘의 재발견(롬 11:25-32)

　선민 이스라엘이 이방인을 위해 희생을 당했지만 하나님께서는 결코 선민 이스라엘을 아주 버리신 것이 아니다. 이방인을 구원하신 하나님께서 왜 선민 이스라엘을 사랑하시고 구원하시지 않겠는가? 우리는 근현대사에 이루어지고 있는 이스라엘의 실제적 회복 사건들이 성경의 예언들(특히 로마서 9-11장에 계시된 하나님의 신비)의 성취임을 믿고, 이스라엘이 마지막 때에 구원될 것을 확신하며, 이스라엘을 재발견하는 계기가 되어야 할 것이다.

3. 이스라엘이 약속의 땅에 정착할 때까지(암 9:15)

하나님께서 지난날에 이어, 지금도 모든 과정에서 계시된 예언의 말씀을 통해 나타내신 대로, 그분의 영원한 목적을 그 약속의 땅을 중심으로 지속적으로 이루어 나가고 계신다. 따라서 우리는 선민 이스라엘이 약속의 땅에 완전히 정착되면서 모든 나라가 주어진 자기의 장소를 찾게 되고, 주어진 사명을 이루어 낼 때 비로소 이 세상에 화해와 평화가 이루어짐을 깨닫고, 그 사명을 성실하게 감당해야 할 것이다.

4. 이스라엘을 위한 파수꾼(렘 31:6-7)

본문을 보면 선지자 예레미야는 '파수꾼'이라는 단어를 사용할 때, 보통 구약에서 사용하는 '쇼므림'이라는 단어 대신 유일하게 '노쯔림'이라는 단어를 사용한다. 왜 이렇게 되었을까?

유력한 해석은, 노쯔림은 '이방 그리스도인'을 가리키는데, 그리스도인이 '하나님의 눈동자(슥 2:8) 이스라엘'을 위해 보호하는 벽의 틈을 막아서는 '이스라엘의 파수꾼'(겔 22:30)이 되어야 함을 나타내기 위해서라고 말하고 있다. 그런데 하나님께서는 이렇게 직접적으로 이방 그리스도인들을 이스라엘의 파수꾼으로 선언하신 다음, 그들이 어떻게 열방을 위해 대속적 민족이 된 이스라엘을 위해 파수꾼이 되어야 하는지 구체적 임무를 주신다.

"야훼 하나님께서 마지막 날에 그의 백성 이스라엘의 남은 자를 모두 구원하신다"는 사실을 '선포하고', '찬양하고', '기도하고', '위로하는 것'이다. 그렇게 함으로 우리는 마지막 시대에 예수님 안에서 하나님의 선민 이스라엘을 보호하는 '벽의 틈을 막아서는' 역할을 감당할 수 있게 된다.

5. 취하게 하는 잔, 무거운 돌이 된 예루살렘(슥 12:1-3)

2017년 12월 6일, 미국 트럼프 대통령의 "예루살렘은 이스라엘의 수도다"라는 선언 이후에 거의 모든 나라와 언론들은 미국을 맹비난하고 있다. 예루살렘에서도 날마다 테러와 폭동이 일어나고 있다. 이는 본문의 스가랴의 예언이 기록된 지 2,500여 년 만에 성취되는 현장을 우리가 보는 것을 의미한다.

예루살렘은 '취하게 하는 잔'이요, '들기에는 무거운 돌'이 되었다. 그리고 아직 성취되지 않은 예언은 '천하만국이 예루살렘을 치려고 모이는 것'이다(슥 12:3). 앞으로 성취될 예언은 두 나라로 나누이는 것(슥 14:1), 이방나라들과 이스라엘의 전쟁(슥 14:2-3), 아마겟돈 전쟁(계 16:14-16), 하나님께서 이방나라들을 치시고, 주님께서 예루살렘으로 재림하심(슥 14:3-4), 예루살렘을 수도로 천년왕국을 이루심(슥 14:16; 계 20:1-6)이다. 따라서 이번 기회에 예루살렘을 천국왕국의 수도로 온전히 준비하시기 위해 열심히 일하시는 약속을 성취하시는 하나님 앞에 연합하여 헌신을 다짐하자. 유대인의 왕이시요, 또 우리의 구주이신 예수님 안에서 하나를 이루어 헌신하며 나가자.

6. 이스라엘로 시기 나게 하는 사역(롬 11:11-15)

　엘리야 시대에 모든 이스라엘이 배교한 것 같은 상황 속에서도 '남은 자'는 바알 앞에 무릎 꿇지 않았다. 하나님께서 남겨 두신 것이다. 물론 하나님께서는 그 이전에도, 이후에도 예루살렘 멸망 이후에도, 지금까지도 남은 자를 이스라엘 가운데 두신다. 그리고 그 남은 자가 결국은 로마서 11장 25절에 나오는 바 '온 이스라엘', 즉 '국가적 이스라엘'이 구원받는 역사에 촉매제가 되어진다. 즉 엘리야 시대를 전후하여 남겨 놓으신 소수의 남은 자들이 메시아를 영접한 이방인 그리스도인들과 연합하여 종말론적인 하나님의 백성이 되어질 것이다. 그러므로 마지막에는 수많은 유대인들이 시기가 나서 예수님을 영접하여, 결국 국가적 이스라엘의 회복을 이루는 촉진제가 되어질 것이다. 따라서 이스라엘의 회복 사역자들과 단체들은 당연히 겸손한 마음으로 메시아닉 쥬의 리더들과 단체들과 주 안에서 연대를 이루며 감당해야 할 것이다.

7. 예언적 성령님과 "먼저는 유대인에게"(행 2:14-18; 롬 1:16)

　3,500여 년 전 시내산 위에 강림하시고, 2,000여 년 전 예루살렘 120명 문도가 모인 곳에 충만하게 강림하신 예언적 성령님께서 오늘 우리 가운데도 충만히 임재하신다. 이 믿음으로 이 시간도 성경적으로 풀어지는 오순절의 근본 의미와 적용의 말씀을 듣고, '먼저는 유대인과 이스라엘을 위해' 간절히, 뜨겁게 중보적 기도를 드리는 자리가 되기 바란다. 그래서 나아가 하루하루 만나는 한 사람 한 사람에게 믿는 유대인들과 우리 이방 그리스도인들 속에서 능력으로 역사하시는 예언적 성령님을 따라 힘을 다하여 예수님을 증거하는 증인

으로 살아가야 한다.

8. 하누카와 마지막 때(마 24:9-12; 계 14:12)

"나는 세상의 빛이니 나를 따르는 자는 어둠에 다니지 아니하고 생명의 빛을 얻으리라"(요 8:12).

수전절에 예수님께서 성전에서 하신 말씀을 부정적으로 보면, "나는 세상의 빛이므로 나를 거부하는 자는 원래의 운명대로 어둠 속에 거하게 되고, 심판 위에 심판을 면치 못할 것이다"라는 경고의 말씀이기도 하다. 사실 하누카는 빛의 절기로서 '기쁨의 축제'임과 동시에 '마지막 때를 위한 경고의 절기'이기도 하다는 사실을 잊지 말아야 한다. 코로나 팬데믹이 터진 후, 처음으로 맞이하는 하누카 마지막 날 저녁에 우리에게 주시는 주님의 말씀에 귀를 기울이자.

"불법이 성하므로 많은 사람의 사랑이 식어지리라 그러나 끝까지 견디는 자는 구원을 얻으리라"(마 24:12-13).

"성도들의 인내가 여기 있나니 그들은 하나님의 계명과 예수에 대한 믿음을 지키는 자니라"(계 14:12).

아멘!

나가는 말 (편저 결론)

"먼저는 유대인에게", 유대인과 이방인, 만민의 구원을 위한 하나님의 원칙(절차, 전략)

우리는 지금까지 철저한 유대인으로 이방인의 사도로 부름 받아 그 이후의 삶을 바르게 헌신한 바울이 '예수 섬김' 운동 발생 후 20년 후쯤(주후 1세기 중반경)에 로마교회에 보낸 로마서 초반부인 1장 16절의 하반절에 나오는 "먼저는 유대인에게"라는 구절을 보다 명확히 규명하기 위해 여기까지 달려왔다. 이 목적을 위해 저명한 신학자, 선교사, 전도자들의 글들을 요약 소개하면서(중간중간 필요에 따라 편저자의 주를 달면서), 마지막에는 편저자의 주제 관련 설교문 여덟 편을 제시하였다.

다시 말하면 "먼저는 유대인에게"(유다이오 테 프로톤, To the Jew First), 이것이 주석적으로 정확하게 어떤 뜻인지를 규명하고, 나아가 어떻게 주해해야 하는지, 로마서와 사도행전에서는 그것이 어떻게 전개되고 있는지, 나아가 그것을 선교와 전도에 어떻게 적용해야 하는지, 끝으로 그것을 어떻게 설교해야 하는지를 편저자의 설교문을 통해 하나의 예시로 보였다. 참으로 중요한 한 가지 이유 때문에, 즉 로마서 1장 16절 하반절의 사소해 보이는 "먼저는 유대인에게"에 대한 주석과 주해가 '역사적'(일시적)인 것인가, '원칙적'(절차적)인가에 따라, 그 해석, 적용, 설교, 실천에 근본적인 차이가 생기기 때문이다.

"먼저는 유대인에게"의 성서적 근거, 기초, 배경

성경에서 '유대인'(Jew)과 '유다'(Judah)는 동일한 이름이다. '예후다'(히)도 같은 이름이다. '유대인이 먼저'라는 생각은 창세기에서 유다 지파가 리더로서 이끌 것이라는 말씀에서 유래한다(창 46:28, 49:8-10). 12지파 중에 '유다 먼저'라는 표현이 그 이외에도 민수기 10장 14절, 사사기 1장 1-10절, 20장 18절 등에도 나온다. 유다가 다른 형제들을 이끌었다(유다 지파의 시조인 유다는 하나님과 형제들을 섬기는 선봉자였다. 애굽의 총리가 된 요셉이 베냐민을 데리고 오라 할 때에, 유다는 아버지 야곱을 설득해서 데리고 갔고, 베냐민을 요구하여 형제들이 곤경에 빠졌을 때는 총리 요셉을 설득했다). 광야에서도 유다 지파가 이끌었고, 다윗의 왕국도 유다 지파를 통해 시작되었다. 이것은 유대인들 중에서도 우열 부분이 있다는 것이 아니라, 다만 언약의 질서가 있다는 것을 보여준다.

성막에서 지파들이 들어가고 나갈 때도 유다 지파가 앞장섰다(민 2:3). 예수님께서도 구원이 '유대인에게서 나온다'고 하셨다(요 4:22). 이런 성경적 근거에서 '유대인이 먼저'이고, 또한 '유대인에게 마지막'이 된다. 그리고 복음의 권리에 있어 유대인 먼저라면, 책임에 있어서도 유대인이 먼저다(롬 2:9).

이상에서 본 바와 같이 이스라엘 12지파에 있어서의 언약의 순서(질서)는 바울이 기본적으로 가진 가치관의 일부로 무엇보다도 로마서 서두에서 "먼저는 유대인에게"라는 구절에 잘 표현되어 있다.

이렇게 중요한 "먼저는 유대인에게"의 뜻을 온전하게 규명하기 위해 편저자는, 그 기초에 대해서는 래리 허타도의 대표적인 저서 《주 예수 그리스도》를, 그 배경에 대해서는 심상길의 논문 "언약의 관점에서 본 로마서의 이해"를 사용하였다.

즉 제1장에서는 허타도의 저서를 통해 바울이 복음의 핵심으로 고백한 '예수님'에 대해 주후 50-60년경 "내가 너희에게 전한 것은 주께 받은 것이니"(고전 11:23 상), "내가 받은 것을 먼저 너희에게 전하였노니 이는 성경대로 그리스도께서 우리 죄를 위하여 죽으시고 장사 지낸 바 되셨다가 성경대로 사흘 만에 다시 살아나사"(고전 15:3-4)라고 한 '예루살렘 교회의 전승'(바울이 이전에는 반대하고 핍박했던 그 교리, 예루살렘, 유대 및 사마리아 지역 교회뿐만 아니라, 이방 지역 교회에서 함께 고백했던 그 교리)을 역사적 고찰로 규명해 보았다. 이 과정에서 예수님의 첫 추종자들은 부활 이후 2년 안에 하나님께서 강력하게, 폭발적으로 "예수님을 하나님과 함께 나란히 경배하기를 요구하신다"는 확신을 가졌다는 것을 알게 되었다.

그리고 그런 확신은 첫째, 예수님에 대한 그들의 기억, 둘째, 하나님께서 예수님을 다시 살리시고 높이 올려 자신의 오른편에 앉히신 일, 셋째, 첫 부활절 이후의 예언과 영적 체험, 넷째, '은사적인 주해'(Charismatic exegesis)로 알려진 현상이었다. 이 넷째는 당시의 신자들이 예수님의 생애와 죽음, 매장과 부활에 비추어 자신들의 성경인 타나크(이는 현재 우리의 '구약성경'과 대략 비슷함)을 읽고 재해석한 방식으로 기독교 형성과정에서 중요한 요소로 입증되었다. 이를 통해 예수님께서는 이스라엘 이야기에서 주목할 만한 역할을 지니게 되심과 동시에, 신적인 이름과 지위('그리스도', '하나님의 아들', '주')를 부여받게 되셨다. 이러한 허타도의 역사적 고찰을 통해 본 편저 《"먼저는 유대인에게", 어떻게 생각하는가?》의 가장 기초적인 작업이 이루어지게 되었다.

이어서 제2장에서는 심상길의 상기 논문을 통해 바울이 "먼저는 유대인에게" 했던 그 시대적이고 상황적인 로마서의 기록목적이 무엇인가를 구체적으로 살펴보았다. 로마서의 기록 동기는 크게 세 가지인 목회적, 변증적, 선교적으로 정리할 수 있고, 그 세 가지가 서로 연결되어 있으며, 그 안에서도 다양하다는 것을 알게 되었다. 그러나 그 모든 기록 동기 중에서도 가장 중요한 것은 "먼저는 유대인에게 복음이 전해져야 한다"는 원칙을 알리기 위한 점이라는 것이다. 그것은 주후 49년의 로마 교회 내의 유대 그리스도인들이 제국의 추방정책으로 로마로부터 쫓겨난 이후에 일어난 일 때문이었다. 즉 그 이후 5년 만인 주후 54년에 추방정책이 취소되자 돌아온 유대 그리스도인들은 대다수의 이방 그리스도인들에 의해 장악된 가정교회 내에서의 자신들의 '우선성의 상실'을 경험하게 되었다. 타나크의 계시된 것과는 반대로 마치 '이방 그리스도인들이 뿌리이고, 유대 그리스도인들은 가지'인 듯이 언동하는 이방 그리스도인들을 대하게 된 일이었다.

 이에 바울은 로마서를 통해 유대 그리스도인들에 대해서도 "지나치게 조상들의 관습을 이방인들에게 강요하거나, 이방 그리스도인의 신앙의 자유를 제한하지 말라"고 경고하기도 했다. 그러나 보다 더 이방 그리스도인들에게 대해서 "유대 그리스도인들이 오히려 뿌리에 속하고, 너희는 가지에 속하니 교만하지 말고 겸손하라"(롬 11:17-28)고 경고했다. 그러한 근거로 인해 복음은 어느 시대, 어디서나 '먼저는 유대인에게 전해지는 것'이 하나님의 변함없는 원칙이요, 절차요, 신비요, 선교전략이라는 것이다. 이러한 구체적인 성경적 배경에서 "먼저는 유대인에게"가 제대로 이해되고 설명될 수 있는 것이다. 결국 이러한 제1장의 기초와 제2장의 배경 위에서 본 편저자의 3장부터 8장까지의 단계적이고 구체적이고 심층적이고 실제적인 전개가 자연스럽게 이루어지게 된 것으로 믿는다.

로마서에 나타난 바울의 "먼저는 유대인에게"의 대원칙

마지막으로 로마서의 내용을 "먼저는 유대인에게"라는 원칙(절차) 중심으로 간략히 정리하면 다음과 같다.

이방인의 믿음은 언제나 '처음 유대인에게 속하는 복음'에 의지하고 있다. 사도 바울은 이방인에게 아브라함과 그의 믿음을 되돌아볼 뿐만 아니라, "예루살렘에서 있었던 초기 유대 신자들의 믿음과 그들에 대한 자신들의 빚을 인정하라"(롬 15:25-27)고 말한다. 그는 또한 모든 사람(세상)을 위한 '하나님의 구원 계획의 정점'을 이룰 '온 이스라엘의 구원'(the salvation of all Israel)을 소망하도록 주문한다. 그 어간에 그는 이방인 신자들이 "먼저는 유대인에게", "부활하신 메시아에 대한 증거를 계속 추적할 수 있는 모든 길에 참여하라"고 분명하게 당부하고 있다.

> "베드로에게 역사하사 그를 할례자의 사도로 삼으신 이가 또한 내게 역사하사 나를 이방인의 사도로 삼으셨느니라"(갈 2:8).

> "그로 말미암아 우리가 은혜와 사도의 직분을 받아 그의 이름을 위하여 모든 이방인 중에서 믿어 순종하게 하나니"(롬 1:5).

> "내가 이방인인 너희에게 말하노라 내가 이방인의 사도인 만큼 내 직분을 영광스럽게 여기노니"(롬 11:13).

모두 이방인의 사도라고 했던 바울의 말이다. 그러면 과연 그는 이방인의 사도였는가? 그런데 우리가 아홉 개 장으로 구성된 본 편저 《"먼저는 유대인에게", 어떻게 생각하는가?》를 통해 함께 연구하는 과정에서, 바울이 과연 이방인의 사도였는가의 질문에 단순하게 "그렇다"라고 긍정하기가 쉽지 않음을 느끼게 된다.

물론 바울은 세 차례에 걸친 이방지역 선교여행, 죄수 신분으로 가이사의 재판을 받기 위해 배 타고 로마로 갔던 것까지 합하면 네 차례에 걸친 이방 나라, 민족의 선교여행을 했던 이방인의 사도(선교사, 전도자)였다. 그것은 무엇보다도 충성된 동역자로 나중에는 바울과 직접 동행했던 의사이며 역사가인 누가(Luke)가 기록한 사도행전의 내용이 그것을 입증한다.

이방인 동역자 누가의 눈에 비친 바울의 "먼저는 유대인에게"의 행적

그러나 우리는 이 책의 전체 내용을 통해 바울의 마음 속에 끊임없이 타올랐던 유대인을 향한 구령의 열정을 다각도로 살펴보면서, 이제는 다음의 사실을 간과할 수 없음을 느끼게 된다. 즉 그는 언제나 복음이 믿는 모든 자에게 구원을 주시는 능력임을 체험하기에, 언제나 하나님께서 정하신 순서(원칙, 절차, 전략)에 따라, 먼저는 유대인에게 갔고, 그다음에 헬라인(이방인)에게로 찾아갔다. 모든 상황을 검토해 보면, 그가 회심 후 예루살렘에서 유대인들을 위한 전도사역을 할 수 있는 유리한 기회를 잡아, 크게 고생하지 않고 명성을 떨칠 수 있는 유혹에 노출되어 있었을 것이라고 추측할 수 있다. 그리고 로마서나 사도행전, 갈라디아서 등을 살펴보면, 그의 개인적인 소망은 토라를 모르는 이방인보다는 그의 동족인 유대인 형제에게로 그 마음이 향해 있었다는 것을 알 수 있다(롬 9:1-5). 그럼에도 불구하고

"이방인을 향해 가라"는 명령(갈 2:8; 롬 11:13, 15:16; 행 13:47 등)에 두말 없이 순종한 바울의 결단성에 우리는 놀라움을 금치 못한다.

이방인들을 향해 복음을 선포하는 동안에 바울이 경험한 동족 이스라엘의 현실(복음을 전할 때 이방인들은 많은 수가 예수님을 영접하는데, 막상 선민이라는 동족 유대인들은 대다수가 거부하기에)은 차라리 모순이요 역설이었다. 그 커다란 모순에 대한 최종 분석에서 인간의 이성과 고통이 하나님 자신의 신비를 이해하지 못하는 상태에서, 바울은 성령님의 감동으로 묵시문학적인 신비언어를 사용하여 다음 두 가지 진리를 로마 교회에 속한 다수의 이방인 성도들과 소수의 유대인 성도들에게 가르치고 있다.

첫째, 하나님께서 이스라엘을 선택하신 것은 유대인만 아니라 이방인들까지, 즉 모든 사람들을 선택하시려는 근본적인 패러다임이라는 것이다. 그리고 둘째, 지금 모든 사람들에게 적용되는 하나님의 복음의 능력은 "'온 이스라엘'에게 궁극적으로 적용되는 하나님의 자비의 능력"(롬 11:26)을 위한 기본적인 패러다임이라는 것이다. 이렇게 바울은 로마서에서 무엇보다도 하나님의 의를 손상시키지 않으면서도 동시에 '온 이스라엘의 구원'을 포기하지 않으시려는 하나님의 그 기이한 사랑을 절묘하면서도 역동적으로 표현하고 있다.

물론 로마서에서도 바울 자신이 친히 유대인을 향해 그의 사랑을 표현한 곳이 매우 많이 있다. 그러나 당사자가 아닌 제3자인 누가(Luke)의 눈에 "바울이 이방인의 사도이지만, 항상 이방인들에 앞서 유대인들을 향해 우선을 두었다"라는 많은 사도행전의 표현은 더욱 강력한 설득력을 지닌다. 우리가 본서를 통해 반복적으로 확인해 본 대로 사도행전 후반부에는 매우 많은 구절들이 그 사실을 뒷받침하고 있다. 이방인의 땅에 발을 딛을 때마다 그는 항상 먼저 유대인의 회당을 찾았다. 그곳에서 먼저 듣든지 듣지 않든지 복음을 전하고, 그다음에 옥외집회를 열었다. 사도행전 13장 5절과 14절은 물론이고 44-48절에는 바울이 이방인의 도시에서 안식일에 회당에서 사역한 사실을 보도하고 있다.

바울이 디아스포라 유대인에게 관심이 많았다는 사실은 그의 제3차 전도여행 기록에 더 자세히 묘사되어 있다. 가령 회당이 없었던 빌립보에서는 안식일에 문 밖 강가에 모인 여자들에게 복음을 전했고(행 16:13), 죄수 신분으로 로마에 도착해서는 먼저 유대인 중 높은 사람들을 그가 있는 곳으로 청해서 복음을 전하기까지 했다(행 28:17-20).

이방인들을 위한 사도인 바울의 "먼저는 유대인에게" 헌신의 근본 동기

이러한 바울의 유대인 우선과 유대인을 향한 열정의 마음과 헌신의 근본 동기는 무엇일까? 그것은 자신의 선민 됨과 우선성을 깨닫지 못하는 유대인에게 끊임없이 장자 된 신분을 일깨워줌으로 예수님을 영접하여 그들이 자신의 위치를 온전히 회복하게 하려는 것이었다.

우리가 본서에서 살펴보고 공부한 대로 로마서와 사도행전 중심으로 구약(타나크)과 신약성경을 개관할 때 하나님의 세계 구속사의 구조에서 유대인은 언제나 처음부터 지금까지, 그리고 앞으로도 우선적인 자리를 차지할 것이다. 그들 유대인이, 또한 참감람나무에서 꺾인 얼마의 유대 가지 대신 접붙임을 받아 참감람나무 뿌리의 진액을 함께 받는 자 된 이방 그리스도인들이(롬 11:17) 인정하든 인정하지 않든 그것은 명백한 사실이요, 영원한 진리다. 사실 로마서 속에서 바울의 관심사가 몇 가지 있었지만 그중에서도 최고의 관심은 바로 여기에 있었다.

"복음은 언제나 먼저는 유대인에게, 다음에 헬라인(이방인)에게 전해져야 한다."

대부분의 믿는 자들과 지역교회들은 지상명령에 주로 재정적인 후원을 통해 참여하고 있다('가는' 선교사와 함께 '보내는' 선교사의 의미로). 그런데 이것도 사실은 당연히 '유대인에게 먼저' 들어가고, '먼저' 보내는 것이 필요하다. 이것은 개별적인 신자들은 물론이고, 지역교회의 선교 재원에 대해서도 그러해야 한다는 것이다(롬 15:25-27). 또한 당연히 지역교회에서 진리인 것은 현장의 선교사에게도 진리다. 해외 선교사, 그는 어느 곳에서 사역을 시작하더라도, 먼저 복음을 가지고 현장에 있는 유대인에게 접근해야 한다. 특별히 지역(나라, 민족)에 상관없이, 그의 근본 의무는 '먼저 유대인'을 찾아가 그들에게 복음을 전하는 것이다(만약 선교 지역 주변에 유대인이 없는 경우에는 유대인 선교를 위한 기도와 재정적인 후원 등의 방법으로). 많은 선교사들이 이것을 반대할지 모른다. 그러나 선교사 중의 선교사, 최초의 온전한 모본 선교사인 사도 바울은 다음과 같이 성경적 사도로서의 귀중한 모범을 보여준다. 즉 비록 그가 야고보, 게바(베드로), 요한과 같이 유대인을 위해 부름 받지 않고, 이방인을 위해 부름과 보냄을 받았지만 이렇게 분명하게 선언하고 있다.

"내가 이방인인 너희에게 말하노라 내가 이방인의 사도인 만큼 내 직분을 영광스럽게 여기노니 이는 혹 내 골육을 아무쪼록 시기하게 하여 그들 중에서 얼마를 구원하려 함이라"(롬 11:13-14).

"먼저는 유대인에게"를 거부하는 자들을 향한 경고

월터 카이저(Walter C. Kaiser Jr.)는 《TO THE JEW FIRST》의 제2장 "이스라엘의 종말론적 관점에서 본 새천년 유대인 전도"(로마서 9-11장)의 결론부에서 이렇게 날카롭게 경고하고 있다.

> 21세기에 있어 유대인 전도는 이 놀라운 로마서를 온전히 이해할 필요가 있다. 이스라엘에게 주어진 하나님의 약속과 그 역사를 제외하고서는 하나님의 구원 계획이 제대로 선언될 수 없다. 바울이 취한 두 단계의 방법은 단순한 개인 전략의 문제 그 이상이다. 그것은 '먼저는 유대인이고 그리고 또한 이방인'이라는 것으로 그 뒤에는 하나님의 나라(메시아 왕국 편저자 주)의 논리가 있다. 이제 21세기에는 교회가 어떻게 하면 하나님 나라의 사역을 제대로 수행하고 있는지, 그리고 '이스라엘'이라는 나라를 어떻게 생각하고 있는지 다시 한 번 로마서를 중심으로 성경을 읽으며 깊이 생각해 보고, 새출발하는 것이 현명할 것이다. 만약 우리가 그렇게 하지 않는다면 우리는 이곳저곳에서 작은 승리를 얻을 수 있겠다. 그러나 하나님의 위대하신 이름과 그분의 택하신 백성인 '유대인'을 위한 '더 높은 성경적 기준으로' 우리를 부르신 '우리 주님으로부터 오는 온전한 유익'을 잃어버리게 될 것이다.

카이저는 또 2013년 10월, 미국에서 세계의 저명한 복음주의 신학자들과 권위자들이 모인 자리에서 강연하는 중 이러한 말을 남겼다.

이스라엘의 회복은 있다. 우리가 그동안 대체주의 신학으로 잘못 가르쳤다. 이스라엘은 하나님께서 계획하신 인류 구원의 마지막 완성을 위해 지금도 여전히 그 역할과 존재의 중요성이 남아 있다.

"이와 같이 이 사람들이 순종하지 아니하니 이는 너희에게 베푸시는 긍휼로 이제 그들도 긍휼을 얻게 하려 하심이라 하나님이 모든 사람을 순종하지 아니하는 가운데 가두어 두심은 모든 사람에게 긍휼을 베풀려 하심이로다"(롬 11:31-32).

독자들을 위한 편저자의 마지막 도전

편저자는 평생 교회 목회만 감당했던 한 평범한 목사 중의 한 사람이다. 그러나 일생 동안 부족하나마 성서신학적인 목회를 추구해 왔던 경험을 통해 마지막으로 평신도 지도자, 목사, 선교사, 신학교 교수들에게 감히 마지막으로 다음과 같이 도전하며 본 편저를 마감하고 싶다.

"너희는 나를 누구라 하느냐?"(마 16:15)

복음서에 나오는 2천 년 전의 그 유명한 예수님의 질문은, 물론 우리 시대에도 유대인이나 이방인 모두에게, 그리스도인이나 비그리스도인 모두에게 여전히 '영원한 구원' 여부를 결정짓는 실로 엄청난 질문 중의 질문이다. 아울러 "너희는 '먼저는 유대인에게요 그리고 헬라인에게로다'라는 말을 어떻게 생각하느냐?"라는 로마서를 통한 2천 년 전의 그 특별한 질문도, 오늘 21세기에 유대인이나 이방인 모두에게, 하나님의 교회의 구성원에게 "온전한 유익"을 얻는 여부를 결정짓는 실로 중요한 질문 중의 질문이다.

> "내가 복음을 부끄러워하지 아니하노니 이 복음은 모든 믿는 자에게 구원을 주시는 하나님의 능력이 됨이라 먼저는 유대인에게요 그리고 헬라인에게로다" (롬 1:16).

아멘!

미주(尾註)

1) Larry Hurtado 저 《Lord Jesus Christ》(주 예수 그리스도. 옮김: 박규태, 새물결플러스)의 제2장 '초기 바울의 기독교'(163-275쪽)의 내용을 간추렸다.

2) 심상길 저 "언약신학의 관점에서 본 로마서의 이해"(그리스도대학교 출판국)의 제2장 '로마서의 정황과 기록 목적'(25-42쪽)의 내용을 간추렸다.

3) 《THE CASE FOR JEWISH EVANGELISM IN SCRIPTURE AND HISTORY》(TO THE JEW FIRST, 첫째는 유대인에게; 편집자 Darrel L.Bock, Mitch Glaser, 역자 김진섭, 이스트윈드)의 미치 글래이저(Mitch Glaser)의 편집자 서문 중 후반부(60-66쪽)의 내용을 그대로 게재했다.

4) 위의 책 《TO THE JEW FIRST》의 아놀도 프룩텐바움(Arnold G. Fruchtenbaum)의 제10장 '새천년 첫째는 유대인에게: 세대주의 관점'(317-329쪽, 336-339쪽)의 내용을 네 개의 대지로 나누어 재구성하여 소제목을 붙이고 간추렸다.

5) 위의 책 《TO THE JEW FIRST》의 마크 세이프리드(Mark A. Serifrid)의 제1장 '첫째는 유대인에게'(이방인 독자들을 위한 주의사항)의 1. '유대인을 위한 복음은 이방인의 믿음에 필수적이다'(75-84쪽)의 내용을 네 개의 대지로 나누어 소제목을 붙이고 간추렸다.

6) 위의 책 《TO THE JEW FIRST》의 아놀도 프룩텐바움(Arnold G. Fruchtenbaum)의 제10장 '새천년 첫째는 유대인에게: 세대주의 관점'(340-348쪽)의 내용을 여섯 개의 대지로 나누어 재구성하여 간추렸다.

7) 위의 책 《TO THE JEW FIRST》의 미치 글래이저(Mitch Glaser)의 편집자 서문(56-67쪽)의 내용을 세 개의 대지로 만들어 소제목을 붙이고 재구성

하여 간추렸다.

8) 위의 책 《TO THE JEW FIRST》의 아놀도 프룩텐바움(Arnold G. Fruchtenbaum)의 제10장 '새천년 첫째는 유대인에게: 세대주의 관점' 중에서 인용된 '요셉 호프만 콘(Joseph Hoffman Cohn)의 견해'(330-335쪽)를 세 개의 대지로 만들어 소제목을 붙이고 재구성하여 간추렸다.

9) Jacob Damkani의 《WHY ME?》(옮김: 유진상, 이스트윈드)의 후기(370-397쪽)의 내용을 그대로 게재하였다(단 존대어를 평어로 바꿈).

10) 편저자가 시무했던 교회의 강단과 외부 이스라엘 사역 단체에서 했던 여덟 편의 설교 원고를 실었다(그러나 실제로 설교 현장에서는 시간 관계상 추려서 설교했음).

부록

예루살렘으로 옮겨진 주 이스라엘
미국대사관 앞에서 아내와 함께.

1. 이스라엘 유대 민족의 국가법
2. 주한 이스라엘 Chaim Choshen 대사 영세교회 내방 환영사
3. "내 백성을 뉴욕에서 가게 하라"(KIBI 2020년 봄호 기고문)

1. 이스라엘 유대 민족의 국가법

기본법은 다음과 같은 11개 조항으로 구성된다.

1) 기본원칙
⑴ 이스라엘 땅은 이스라엘 국가가 설립된 유대 민족의 역사적인 고향이다.
⑵ 이스라엘 국가는 자국민의 자연적, 문화적, 역사적 자결권을 충족시켜 주는 유대 민족의 집이다.
⑶ 이스라엘 국가에서 국가의 자결권을 행사할 권리는 유대인에게만 해당되는 고유한 것이다.

2) 국가의 상징
⑴ 국가의 이름은 '이스라엘'이다.
⑵ 국기는 흰색 바탕의 가장자리에 두 개의 파란색 줄무늬가 있고, 중앙에 파란색 다윗의 별이 있다.
⑶ 국가의 문장(紋章)은 양쪽 올리브 잎과 그 아래에 '이스라엘'이라는 단어가 있는 일곱 개 가지의 메노라이다.
⑷ 국가(國歌)는 '하티크바'이다.
⑸ 국가 상징에 대한 세부사항은 법에 의해 결정된다.

3) 국가의 수도
완전하고 통일된 예루살렘은 이스라엘의 수도이다.

4) 언어

(1) 국가의 언어는 히브리어이다.

(2) 아랍어는 국가에서 특별한 지위를 가지고 있다. 아랍어 사용에 대한 규제는 국가기관 혹은 법에 의해 결정된다.

(3) 이 조항은 이 법이 효력을 발하기 전에 아랍어에 부여된 지위에 해를 끼치지 않는다.

5) 망명자들의 집결

국가는 유대인의 이민과 망명자들의 집결에 개방되어 있다.

6) 유대 민족과의 연결

(1) 국가는 유대인 신분 혹은 그들의 시민권으로 인하여 어려움을 겪거나 포로 상태에 처한 유대인들의 안전을 보장하기 위해 노력할 것이다.

(2) 국가는 국가와 유대 민족 구성원과의 친선관계를 강화하기 위해 디아스포라 내에서 노력해야 한다.

(3) 국가는 디아스포라 유대인들 사이에서 유대 민족의 문화적, 역사적 및 종교적 유산을 보호하기 위해 노력해야 한다.

7) 유대인 정착지

국가는 유대인 정착지의 발전을 국가 가치로 간주하고, 이의 설립 및 통합을 장려하고, 촉진하기 위해 행동할 것이다.

8) 공식 달력

히브리 달력이 국가의 공식 달력이고, 그레고리력도 병행되는데, 구체적인 상황은 법에 의해 결정된다.

9) 독립기념일 및 현충일

⑴ 독립기념일은 국가의 공식 공휴일이다.

⑵ 이스라엘의 전쟁과 홀로코스트에서 죽은 이들과 영웅들의 추모의 날은 국가의 공식 현충일이다.

10) 휴일과 안식일

안식일과 이스라엘의 절기들은 국가의 공식 휴일이다. 비유대인들은 그들의 안식일과 절기를 지킬 권리가 있다. 이 문제에 대한 세부사항은 법에 의해 결정된다.

11) 불변성

이 기본법은 다수의 국회의원에 의해 통과되고 다른 기본법에 의해 수정되지 않는 한 개정되지 않는다.

2018년 7월 18일

(이스라엘 University of the Holy Sand 부총장 정연호 박사 번역)

2. 주한 이스라엘 Chaim Choshen 대사 영세교회 내방 환영사

존경하는 Chaim Choshen 대사님!

이스라엘 독립 68주년, 예루살렘 재통합 49주년을 맞이하는 금년 2016년, 오늘 11월 18일 오후 바쁜 일정 가운데 우리 교회를 방문해 주시고, 귀한 메시지도 전해주심으로 서로 간의 이해와 협력이 증진케 되어 대단히 기쁘게 생각하며 깊이 감사드립니다. 본인은 이 시간 온 교우들을 대표한 본교회 이스라엘 사역 회원들과 함께 뜨거운 마음으로 대사님과 일행을 환영합니다.

우리는 이방인이지만 야훼 하나님의 은혜로 아브라함과 이삭과 야곱의 하나님을 이스라엘 사람들과 함께 우리의 하나님으로 믿고 기쁘게 살아가고 있습니다. 따라서 우리에게는 이스라엘 나라는 신앙의 조국이 되는 것입니다. 만약에 이스라엘이라는 나라가 없었더라면 또 있었어도 여러분이 야훼 신앙을 잘 지켜 우리에게 전해주지 않았더라면 오늘 우리는 야훼 하나님을 모르는 불행한 사람들이 되었을 것입니다. 그래서 우리는 여러분 나라의 신앙의 조상들과 지금 심히 어려운 여건 속에서 나라를 지켜가고 있는 여러분께 깊은 존경과 감사의 마음을 가지고 있습니다. 앞으로도 계속 기도하겠습니다.

존경하는 Chaim Choshen 대사님!
이 시간 저와 우리 모든 교인들은 대사님께서 이스라엘 국민을 대표하여 이곳에 오셨기에, 이 기회에 이스라엘 국민들에게 용서를 빌고 싶습니다. 다름 아니라 지난 날 1,500여 년에 걸쳐 우리 기독교인들이 세계 각처에 흩어져 살아가는 이스라엘 백성들에게 예수의 이름으로 십자가를 앞세우고 저주하고 핍박하고 학살을 저질렀습니다. 이 모든 죄악들을 이 시간 이스라엘 국민들께 진심으로 사과하고 사죄드립니다. 그것이 얼마나 무서운 죄악인지 모르고 그랬습니다. 너그러이 용서해 주시기 바랍니다.

우리 교회는 2010년 4월부터 이스라엘이 야훼 하나님의 눈동자요, 하나님께서 세계의 축복의 통로로 선택하시고 사용하신 민족이기에 온 세계가 축복을 받고, 우리 기독교회가 큰 축복을 받은 것을 깊이 깨달았습니다. 그래서 그때부터 이스라엘의 안보와 평안과 알리야(Aliyah)와 경제 발전 등을 위해 기도하고, 이스라엘을 방문하고 이스라엘 발전에 기여하려고 힘쓰고 있습니다. 바라기는 앞으로 이스라엘 대사관과 우리 영세교회가 서로 긴밀한 교제를 가짐으로 서로에게 좋은 일이 생기고 크게는 이스라엘과 대한민국의 우의 증진에 도움이 되기를 기원합니다.

존경하는 Chaim Choshen 대사님!
온 가족이 건강하고 평안하기를 그리고 한국에서의 임기를 훌륭히 수행하고 귀국하시기를 바랍니다. 그리고 존경하는 대사님과 모든 대사관 직원들께 안부 인사를 전해주시기 바랍니다.

이번 주 월요일, 우리나라에는 이스라엘이 독립한 지 68년 만에 슈퍼문이 떴습니다. 이제 이후로 우리의 뿌리 민족인 이스라엘 나라에 야훼 하나님의 더 큰 위로와 더 큰 보호와 더 큰 확립의 역사가 있기를 기도드립니다.

다시 한 번 바쁜 일정 가운데서도 오늘 오후 우리 교회를 찾아주신 Chaim Choshen 대사님과 Tayloe 목사님, Dayan 대표님(Director) 그리고 일행에게 깊은 감사를 드립니다.

샬롬, 샬롬!

2016년 11월 18일
영세교회 담임목사 김충렬

Welcome speech for Ambassador Chaim Choshen, Embassy of Israel to South Korea

The right honorable Ambassador Chaim Choshen!

I am so glad and grateful that you have taken time out of your busy schedule to visit our church and share with us from your precious message so that we may develop a better understanding and cooperation between the Israelites and us beginning today, November 18th when Israel is celebrating 68 years of independence and 49 years of reintegration. I and Israel Ministry members would like to welcome you and your staff along with all our church members.

Although we are gentiles, we have lived happily because we also believe in God, who is the God of Abraham, the God of Isaac and the God of Jacob by the grace of God as the Israelites do. Therefore, Israel is our fatherland of faith. If Israel had not continued in the faith of Yahwism and shared your faith, if it had not been for Israel, we could not have known Jehovah, our God. Thus, we are deeply grateful and respectful of your ancestors of faith and all of you who keep your country safe in extremely difficult circumstances. We will keep praying for the Israelites.

The right honorable Ambassador Chaim Choshen!
Now, all of our church members and I would like to beg for the Israelites' forgiveness on this occasion because you are here as a representative of the Israelites. It's just that we Christians, claiming to be led by the Cross, have cursed, persecuted and massacred the Israelites in the name of Jesus during the past 1500 years. Now, we confess and apologize for all of our transgressions from the bottom of our hearts. We did not know how horrible our sins could be. Please, forgive us for all of our sins with magnanimity.

Since April of 2010, the Youngsei Church has realized that Israel is the vibrant eyes of God and God has chosen them as a path of blessing for the entire world including our Christian church. Therefore, the Youngsei Church is fervently praying for Israel's security, peace, Aliyah and economic development and we will continue visiting Israel and bring benefits to Israel from now on.

I hope that there will be many good blessings ahead between the Embassy of Israel and the Youngsei Church through continued close interaction with each other. Furthermore, I pray that our relationship will promote an ever increasing mutual understanding and goodwill.

The right honorable Ambassador Chaim Choshen!
I hope your whole family will always be healthy and happy and that you will continue to do your duty admirably while you are in South Korea and that you will return to your home loaded with honors. Also, please, give my regards to the right honorable ambassador and all the embassy officials.

On Monday this week, in Korea, the Supermoon has risen in 68 years since independence of Israel. I pray that the God of Yahweh will work with his comfort and protection in Israel, the roots of our country.

I deeply grateful to Ambassador Chaim Choshen, Pastor Tayloe, Director Dayan and the people who visit our church this afternoon during the busy schedules.

Thank you for visiting our church and preaching your precious message.

I and the Israel Ministry team welcome Ambassador warmly as the representative of Youngsei Church.

Shalom, Shalom!

November 18th, 2016.
Senior Pastor of Youngsei Church, Choong-Ryul Kim.
(영역: 홍성민 목사)

3. "내 백성을 뉴욕에서 가게 하라"

김충렬(영세교회 원로목사)

"여호와의 말씀이니라 보라 내가 내 백성 이스라엘과 유다의 포로를 돌아가게 할 날이 오리니 내가 그들을 그 조상들에게 준 땅으로 돌아오게 할 것이니 그들이 그 땅을 차지하리라 여호와께서 말씀하시니라"(렘 30:3).

구속사적으로 마지막 시대에 이른 오늘날 하나님께서 이 세계 가운데서 하시는 일 중에서 가장 중요한 일은 무엇일까? 위의 말씀대로 '알리야'(유대인들의 고토로의 귀환)라고 믿는다. 알리야에 대한 말씀은 성경에 약 700회 이상 나온다. 그 알리야를 통해 열방의 빛이 되라는 하나님의 부르심과 사명을 유대인들이 성취하는 것이다(사 60:1-2 등).

필자의 견해다. 이번에 코로나19로 인해 현재 세계 최고의 확진자 수와 사망자 수가 가장 많고, 그중에서 미국의 심장이라는 뉴욕시에 가장 큰 피해가 발생하고 있는 영적 이유는 무엇일까? 벌써 바벨론 땅과 같이 되어버린 그 땅에서 안일하게 살아가는 유대인들에게 "속히 그곳을 떠나 그들의 땅 이스라엘로 돌아가라"는 하나님의 뜻이 있기 때문이라고 생각한다. 2001년 9.11테러 사건, 2008년 금융위기를 통한 무서운 경고에도 떠나지 않기에, 이번에 세 번째로 더욱 무서운 사건을 일으키신 것으로 판단한다. 이런 엄청난 재앙을 통해 유대인에게는 "내 백성들아, 속히 이곳을 떠나 내가 준 언약의 땅으로 돌아가라", 그리고 이방 그리스도인들에게는 "유대인들에게 빚진 이방인들아, 속히 내 백성들이 이곳을 떠나 그들의 땅으로 가게 하라"는 말씀하심을 필자는 듣는다.

1987년부터 예루살렘 감람산 정상에 거주하며 알리야, 특히 미국으로부터의 알리야운동을 이끄는 탐 헤스 목사님은 《내 백성을 가게 하라》는 저서에서 이렇게 미국에 거주하는 유대인들에게 호소했다.

> 너무 늦기 전에 이스라엘의 전진하는 상황 변화에 동참하라. 전 세계 역사에서 가장 축복받은 땅이고, 아브라함과 이삭과 야곱과 다윗 왕의 땅이고, 다윗의 후손이 다윗의 보좌에서 정의로 영원히 통치하실 곳인 이스라엘로 돌아오라(사 9:7). 사자의 포효를 듣고 미국의 바벨론의 사슬을 끊고, 성문들을 통과하여 예루살렘으로 나아오고(사 62:10), 영광의 땅을 위한 길을 예비하라(시 24:).

지금 뉴욕시에서는 도무지 마음이 움직일 것 같지 않았던 많은 정통 유대인들의 마음이 움직이고 있다. 이 글을 쓰는 4월 10일 뉴욕시의 하루 사망자가 799명에 달하여, 감당하지 못하는 시 당국은 무연고자들의 시신을 인근 하트섬에 집단 매장하는 지경에 이르렀다. 이런 세계 3차 대전과 같은 이번 코로나19 사태로 인해 뉴욕의 정통 유대인들이 이제는 알리야를 준비한다고 한다. 그렇다면 우리 이방 민족을 위해 대속적 민족으로 엄청난 고난을 당한, 그들의 알리야를 위해 무엇인가 도움을 주는 것이 마땅하지 않을까?(렘 31:10) 기도하고, 위로하며, 물질로, 재능으로, 은사로 도울 필요가 있지 않을까?(현재 전 세계 유대인 인구 수: 약 1,520만 명, 미국: 약 660만명, 뉴욕시: 약 150만 명)

경건한 복음주의자가 이런 말을 했다.

"당신이 당신의 생애에서 최고의 일을 하기 원하는가? 그러면 당신의 세대에 하나님께서 하시는 일을 발견하고, 그 일에 당신을 온전히 내던지라."

코로나19가 미국 뉴욕시를 강타한 이후, 우리가 몸 던져 여생에 할 수 있는, 아니 해야 되는 최고의 일 중의 하나는 무엇일까? "내 백성을 뉴욕에서 가게 하라"는 아브라함과 이삭과 야곱의 하나님의 명령에 응답하며 나아가는 일이라고 믿는다.

(KIBI 2020년 봄호 기고문)

참고문헌

1. 외국 도서

Baucham, Richard. Jesus and the God of Israel,《예수와 이스라엘의 하나님》. 이형일·안영미 옮김. 서울: 하늘 땅 소망, 2019.

Biltz, Mark. GOD'S DAY TIMER,《하나님의 시간표》. 조용식 옮김. 서울: 순전한 나드, 2017.

※ Bock, D. L, Glasser, M. ced. TO THE JEW FIRST,《첫째는 유대인에게》. 김진섭 옮김. 서울: 이스트윈드, 2012.

Booker, Richard. Cross Became a Sword?,《어찌하여 십자가가 칼이 되었는가?》. 김우현 옮김. 서울: 버드나무, 2010.

Brucc, F. F. The Pauline Circle,《바울 곁의 사람들》. 윤종석 역. 서울: 기독지혜사, 1992.

_____. ISRAEL AND NATIONS(From the Exodus to the Fall of the Second Temple), Michigan Wm. B. Eerdmans Publishing Company, 2011.

※ Damkani, Jaccob.《WHY ME?》, 유진상 옮김. 서울: 이스트윈드, 2009.

Doron, Reuven. ONE NEW MAN,《한 새 사람》. 김영우 옮김. 서울: 이스트윈드, 2001.

Doty, William Go. Letters in Primitive Christianity,《초기 기독교서신》. 최재덕 옮김. 서울: 한들출판사, 2008.

Finto, Don. Your People Shall Be People,《당신의 백성이 나의 백성이 되고》. 유지연 옮김. 서울: 횃셔북스〈지식과 지혜〉, 2010.

Gallups, Carl. The Rabbi who Found Messiah,《메시아를 만난 랍비》. 임은묵 옮김. 서울: KIBI미디어, 2020.

Glashouwer, Willem, J. J. Why Israel?, 정원일 옮김. 서울: 기독서원 하늘양식, 2016.

Heidler, Robert D. The Messianic Church Arising, 《메시아닉 교회, 언약의 뿌리를 찾아서》. 진현우 옮김. 서울: WIL KOREA, 2008.

Hess, Tom. Let My People, 《내 백성을 가게 하라》. 이승엽 옮김. 서울: 이스트윈드, 2010.

※ Hurtado, Larry. Lord Jesus Christ, 《주 예수 그리스도》. 박규태 옮김. 서울: 새물결플러스, 2010.

_____. DESTROYER OF THE GODS, 《처음으로 기독교인이라 불렸던 사람들》. 이주만 옮김, 서울: 이와우, 2017.

_____., Honoring the Son (Jesus in Earlies Christian Devotional Practice), 《아들을 경배함》(초창기 기독교예배의식 속의 예수). 송동민 옮김. 서울: 이레서원, 2019.

Johnson, Paul Bede. A History of the Jew, 《유대인의 역사》. 김한성 옮김, 서울: 포이에마, 2017.

Juster, Daniel. Jewish Roots, the U.S.A, Destiny image, 2013.

Kaiser, Walter C. Jr. BACK TOWARD THE FUTURE, 《예언서 이해를 위한 지침서-미래를 향해 돌이키라》. 박찬호 옮김. 서울: 도서출판 엠마오, 1993.

_____. Preaching and Teaching the last Things, 《마지막 때에 대한 설교》. 전혜경 옮김. 서울: 기독교문서회, 2014.

Kolatch, Alfred. The JEWISH BOOK OF WHY, 《유대인들은 왜?》. 김종식·김희영 옮김. 서울: 크리스챤 뮤지엄, 2013.

Lambert Lance. The Uniqueness of Israel, 《이스라엘의 본질》. 유평애 옮김. 서울: 렘프레스, 2010.

Larsson, Goran. Jews: Your Majesty, 《기독교와 유대교와의 대화》. 배현주 옮김. 서울: 도서출판 연합선교회, 2009.

Parsons, John J. A Year through the TORAH, 《토라 포션, 크리스천들을 위한 1년, 54주 토라 성경공부》. 성락선 옮김. 서울: Brad Books, 2019.

Prince, Derek. Promissed Land, 《약속의 땅》. 한동대 오르 옮김. 서울: 이스트윈드, 2003.

_____. The Destiny of Israel And the Church, 《이스라엘과 교회의 운명》. 전은영 옮김. 서울: 엘리야, 2016.

Sanders, E. P. PAUL AND PALESTINIAN JUDAISM, 《바울과 팔레스타인 유대교》. 박규태 옮김. 서울: 알맹e, 2017.

Shipper, H. the Messiah (revealed in the Holy Scriptures). Veenehdaal: Boaz Multi Media, 2009.

Schlink, M, Basilea. My Chosen people, 《이스라엘, 나의 택한 백성》. 서울: 이스라엘 사역출판, 2008.

Schneider, Dorn. Israel, mehr als man denkt, 《이제 이스라엘을 위로하라》. 강미경 옮김. 서울: 토기장이, 2011.

Stark, Rodney. THE RISE OF CHRISTIANITY, 《기독교의 발흥》. 손현선 옮김. 서울: 좋은씨앗, 2020.

Stern, David H. Restoring the Jewishness of the Gospel, 《복음의 유대성 회복》. 서울: 브래드 북스, 2018.

Strong, James. The New Strong's Exhaustive Concordance of the Bible, Ontario: Thomas Nelson Publishers, 1984.

Telushkin, Joseph. THE BOOK OF JEWISH VALUES, 《죽기 전에 한 번은 유대인을 만나라》. 김무경 옮김. 서울: 북스넛, 2012.

Willson, Marvin R. Our farther Abraham: Jewish Roots of the Christian

Faith, 《기독교와 히브리 유산》. 이진희 옮김. 서울: 컨콜디아사, 1995.

2. 국내 도서

권혁승. 《성서와 이스라엘》. 부천: 서울신학대학출판부, 2014.
김정환. 《이슬라엘과 대체신학》. 서울: 예영커뮤니케이션, 2014.
김종철. 《세계 사역자와의 대화I》. 서울: 브래드북스, 2017.
김진섭 외. 《토라로 읽는 예수 그리스도의 복음》. 서울: 이스트윈드 글로벌, 2014.
김창선. 《쿰란문서와 유대교》. 서울: 한국성서학연구소, 2002.
김충렬. 《매였던 종들이 돌아오네》. 서울: 쿰란출판사, 2012.
_____. 《다시 예루살렘으로 갈 것입니다》. 서울: 쿰란출판사, 2014.
_____. 《마지막 시대 마지막 비전》. 서울: 쿰란출판사, 2015.
_____. 《하나님이 자기 백성을 버리셨느냐?》. 서울: 쿰란출판사, 2018.
_____. 《이스라엘, 아세요?》. 서울: 국민북스, 2020.
류예호수아. 《죄송합니다》. 예루살렘: 요벨미니스트리, 2015.
민영진. 《이스라엘 이야기》(기독교의 뿌리탐구-2). 서울: 컨콜디아사, 2011.
박정수. 《고대 유대교의 터. 무늬- 신구약 중간사와 기독교의 기원탐구》. 서울: 새물결 플러스, 2018.
송만석. 《지금은 예루살렘시대》. 서울: 두란노, 2009.
이경용. 《무화과 꽃이 피었습니다》. 서울: 이스트윈드, 2014.
이상근. 《사도행전》. 서울: 대한예수교장로회 총회교육부, 1973.
_____. 《신약주해 로마서》. 대구: 성등사, 1994.
_____. 《신약주해 갈라디아서. 히브리서》. 대구: 성등사, 1979.
_____. 《신약주해 고린도전후서》. 대구: 성등사, 1990.

_____. 《신약주해 살전~디도》. 대구: 성등사, 1994.

_____. 《신약주해 옥중서신》. 서울: 기독교문사, 2003.

이진희. 《유대적 배경에서 본 복음서》. 서울: 컨콜디아사, 2011.

정태권. 《시공간 속의 예슈아》. 서울: 브래드 북스, 2017.

지정혁. 《성경의 교회 및 사상과 무관한 다시 써야 하는 세계교회사》. 서울: 오-좋은, 2005.

최인식. 《유대교 산책》, 서울: 도서출판 예루살렘 아카데미, 2011.

하용조. 《왜 이스라엘을 축복해야 하는가?》. 서울: KIBI, 2009.

3. 논문집

김충렬. 〈로마서에 나타난 하나님의 의 고찰〉. 장로회신학대학교 대학원(Th. M.) 학위 논문집. 1980.

※ 심상길. 〈언약신학 관점에서 본 로마서의 이해〉. (PH.D.) 논문집. 서울: 그리스도신학 대학교 출판국, 2007.

이길자. 〈바울에게 있어서 유대인의 구속사적 위치에 대한 연구〉. (M.Div.) 논문집. 서울: 장로회신학대학교 신학대학, 1996.

4. 단권 주석

《IVP 성경비평주석 신약》, 존 바클레이. 리처드 보컴. 스캇 맥나이트 외 지음. 제임스 던 편집. 이철민·홍성수 역. 서울: 한국기독학생회 출판부, 2020.

5. 세미나 교재

KIBI Bible Study. 〈왜 이스라엘을 축복해야 하는가?〉. 서울: KIBI, 2010.

아시아 TJCⅡ성회. 〈Toward Jerusalem CouncilⅡ〉. 서울: TJCⅡ 준비위원회,

2012.

이스라엘 신학포럼. 〈이스라엘의 독립과 메시아닉 교회의 성장과 발전〉. 서울: 제3회 이스라엘 신학포럼 준비위원회, 2016.

_____. 〈제2종교개혁을 향한 이스라엘 신학포럼의 비전과 사명〉. 서울: 제4회 이스라엘 신학포럼 준비위원회, 2017.

_____. 〈이스라엘 회복의 예언과 성취〉(이스라엘 독립 70주년 기념 포럼). 서울: 제5회 이스라엘 신학포럼 준비위원회, 2018.

_____. 〈하나님의 섭리역사와 이스라엘과 한국의 역할〉. 서울: 제6회 이스라엘 신학포럼 준비위원회, 2019.

_____. 〈이스라엘의 역사적 위기와 극복〉. 서울: 제7회 이스라엘 신학포럼 준비위원회, 2021.

기독여성 컨퍼런스 강의안. 〈Proclaim, 전파하라〉. 서울: CWMI, 2018. 특강 녹취.

Kaiser, Walter C. Jr. Israel and Its Land in Biblical Perspectives in the Old Testament. 〈구약에 나타난 이스라엘 땅과 그 땅에 대한 성경적 견해〉 TJC Ⅱ 특강 녹취. 2013.

Kalisher, Victor. Jesus the Messiah and Redemption in the eyes of Messianic Jew. 〈메시아닉 쥬의 관점으로 본 구약 속의 메시아 예슈아와 구속사〉. 영세교회 특강원고. 2014.

"먼저는 유대인에게" 어떻게 생각하는가?

1판 1쇄 인쇄 _ 2021년 10월 1일
1판 1쇄 발행 _ 2021년 10월 8일

엮은이 _ 김충렬
펴낸이 _ 이형규
펴낸곳 _ 쿰란출판사

주소 _ 서울특별시 종로구 이화장길 6
편집부 _ 745-1007, 745-1301~2, 747-1212, 743-1300
영업부 _ 747-1004, FAX 745-8490
본사평생전화번호 _ 0502-756-1004
홈페이지 _ http://www.qumran.co.kr
E-mail _ qrbooks@daum.net / qrbooks@gmail.com
한글인터넷주소 _ 쿰란, 쿰란출판사
등록 _ 제1-670호(1988.2.27)
책임교열 _ 송은주·최진희

ⓒ 김충렬 2021   ISBN 979-11-6143-595-4 93230

책값은 뒤표지에 있습니다.
이 출판물은 저작권법에 의해 보호를 받는 저작물이므로 무단 복제할 수 없습니다.
파본(破本)은 구입처에서 교환해 드립니다.